KB274005

전남 진도 지역의 언어와 생활

전남 진도 지역의 언어와 생활

지역어 구술 자료 총서 6-2
전남 진도 지역의 언어와 생활

초판 제1쇄 인쇄 2009년 3월 21일
초판 제1쇄 발행 2009년 3월 31일

지 은 이 ‖ 이기갑
펴 낸 이 ‖ 국립국어원
펴 낸 곳 ‖ 태학사
          주소 ∣ 경기도 파주시 교하읍 문발리 파주출판도시 498-8
          전화 ∣ (031) 955-7580~2(마케팅부) · 955-7584~90(편집부)
          전송 ∣ (031) 955-0910
          홈페이지 ∣ www.thaehak4.com
          전자우편 ∣ thaehak4@chol.com
          등록 ∣ 제 406-2006-00008호

ⓒ 국립국어원, 2009

값은 뒤표지에 있습니다.

ISBN 978-89-5966-354-5 94710
ISBN 978-89-5966-200-5 (세트)

국립국어원
지역어 구술 자료 총서 6-2

전남 진도 지역의 언어와 생활

이기갑

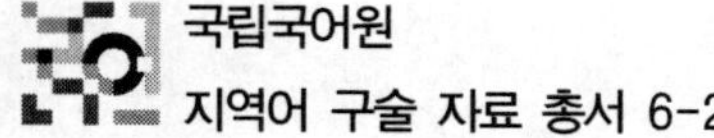

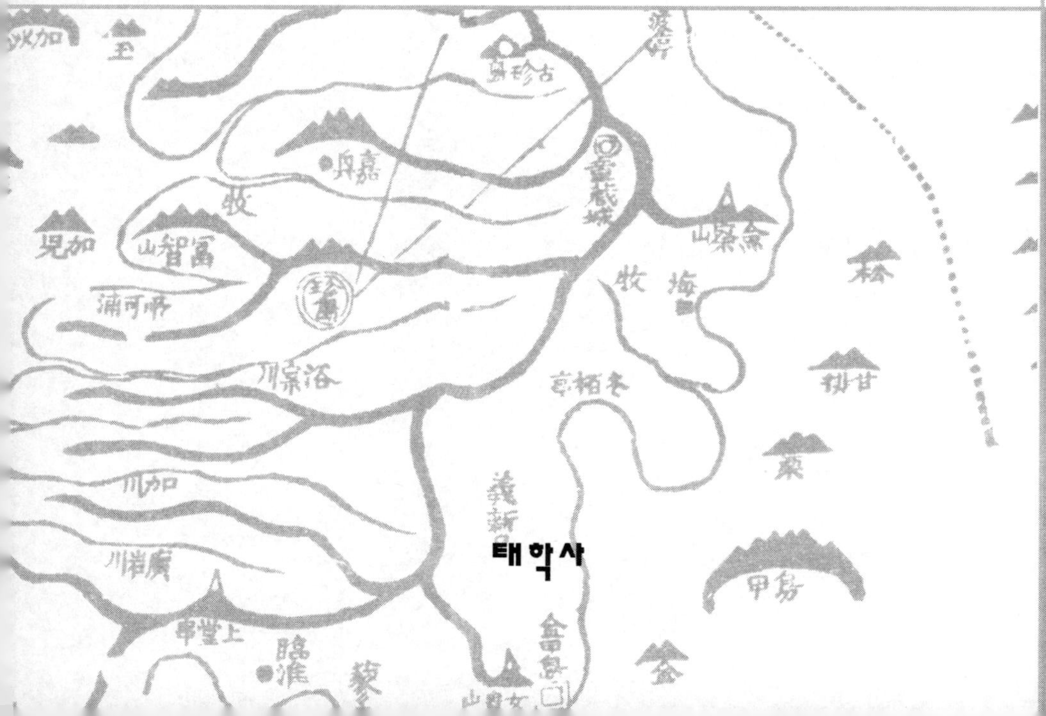

태학사

국립국어원에서는 2004년부터 10년 동안 남북한 전역을 대상으로 한 지역어 조사 사업을 벌이고 있다. 각 도별로 매년 한 지점씩 선정하여 정해진 질문지에 따른 방언 조사가 이루어지고 있는데, 전남의 경우 2004년 예비 조사는 함평군, 2005년 본 조사는 곡성군에서 이루어진 바 있다. 어차피 10년 동안에 전남의 모든 군을 조사할 수 없는 상황이기에, 가능한 한 전남의 변두리 지역을 우선적으로 조사할 필요가 있었다. 이런 이유로 2006년의 전남 지역 조사지는 전남의 서남부 끝에 위치한 진도군이 선정되었다.

진도는 잘 알려진 것처럼 진도 대교가 세워지기 전까지 울돌목을 사이에 두고 해남과 접한 섬이었다. 물론 배를 이용해서 해남과 목포, 그리고 인근 섬 지역과의 교류는 활발한 편이었으나, 울돌목의 물결이 워낙 거센데다, 진도의 섬 자체가 광활하여 다른 지역과의 교류에 의존하지 않고도 충분히 자족이 가능한 곳이었다. 고려 시대 때 몽고군에 저항했던 삼별초의 군대가 이곳에서 3년 동안이나 대몽 항쟁을 수행할 수 있었던 것도 이런 이유 때문이었을 것이다. 진도는 넓은 농토와 풍부한 산물 때문에 넉넉한 고장으로 알려져 있고, 이 때문인지 강강술래, 다시래기, 씻김굿 등 민속과 민요의 고장으로 널리 알려진 곳이기도 하다. 2006년도 조사지로 선택된 지산면 소포리도 소포리 농악으로 유명한 곳이다. 소포리를 조사 지역으로 택한 것도 이 지역이 이미 상당한 민속 조사가 이루어진 곳이기 때문이었다.

이 책은 소포리 지역에서 조사한 방언 자료 가운데 구술발화만을 따로 떼어내어 수록한 것이다. 제보자 김승철 할아버지와 김유예 할머니의 발화를 소리 나는 대로 음운전사 하였으며, 음운전사 된 발화마다 따로 표준어 대역을 붙였다. 이 책에서는 음운전사한 발화와 그 표준어 대역을 각각 다른 페이지에 편집하여 두 자료를 서로 대조할 수 있도록 하였다. 그리고 음운 전사된 방언 구술발화 가운데 특별히 설명이 필요한 어휘나 표현에는 주석을 달아 놓았다. 마지막으로 구술발화에 쓰인 어휘 가운데 진도 지역의 방언이라고 내세울 만한 것들은 따로 색인을 만들어 책 말미에 붙여 놓았다.

이 책이 나올 수 있었던 것은 누구보다도 방언 자료를 제공해 주신 제보자 김승철, 김유예 두 분의 도움 때문이다. 두 분은 여든의 연세에도 불구하고 매우 건강하셨고, 무엇보다도 금슬이 좋아 보이셨다. 조사자가 살고 있는 광주에서 진도까지는 승용차로 2시간 반 정도 걸리는 꽤 먼 거리다. 아침 7시에 집을 떠나 조사를 마치고 집에 들어서면 깜깜한 저녁이 되곤 하였다. 이처럼 먼 거리를 오가면서 힘들게 조사를 하였지만, 그래도 즐거운 추억으로 남아 있는 것은 김승철, 김유예 두 노부부의 넉넉한 인심과 후한 대접이다. 할머니는 매 끼니마다 잘 차려진 밥상을 내놓으셨고, 할아버지는 술을 권하면서 조사의 피곤을 덜어 주셨던 것이다. 이밖에도 박사과정 대학원생 오청진 선생은 애교스런 말솜씨로 노부부의 마음을 빼앗기도 하였고, 조사의 일부를 맡아 하기도 하였다.

이처럼 제보자와 조사자의 노력으로 이루어진 이러한 책이 상업적으로 별 다른 성공을 거두지 못하는 것은 우리의 안타까운 현실이다. 지역어 조사 사업은 21세기 초의 생생한 한국어를 그 모습 그대로 담아 보겠다는 바람으로 시작되었지만, 이것이 전문가나 일반인들에게 널리 알려지지 못한다면 얼마나 허망한 노릇이겠는가? 책을 만들수록 오히려 손실이 커지는 이러한 상황에서 그래도 출간을 마다하지 않으시는 태학사의 지현구 사장님께 깊은 감사의 말씀을 드리고 싶다. 마지막으로 지역어 조사 사업의 실무를 맡고 있는 박민규, 김덕호 두 분의 헌신적인 노력 때문에 그나마 이 정도의 성과물을 낼 수 있었던 것으로 생각하면서, 두 분께 남은 감사의 말씀을 드리고자 한다.

■ 조사 지역의 개관

전남 진도군 지산면 소포리는 진도읍에서 서쪽으로 12km, 지산면 소재지에서 동북쪽으로 9km에 위치하며, 웃당, 당섬, 서당 등 3개의 당을 모시고, 둠뫼, 둥금뫼, 망뫼, 나름뫼, 웃당뫼의 다섯 산으로 둘러싸여 있다. 과거에는 포구가 있었으나 현재는 둑이 막히고 간척지가 조성됨에 따라 순전한 농촌 지역으로 변하였다.

진도군에서 자연마을 단위로 제일 큰 소포리는 1968년 300여 호 농가에 남자 898명, 여자 872명 등 총 1770명으로 9개 반을 편성하였으나, 현재는 5개 반으로 남자 138명, 여자 180명 등 총 318명, 156호로 이루어져 있다. 소포리는 소포만 어구의 마을이며 토박이 이름으로는 '소개' 또는 '소개나루'라고 불렀다. 진도대교가 세워지기 전에는 진도-목포 간을 왕래하는 여객선을 이용할 수 있었던 유일한 나루터이기도 하였다.

소포리는 물이 귀하고 농토가 많지 않아 과거에는 농업보다는 염업이 주된 생계 수단이었다. 천일염이 나오기 전, 불을 때서 소금을 만드는 화염이 번성하였고, 주제보자인 김승철 옹 역시 젊은 시절 한동안 화염업에 종사하기도 하였다. 오늘날에는 간척지가 만들어지고, 수로를 통한 물 공급이 원활해지면서 대부분의 사람들이 농업에 종사하고 있다. 특히 이 지역에서는 검정쌀을 특화 농작물로 지정하여 인터넷을 통한 판매까지 하고 있는 상황이다.

이 지역 사람들의 통혼은 주로 지산면 내에서 이루어지며, 제보자 역시 지산면 내의 고야리에 처가를 두고 있다. 소포리에는 초등학교가 있으

며, 지산면 소재지에 중학교, 그리고 진도읍에 고등학교가 있다. 진도읍
까지는 버스를 이용하여 왕래하는 데, 약 20분 정도 소요된다. 소포리는
많은 민속놀이와 노래가 전해지고 있는데, 걸궁농악, 명다리굿, 베틀노래,
닻배노래, 강강술래 등이 있다.

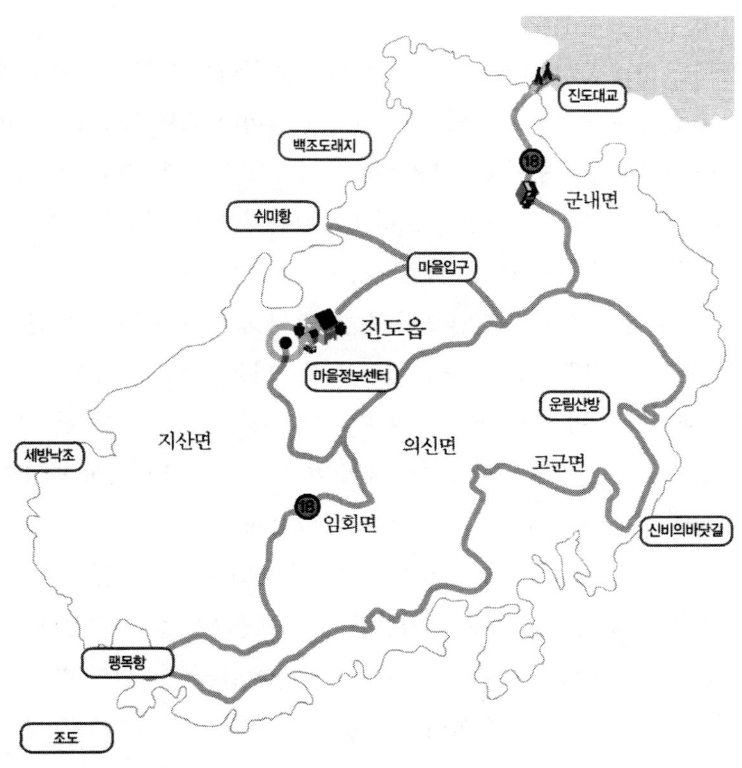

■ 조사 과정

　　조사는 2006년 2월 1일부터 10월 말까지 간헐적으로 이루어졌다. 제보자는 김승철 할아버지와 그의 부인 김유예 할머니이다. 김승철 할아버지는 1928년생으로서 주민등록상으로는 78세였지만 실제 나이는 80세라고 하였다. 전남 진도군 지산면 소포리 128에서 태어났으며, 같은 지역에서 현재까지 살고 있다. 선대도 역시 지산면 소포리에서 거주하였다. 현 거주지에서 주로 농사와 염전업에 종사하였으며, 40대 때에는 수 년간 소형 화물선을 운영하면서 신안, 목포 등지로 운송업을 하기도 하였다. 학력은 초등학교 3년을 마친 정도이며, 강원도에서 3년간 군 복무를 한 경험이 있다. 이 제보자는 지산면 소포리 김병철 이장으로부터 소개 받았으며, 조사 당시 마을회관 회장으로 활동하고 있었다.

　　제보자는 음성이 크고 발음이 비교적 정확하였다. 귀는 약간 어두웠으나 조사 내용을 쉽게 이해하여 적절한 답을 제공하는 수가 많았다. 다만 현재에 사용하지 않는 도구, 농사 방법 등 옛날 일에는 기억이 많이 흐려져 있어 이를 복원하는 데 어려움이 있기도 하였다. 묻는 질문에 대해서는 또박또박 답변을 하였으나, 질문 이외에 스스로 이야기를 이어나가는 경우가 많지 않아 구술발화의 조사 때에는 약간의 어려움도 있었다.

　　보조제보자인 김유예 할머니는 김승철 할아버지의 부인으로서, 조사 당시 80세였으며 농업과 주부 일로 일생을 보내신 분이다. 친정은 전남 진도군 지산면 고야리로서 같은 면 내에서 결혼을 한 셈이다. 김유예 할머니는 발음이 정확하고 귀도 밝았다. 또한 비교적 천천히 말하는 습관이

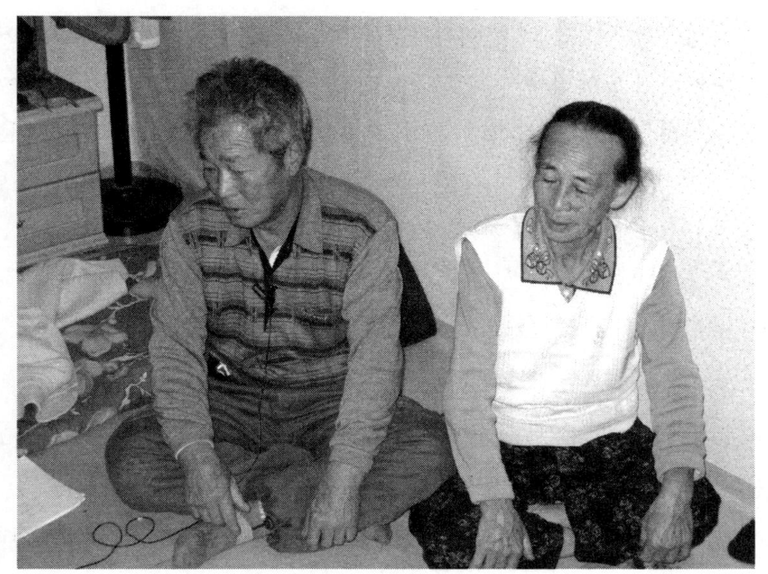

제보자 김승철 할아버지와 김유예 할머니

김승철 할아버지와의 조사 장면

있어 음성을 전사하는 데 용이하였다. 그러나 질문을 이해하는 능력이 주제보자에 비해 떨어져서 주제보자의 보조원으로 역할 하였다. 또한 주제보자가 자리를 비운 경우에 한하여 구술발화의 일부(약 1시간)를 맡기도 하였다. 조사는 제보자의 집에서 이루어졌으며, 이기갑이 주로 조사를 담당하였고, 보조원인 오청진 선생이 부분적으로 도움을 주었다.

전사

제보자의 구술 자료는 SONY DAT D-100 디지털 녹음기로 녹음하였고, 녹음된 자료는 GOLDWAVE 프로그램을 이용하여 음성파일로 변환하였다. 이 음성파일을 컴퓨터로 재생하여 들으면서 TRANSCRIBER 1.4로 전사하였다.

전사는 소리 나는 대로 전사하는 것을 원칙으로 하였다. 어절 단위를 기본으로 전사할 것을 원칙으로 하였으나, 한 억양으로 소리 나는 경우 어절보다 큰 단위로 전사한 경우도 더러 있었다. 진도 지역어는 단모음 /ㅔ/와 /ㅐ/가 구별되지 않는 곳이므로 이 두 모음이 중화된 소리를 /ㅔ/로 전사하였다. 이중모음 /ㅖ/와 /ㅒ/의 경우도 마찬가지이다. 비모음은 비모음 기호(˜)를 사용하여 나타내었다. 제보자의 웃음이나 기침 등 비언어적 행위는 괄호 안에 따로 이를 표시하였다.

본문의 글자체와 전사에 사용된 부호는 다음과 같다.

고딕체	조사자
명조체	제보자
‟	제1 제보자
＝	제2 제보자
:	장음 표시이며, 길이가 상당히 길 경우 ::처럼 장음 표시를 겹쳐 사용하였다.

****	청취가 불가능한 부분 또는 표준어로의 번역이 불가능한 경우
+	색인에서 방언과 대응 표준어에 의미 차이가 있는 경우
++	색인에서 방언에 대응하는 표준어가 없는 경우

주석

주석은 각 장마다 미주를 달았다. 독자로서는 각주가 이용하기에 편리하나, 책의 편집상 불가피하게 미주로 만족할 수밖에 없었다. 주석은 가능한 한 친절하게 붙여 놓았다. 주로 어휘의 의미를 풀이해 놓았지만, 그밖에 형태에 대한 음운적 해석을 부분적으로 가하기도 하였다. 문법 형태의 경우 그 기능에 대한 설명을 간략하게 붙여 놓았다. 경우에 따라 전남의 기타 지역에서 다른 방언형이 쓰일 경우에는 이를 밝혀 놓았다. 독자의 편의를 위해서 동일한 내용의 주석이 반복되는 것을 허용하였다.

표준어 대역

전사된 방언 표현에 대해서는 표준어 대역을 붙였다. 원래의 조사 보고서에는 문장 단위로 표준어 번역을 붙였으나, 여기서는 문장보다 큰 의미 단락을 기준으로 하였다. 또한 표준어 대역을 별도의 쪽에 배치한 것도 조사 보고서와 달라진 점이다. 이런 것들은 순전히 독자들이 쉽게 읽을 수 있도록 하기 위한 조처이다.

전사된 방언 문장을 표준어로 옮길 때는 직역하는 것을 원칙으로 하였다. 문장 중간에 '어', '저', '거'와 같은 군말 또는 담화표지가 있을 경우에도 이를 표준어 대역에 그대로 살려 놓으려고 노력하였다. 적당한 표준어 대응 표현이 없는 경우, 방언 표현을 그대로 표준어 대역에 사용하였으

며, 이것이 방언 어휘임을 나타내기 위해 따옴표를 이용하였다(예; '고네
기'). 전사된 방언 표현의 의미가 불확실한 경우, 표준어 대역에서는 ***
를 사용하여 표시하고, 번역에서 제외하였다.

생업 활동

1. 논농사
2. 밭농사
3. 가을걷이와 겨우살이
4. 마을 공동체 생활을 위한 일손

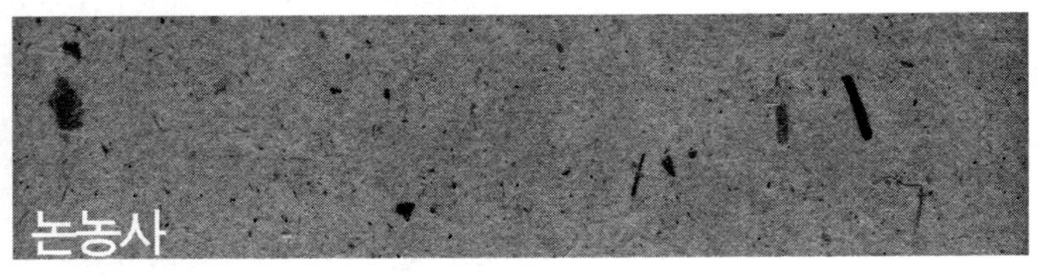

에, 오늘 이월 이:이림니다. 어, 이어서 구술발화 노그믈 구술발화 조사를 하게씀니다. 오느르뇨, 그: 농사진능거. 에, 고 이야기를 좀

¯ 에, 그러씨요.

"=1"

¯ 저 잡쑤고 하시요.

아여, 고마씀니다.

¯ 아, 따뜨더니, 잡쑤고 하시요.

= 잠깐 꺼불고.

꺼불까요? 그: 지금 지남버네 그 노늘 저 멷마지기나 지:신다 그러셔써요, 논?

¯ 저요? 그 장년까장[1] 열딴마지기 지여써. 열딴 마지기면 약 삼천평. 평쑤로 여그: 함마지기가 이:벡펑이이~까[2]. 약 삼천평.

그러면 마:니 지으신 펴닝가요 이쪼게서?

¯ 아:니요. 아::주 소숩짜지요[3] 여그: 마:이~ 진는 사라믄 벵:마지기 이상 진는 사라미 메찌비 뎀니다. 벡 한 오:심마지기 진는 사람도 이써요.

기게로 지니까 그러지요?

¯ 그러지요, 점:부 기게로. 제:일 처쩨 트렉타로 농 갈:제. 그레가꼬 트렉타로 노:타리 하제. 또 상자에다 씬나락[4] 뿌리는 거또 기게로 뿌리고. 또 뿜마[5] 아이~라. 상자 나락 종자 네:는 공장이 이써요. 쪼아레[6] 가면. 그라믄, 상자 한나 네:주는 데 엄:마썩[7] 이케[8] 바꼬

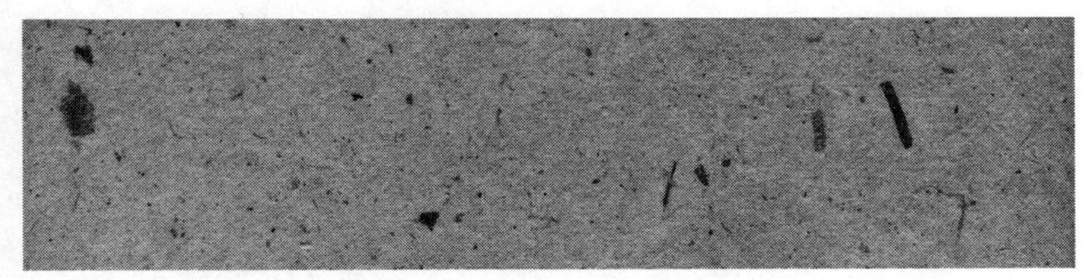

예, 오늘 이월 이일입니다. 어, 이어서 구술발화 녹음을 구술발화 조사를 하겠습니다. 오늘은요, 그 농사짓는 것. 예, 그 이야기를 좀.

˜ 예, 그러시오

"=1"

˜ 저 잡수고 하시오

예, 고맙습니다.

˜ 아, 따뜻하게 잡수고 하시오.

= 잠깐 꺼 버리고.

꺼 버릴까요? 그 지금 지난 번에 그 논을 몇 마지기나 지으신다고 그러셨어요, 논?

˜ 저요? 그 작년까지 열다섯 마지기 지었어. 열다섯 마지기면 약 삼천 평. 평수로 여기 한 마지기가 이백 평이니까. 약 삼천 평.

그러면 많이 지으신 편인가요, 이쪽에서?

˜ 아니요. 아주 소수지요. 여기 많이 짓는 사람은 백 마지기 이상 짓는 사람이 몇 집이 됩니다. 백 한 오십 마지기 짓는 사람도 있어요.

기계로 지으니까 그렇지요?

˜ 그렇지요, 전부 기계로. 제일 첫째 트랙터로 논 갈지. 그래 가지고 트랙터로 로타리 하지. 또 상자에다 볍씨 뿌리는 것도 기계로 뿌리고. 또 뿐만 아니라. 상자 벼 종자 내는 공장이 있어요. 저 아래 가면. 그러면 상자 하나 내주는 데 얼마씩 이렇게 받고.

ˉ 또 모를 키여주는 데가 인는데. 인자 데:라근 이녁찌비서[9] 마이˜ 하지요, 손세[10]. 그레가꼬 이:양기로 심:쩨. 또 우리 마으런 기게로 야가제[11]. 인자 그레가꼬 콤바이˜로 비제. 건조기로 몰리제.

어, 기게.

ˉ 점:부 기게 아나요[12]?

점부 기게 허네.

ˉ 단 쥔:네는[13] 나락 가실할떼도 농까세가[14] 구뽀고이따가[15] 다: 몰려먼 공장에서 차두[16] 가꼬와서 나락 반능거시 이:리여. 그레다보니까 사:시른 점::부 도:느로 주고나먼 벨:거시 업써요. 농사 지여도.

도:니 그 기게 사용뇨가이˜?

ˉ 점:부 심지여 이 상:토까장[17] 모짜리하는 상:토까장 점부 돈주고 안 사다나요[18]? 상:토 사제. 마:라자믄 나락 모짜리 헤:주제. 또 논 가라서 노:타리 하제. 또 이:양기로 모심쩨. 또 머:단[19] 사람은 기게로 야가제. 또 콤바이˜로 비제. 건조기서 몰리제. 점:부 도나˜이요? 점:부 돈. 그라이˜까 나라끄믄[20] 싸제. 실상언 보자꺼시[21] 업씀니다. 그라니까 인자 농사 마:이˜ 지는 사라먼 점:부 이녁꺼시지요, 기게가, 점:부.

그: 나락 종:뉴가 여러가지잔습니까? 어떤 종뉴가 이씀니까. 요즈메는 마:니 하능거?

ˉ 우더른[22] 기엉녀기 업씅게 잘모르거씀니다마는 지그 혀:네[23] 네가 하기는 동진 이로, 일밤벼는. 동진 이로하고. 검정 나라근 중셍종이꼬 만셍종이꼬 조:셍종이꼬 그레라[24]. 그란데 장녀네는 네가 중셍종을 헨는데 오레는 만셍종을 잔[25] 헤:보까 그람니다. 웨냐하면 검:정 나라기로 바서는 만셍종이 제::일 향네가 향이 조코 젤: 조아요. 그란데[26] 단 그거시 병:충 헤가 좀 시:맙떠다 그거시.

근데 진도에서 웨 검정 나라글 마:니 헤요?

ˉ 주로 이부라기 검정나락 고장임니다.

˜ 또 모를 키워 주는 데가 있는데. 이제 대략은 자기 집에서 많이 하지
요, 손수. 그래 가지고 이앙기로 심지. 또 우리 마을은 기계로 약 하지.
이제 그래 가지고 콤바인으로 베지. 건조기로 말리지.

엉, 기계.

˜ 전부 기계 하잖아요?

전부 기계 하네.

˜ 단 주인네는 벼 가을할 때도 논 가에서 굿 보고 있다가 다 말려 놓으
면 공장에서 자루 가지고 와서 벼 받는 것이 일이야. 그러다 보니 사실은
전부 돈으로 주고 나면 별것이 없어요. 농사 지어도.

돈이 그 기계 사용료가?

˜ 전부, 심지어 이 상토까지 못자리하는 상토까지 전부 돈 주고 사다가
하잖아요? 상토 사지. 말하자면 벼, 못자리 해 주지. 또 논 갈아서 로타리
하지. 또 이앙기로 모 심지. 또 어떤 사람은 기계로 약 하지. 또 콤바인으
로 베지. 건조기에서 말리지. 전부 돈 아니오? 전부 돈. 그러니까 벼 값은
싸지. 실은 보잘 것이 없습니다. 그러니까 이제 농사를 많이 짓는 사람은
전부 자기 것이지요, 기계가, 전부.

그 벼 종류가 여러 가지이잖습니까? 어떤 종류가 있습니까? 요즘에는 많이
하는 거?

˜ 우리들은 기억력이 없으니까 잘 모르겠습니다마는 지금 현재 내가
하기는 동진1호, 일반 벼는. 동진1호하고. 검정벼는 중생종 있고, 만생종
있고 조생종 있고 그래요. 그런데 작년에는 내가 중생종을 했는데 올해는
만생종을 좀 해 볼까 그럽니다. 왜냐하면 검정 벼로 봐서는 만생종이 제
일 향내가 향이 좋고 제일 좋아요. 그런데 단 그것이 병충해가 좀 심합디
다, 그것이.

그런데 진도에서 왜 검정벼를 많이 해요?

˜ 주로 이 마을이 검정벼 고장입니다.

이러케 헤 웨 여그 머 땅이 그러케 조은

￣ 에 마:라자먼 이 우리 부라기 검정나락 검정쌀 고자기요[27] 바로. 그라이~까 주로 검정쌀.

언:제부터 그러케 헤씀니까 검정싸를?

￣ 한: 거:이 심:년 되야쓰꺼시요.

아 그레씀니까?

￣ 에 그런데 심:년도 더데야꺼쩨?

＝ 더 데야꺼쏘.

￣ 그: 검정쌀 종자가 우더리 학씨리는 모르제마는 거:제 싸라미 중국 강 강가가꼬 그 종자를 쪼깐 가꼬와뜨라게[28].

중국써요?

￣ 그레가꼬 인자 하기 시작항거신데. 마:라자먼 인자는 만생종뿜마 아이~라 조:셍종도 이꼬 중셍종도 이꼬. *** 검정나라기 여:러가짐니다.

엔:나레는 다라 달라찌요, 나락 그 종 종:뉴가. 지금 가튼 동진 이로가 아니라.

￣ 예, 엔:나레는 달라찌요.

어:떵거뜨리 이써써요 엔:나레는? 기영나시능게 이씀니까 엔:날?

￣ 가마[29]이꺼라.

밤맏조키로 이름 낭건 머 머요?

￣ 기여기 잘 안남니다. 늘궁께. 이:저네 워낙 오레데야나서. 시시방은 주로 아라주기로 동진 이로. 이렁거슬 아라줍띠다.

그러면 인제 그 나락 농사 지을때 고 처음부터 함번 쭉: 이러케 지, 지금처럼 기게로 할 하실때 말:고. 엔:나레 소느로 실쩨로 할때는 어떤 시그로 헨:능가?

￣ 엔:나레는 우덜 알기에 소로 노늘 앙가요[30], 소로? 소로 강:께 체:소한도 소로는 한 니:부를 가라야데. 지그믄 기게로 함불 가라가꼬. 기게로 노:타리를 떼레서 헤:붕께, 놈빠닥 흐기 기양 죽떼야부는데.

로타리랑거슨 돌려버려요?

이렇게 해 왜, 여기, 뭐 땅이 그렇게 좋은

ˉ 예, 말하자면 이 우리 마을이 검정 벼 검정 쌀 고장이오, 바로. 그러니까 주로 검정 쌀.

언제부터 그렇게 했습니까 검정 쌀을?

ˉ 한, 거의 십 년 되었을 것이오.

아, 그랬습니까?

ˉ 예, 그런데 십 년도 더 됐겠지?

＝ 더 됐겠소.

ˉ 그 검정쌀 종자가 우리들이 확실히는 모르지마는 거제 사람이 중국에 관광 가 가지고 그 종자를 좀 가지고 왔더라고 해.

중국서요?

ˉ 그래 가지고 이제 하기 시작한 것인데. 말하자면 이제는 만생종뿐만 아니라 조생종도 있고 중생종도 있고. *** 검정벼가 여러가집니다.

옛날에는 달랐지요, 벼, 종류가. 지금 같은 동진 1호가 아니라.

ˉ 예, 옛날에는 달랐지요.

어떤 것들이 있었어요, 옛날에는? 기억나시는 게 있습니까, 옛날?

ˉ 가만 있자.

밥맛 좋기로 이름난 거 뭐 뭐예요?

ˉ 기억이 잘 안 납니다. 늙으니까. 이전에 워낙 오래 되었기 때문에. 지금은 주로 알아주기로 동진1호. 이런 것을 알아줍디다.

그러면 이제 그 벼농사 지을 때 그것 처음부터 한번 쭉 이렇게 지금처럼 기계로 하실 때 말고, 옛날에 손으로 실제로 할 때는 어떤 식으로 했는가?

ˉ 옛날에는 우리들 알기에 소로 논을 갈잖소? 소로? 소로 가니까 최소한도 소로는 한 네 벌을 갈아야 돼. 지금은 기계로 한 번 갈아 가지고. 기계로 로타리를 때려서 해 버리니까. 논바닥 흙이 그냥 죽처럼 되어 버리는데.

로타리라는 것은 돌려버려요?

ㅡ 사리 웩:: 도라감시로[31] 조사[32] 부요.

아 밀까루 반주가드시 막 그러.

ㅡ 막, 예, 막 조사붐니다. 그 사리 질:게 이써가꼬 학::도라감서 조사붕께 기양 덩어리가 이써도 기양 죽떼야부러라. 그란데 엔:나레는 순:저니소로 가라가꼬 하니까 델쑤 이씨믄 여:러 부를[33] 가라사[34] 부드러지거등이라, 마:라자먼. 그레가꼬 벡낄 셍가리 중가리 이까지 요러케 니:부를 데:락 감:니다.

아 고거시 이르미 다 이써요?

ㅡ 예, 이르미 데야써.

처 처으미 머:에요?

ㅡ 처:으미

아까 벡낄[35]?

ㅡ 에, 벡낄 베딴다고[36].

에?

ㅡ 베딴다고 벡낄.

베를 따요?

ㅡ 이: 놈빠다글 처:메 딴다고, 마:라자먼. 그라고는 인자 그데:미 두불차[37] 하능거 셍:가리[38].

셍가리?

ㅡ 그 다으메는 중:가리[39].

중가리.

ㅡ 그라고는 니:불차는 이까지[40].

이까지?

ㅡ 에, 이까지라 하지요. 음: 그레가꼬는 인자 소가 써:레로인자 이:종을 할라믄 써:레라고 함:발 쪼까 모:떼꺼시요. 거가인자 동글동글한 이빠리[41] 달려써라. 고노미로인자 소가 끄꼬[42] 밀:고 가지요, 소가 끄꼬. 그레사 인

̄ 살이 획 돌아가면서 마구 찧어서 잘게 만들어 버려요.

아, 밀가루 반죽하듯이 막 그러

̄ 막, 예, 막 찧어서 잘게 만들어 버립니다. 그 살이 길게 있어 가지고 획 돌아가면서 찧어서 잘게 만들어 버리니까 그냥 덩어리가 있어도 그냥 죽처럼 되어 버려요. 그런데 옛날에는 순전히 소로 갈아 가지고 하니까 될 수 있으면 여러 벌을 갈아야 부드러워지거든요, 말하자면. 그래 가지고 뱃길, 생갈이, 중갈이, 이까지 이렇게 네 벌을 대략 갑니다.

아, 그것이 이름이 다 있어요?

̄ 예, 이름이 되었어.

처, 처음이 뭐예요?

̄ 처음이

아까 뱃길?

̄ 예, 뱃길 배 딴다고.

예?

̄ 배 딴다고, 뱃길.

배를 따요?

̄ 예, 논 바닥을 처음에 딴다고, 말하자면 그리고는 그 다음이 이제 두 번째 하는 것은 생갈이.

생갈이?

̄ 그 다음에는 중갈이.

중갈이.

̄ 그리고는 네 벌째는 이까지.

이까지?

̄ 예, 이까지라고 하지요. 그래 가지고는 이제 소가 써레로 이제 이종을 하려면 써레라고 한 발 조금 못 될 것이오. 거기에 이제 둥글둥글한 이빨이 달렸어요. 그것으로 이제 소가 끌고 밀고 가지요, 소가 끌고. 그래야

자 더 여러가지 여러:불 갸:능거슨 흐기 부드러사[43] 그노미 조:케 골라지
제 그라나고[44] 조케 골라지거씀니까?

‐ 앙골라지지요. 그레가꼬는 인자 딱: 골라가꼬. 에:저네는 머 금비가
이쏘 머:디쏘? 단수니 하능거슨 사네가 풀: 보메 풀 비여다가 노네다 여:
초[45].

푸를 바로 너어버려요 아니며는?

‐ 예, 써쿠자네[46] 부드런 푸를 비여다가 막 바로 여:요. 그라고 모자리[47]
할라글 할 때는 여자드리 호무로[48] 푸를 케:서 고노물 몰려가꼬. 몰려아꼬
인자 모자리할 떼다가 소로 써:러가꼬는[49] 고노물 허치고는[50] 발로 그 풀
을 점:부 볼바써요. 인자 흑쏘그로 드러가게. 볼바가꼬는 소느로 멕찌를[51]
딱: 치지요 마:라자먼.

머 멀: 처요?

‐ 요케 메끼:나이~[52] 메끼::나이~ 소이~로.

아 메끼나이.

‐ 에 이러케 처. 그레가꼬는 씬나라글 마:라자먼 어느정[53] 네:가꼬는 인
자 물시러노코[54] 안 이케 안 치요[55]? 물씨러나쏭게 화:나니 베:지라 인자
요러케치면 씨거따. 처가꼬는 어느정 초기[56] 좀 크면 무를 빼:서 몰려야데
라.

노네 무를 빼:서.

‐ 에 웨냐 암빼면 떠부러, 나 씬나라기. 소:게가 인자 아리차아꼬[57] 처:메
는 까랑전는데[58], 초기 크기 시작하면 아리[59] 인자 비:거등이라. 꺼풀만 낭:
꺼던. 그랑게 떠부러, 마:라자믄. 그라니깐 무럴빼:서 인자 하루나 몰려사
저도 살:라고 인자 흐게다 뿌렁구럴[60] 주거덩이라. 그라믄 인자 그다으메
는 무를 씰:치라. 마:라자먼 그레가꼬 인자 키 모는 키:고[61]. 역씨는 인자
키여논노물 아까 말:항거가치 인자 이:종할라믄 써:레로 싹:: 써:러가꼬는
에 이:종얼하는데. 그 에:저네는 이런 상자도 아이~고 바로 놈빠다게다

이제 그 여러가지 여러 벌 가는 것은 흙이 부드러워야 좋게 골라지지 그렇지 않으면 좋게 골라지겠습니까?

⁻ 안 골라지지요. 그래 가지고는 이제 딱 골라 가지고. 예전에는 뭐 금비가 있소, 뭐 있소? 단순히 하는 것은 산에서 풀. 봄에 풀 베어다가 논에 넣지요.

풀을 바로 넣어 버려요? 아니면은?

⁻ 예, 썩히지 않고 부드러운 풀을 베어다가 막 바로 넣어요. 그리고 못자리 하려고 할 때는 여자들이 호미로 풀을 캐서 그것을 말려 가지고. 말려 가지고 이제 못자리할 곳에다가 소로 썰어 가지고는 그것을 흩뜨리고는 발로 그 풀을 전부 밟았어요. 이제 흙 속으로 들어가게. 밟아 가지고는 손으로 매끈하게 하지요 말하자면.

뭐 뭘 쳐요?

⁻ 이렇게 매끈하게 매끈하게 손으로.

아, 매끈하게

⁻ 예, 이렇게 쳐. 그래 가지고는 볍씨를 말하자면 어느 정도 내 가지고는 이제 물을 실어 놓고 이렇게 치잖아요? 물을 실어 놓았으니까 환하게 보이지요. 이제 이렇게 치면 되겠다. 쳐 가지고는 어느 정도 촉이 좀 크면 물을 빼서 말려야 돼요.

논에 물을 빼서.

⁻ 왜냐? 안 빼면 떠버려요, 볍씨가. 속에 이제 알이 차 가지고 처음에는 가라앉았는데. 촉이 크기 시작하면 알이 이제 비거든요. 껍질만 남거든. 그러니까 떠 버려요, 말하자면. 그러니까 물을 빼서 이제 하루나 말려야 저도 살려고 이제 흙에다 뿌리를 주거든요. 그러면 이제 그 다음에는 물을 싣지요. 말하자면 그래 가지고 이제 모는 기르고. 역시나 이제 길러 놓은 것을 아까 말한 것과 같이 이제 이종하려면 써레로 싹 썰어 가지고는 예, 이종을 하는데. 그 예전에는 이런 상자도 아니고 바로 논바닥에다

모를 칭게 모를 뜬다하지요 뽑찌요 인자. 마:라자먼 이:종할라믄.

고거를 여기서 뜬다겁니까?

⎯ 에 무를 모 뜬다가지라, 그걸.

쩌:그 곡썽 가떠니 모 찐다갑띠다.

⎯ 아 그걸 찐다가요? 여기는 모 뜬다가지요. 떠가꼬는 인자 지비로 딱:
딱 묵찌요.

모 뜬다.

⎯ 무꺼서 인자 건저가꼬 이노믈 인자 지게로 저다가 인자 노네다 안 치
요[62]? 여그저그 인자 알:마께 그레가꼬는 여자가 데야뜬지 남자가 데야띤
지 주를 딱 띠:고는 인자 점:부 소니로 심:찌요, 마:라자먼. 시머가꼬 머
에:저네는 금비가 업씽께 어짤쑤업씨 그데로 인자 나라글 두능거여. 할
거르미 업:써 마:라자먼 에:저네는.

에, 그럼 아까 그 풀 가틍걸 이러케 써쿠고.

⎯ 함번 인자 여:쓰니까 이:종헤:가꼬는 풀 가틍거 열:쑤가 업:찌요. 그라
고 이:종하기 저네 사네서 보메 보미드롸서 푸리 부드럽게 나는 노믈 비
여다 여:체. 뻐씬[63] 노믄 안 데고. 그레가꼬 인자 농꼬랑에가 푸리 안 셍하
요? 바다게가 그러머 소니로 메:, 점:부. 고노므 놈메기 참 징하요[64]. 하여
간, 그노믈 점:부 메:고. 인자 그 메루라고[65] 인자 그: 충이 셍기면 페:유를
사다가 한나는 아프로 뎅임시로 페:유를 이러케 놈빠다게다가 가마이~ 떨
체[66]. 그라믄, 페:유가 싹: 버러[67] 가꼬 무루게가[68] 싹: 안 보이요? 그라믄
인자 쪼빡가틍거시로[69] 나라글 시찌요, 품:는다고[70]. 나라게가 충이 인는
뇌미 무레가 넬처라[71] 이거시여. 넬치라고 푸머. 물로. 푸무먼 그노미 안
넬치요? 그라믄 무루게는 페:유가 딱 까라저가꼬 이꺼덩. 지르미 버러가꼬
이써. 그라믄 그 충 몸뗑에가 지르미 머거불면 주끼 마려니조. 그르케 충
을 자버씀니다. 그레가꼬 나라기 인자 거자[72] 이그먼. 인자 가시를 하게데
믄 나까꼬와 인자 비지요. 비여서 노네다 점:부 까라요. 까라가꼬는 그 노믈

모를 치니까 모를 '뜬다'고 하지요, 뽑지요, 이제. 말하자면 이종하려면.

그것을 여기서 뜬다고 합니까?

¯ 예, 물을 모 뜬다 하지요, 그것을.

저기 곡성 갔더니 모 찐다고 합디다.

¯ 아, 그걸 찐다고 해요? 여기는 모 뜬다고 하지요. 떠 가지고는 이제 짚으로 딱 묶지요.

모 뜬다.

¯ 묶어서 이제 건져 가지고 이것을 이제 지게로 져서 이제 논에 던져 놓잖아요? 여기저기 이제 알맞게 그래 가지고는 여자가 됐든지 남자가 됐든지 줄을 딱 띄우고는 이제 전부 손으로 심지요, 말하자면. 심어 가지고 뭐 예전에는 금비가 없으니까 어쩔 수 없이 그대로 이제 벼를 두는 거야. 할 거름이 없어, 말하자면, 예전에는.

예, 아까 그 풀 같은 걸 이렇게 썩히고.

¯ 한 번 이제 넣었으니까 이종해 가지고는 풀 같은 것 넣을 수가 없지요. 그리고 이종하기 전에 산에서 봄에 봄이 들어와서 풀이 부드럽게 나는 것을 베어다 넣지. 억센 것은 안 되고. 그래 가지고 이제 논고랑에 풀이 성하잖아요? 바닥에? 그러면 손으로 매, 전부. 그 놈의 논매기 참 힘들어요. 하여간 그것을 전부 매고. 이제 그 벼멸구라고 이제 그 해충이 생기면 폐유를 사다가 하나는 앞으로 다니면서 폐유를 이렇게 논바닥에 가만히 떨어뜨려. 그러면 폐유가 싹 번져 가지고 물 위에 싹 보이잖소? 그러면 이제 쪽박 같은 것으로 벼를 씻지요, 품는다고. 벼에 해충이 있는 것이 물에 내려져라 이것이야. 내려지라고 품어. 물로. 품으면 그것이 내려지잖소? 그러면 물 위에는 폐유가 딱 가라앉아 있거든. 기름이 번져 가지고 있어. 그러면 그 해충 몸뚱이에 기름이 먹어버리면[73] 죽기 마련이지요. 그렇게 해충을 잡았습니다. 그래 가지고 벼가 이제 거의 익으면. 이제 가을을 하게 되면 낫 가지고 와 이제 베지요. 베어서 논에다 전부 깔아요. 깔아 가지고는

메뗑기라고[74] 지블 딱: 함무썩 무께. 양:짝 끄터리럴 이서가꼬는[75] 흐:빡[76] 헤:가꼬와서는 고노믈 묵찌요, 인자, 나라글. 무꺼서 지게로 인자 저오요[77], 지비로.

뭐, 노네다 안 나두구요?

 ― 노네다 어:치케 빤는[78] 데서 어:치게[79]하거쏘? 이걸 지비로 저와야제. 지비로 저와서 우덜 나:키저네는 한나한나 요케 홀타딱[80] 합띠다, 마:라자면 한나한나.

하나.

 ― 그: 나락 이게[81] 한나한나 이케 홀타써. 그라니까 든는말로 헤서는 서루다 인자 시야네[82] 추운떼께 일치가이~[83] 가서 자리를 잠는다게, 이녁짜리를 따순데를. 그레가꼬는 홀른데[84] 수꾸라글 시여서 안 자빠질 쩡도면 쉴:참[85] 멍는다게라우. 그 엄:마나 하거쏘? 하여간 나락똥을[86] 이케 땅에다 이케 헨:는데 홀튼 노믈 수꾸락 시여가꼬 안 자빠질 쩡도 데먼 쉴:참 떼가 덴다게. 그 디:로는 어찌게 데안능가니 홀:테라고[87] 요마나[88] 너룽거시 가작찌[89] 첨:부 이 마라자면 이빨[90] 세:다구[91]만헤쓰 세:다구 이써가꼬는 고노메다 훌터써, 고노믈.

홀테라구?

 ― 에. 홀테라고. 그 다으메는 족탁끼라고[92] 탈고끼가 나와쪼. 고노믈 인자 발로 딘:늠시롱[93] 인자 이노미 도라가는데 도라가는데가 사리 이써가꼬 나라글 가따데:먼 나라글 떼레붕께 훌터지조. 고노미로 훌따가 인자 그디로는 겨웅기가[94] 나오제. 인자 마:라자면 나락 타:자가는 기게가 나와서 인자 기게다 영:께 바로 물고드러가서 딱 안 홀타지요? 그라고 인자 그디로는 마:라자면 콤바이~라고 그거시 바로 나락 놈빠다게서 비고 안 뎅기요?

옴 옴겨올꺼또 업:씨?

 ― 에, 지금 현:시데 인자 젤: 발딸할떼로 발딸헤찌요, 마라자면. 그레가

그것을 '매끼'라고 짚을 딱 한 뭇씩 묶게. 양쪽 끝을 이어 가지고는 충분히 해 가지고 와서는 그것을 묶지요, 이제, 벼를. 묶어서 지게로 이제 지고 오오, 집으로.

뭐, 논에다 놔두지 않고요?

¯ 논에다 어떻게 빠지는 데서 어떻게 하겠소? 이것을 집으로 지고 와야지. 집으로 지고와서 우리들 낳기 전에는 하나하나 이렇게 훑었다고 합디다, 말하자면 하나하나.

하나.

¯ 그 벼 이삭 하나하나 이렇게 훑었어. 그러니까 듣는 말로 해서는 서로 다 이제 겨울에 추울 때니까 일찌감치 가서 자리를 잡는다고 해, 자기 자리를 따뜻한 데를. 그래 가지고는 훑는데 숟가락을 세워서 안 넘어질 정도면 곁두리 먹는다고 해요. 그 얼마나 하겠소? 하여간 볏단을 이렇게 땅에다 이렇게 했는데 훑은 것을 숟가락 세워서 안 넘어질 정도 되면 곁두리 때가 된다고 해. 그 뒤로는 어떻게 되었는고 하니 그네라고 이만큼 넓은 것이 가지마다 전부 이 말하자면 살 사이만해 사이 있어 가지고는 그것에다 훑었어, 그것을.

그네라고?

¯ 예, 그네라고. 그 다음에는 '족탁기'라고 탈곡기가 나왔지요. 그것을 이제 발로 디디면서 이제 이것이 돌아가는 데 돌아가는 데에 살이 있어 가지고 벼를 갖다 대면 벼를 때려 버리니까 훑어지지요. 그것으로 훑다가 이제 그 뒤로는 경운기가 나오지. 이제 말하자면 벼 타작하는 기계가 나와서 이제 기계에다 넣으니깐 바로 물고 들어가서 딱 훑어지잖아요? 그리고 이제 그 뒤로는 말하자면 콤바인이라고 그것이 바로 벼 논바닥에서 베고 다니잖아요?

옮겨 올 것도 없이?

¯ 지금 현 시대 이제 제일 발달할 대로 발달했지요, 말하자면. 그래 가

지고 나라글 얼:마를 헤:뜬지 하믄 덕써게다[95] 인자 몰려야 데요. 인자 멍
서기라냐 어짜냐.

여기 말로는 덕써기라고.

ˉ 여그성 말로 덕써기제.

덕써기지요.

ˉ 몰리가꼬는 인자 도:구떼로[96] 거놈 머글랑께 찌여야 데요. 젱미끼가
업:쓰니까. 도:구떼로 찔라믄 징아요, 그걸. 징아에도[97] 안 찌여싱. 서:투
른 사라믄 네:처지고 베까트로[98]. 그레가꼬 쪼간 찌여가꼬는 또 치로[99] 까
불라가꼬 또 찌:코. 그러케 헤서 바블 헤:머꼬 사라씀니다, 야:튼[100].

어, 어떤 데서는 바블 헐 떼마다 찌여따그레요. 아, 다 찌여나:둥게 아니라
지금 이러케 항 가마니 찌여.

ˉ 어:찌게 그떼는 그런 떼는 아무러지 죽꼬살고 찐는데도 엄:마나 찌여
서 넹가노커쏘[101]?

그러니까요. 니까 오늘 머글껀 찌거서.

ˉ 예, 그런 정도지요, 마라자먼. 그라이~께 에:전 어른드리 고셍 마이~
하고 사라찌라, 우리나라. 일본놈 소꾸기로 데야가꼬 하여간 발쩌는 모:
다제. 마랄꺼업씨 고셍 마이~ 하고 사라씀니다.

"=1"

ˉ 꺼불까? 너무 뜨겁따.

그: 까, 모, 이, 뭐, 이:종할 때 이:종한다고 그러셔찌요이~, 이:종할 때. 고
걸, 인제, 저, 아까 써:레에도 말:쓰믈 헤주셔꼬. 아, 그러케 헨는데. 지금 여기
서는 써:레로 주로 고른다고 그러셔찌요.

ˉ 그러치요, 그런 떼, 소:가 끄꼬 예.

그리고 어, 그, 이케, 주를 자바가지고 사람드리 모를 심:는다고 그러셔써요?

ˉ 예, 양:짜게서 줄, 줄잠는 사라미 따로 이써요, 남자가. 그레가꼬 인자 논,
요 놀비믄[102] 놀비 요쪽 까서 저쪽 까서 헤,가, 서가꼬 짝떼기에다 인자 가머

지고 벼를 얼마를 했던지 하면 멍석에다 이제 말려야 돼요. 이제 멍석이라고 하냐 어쩌냐.

여기 말로는 '덕석'이라고

⁻ 여기 말로 '덕석'이지.

'덕석'이지요.

⁻ 말려 가지고는 이제 절굿공이로 그것 먹으려니까 찧어야 돼요. 정미기가 없으니까. 절굿공이로 찧으려면 힘들어요, 그것. 징그럽게도 안 찧어져. 서툰 사람은 내쳐지고 밖으로. 그래 가지고 조금 찧어 가지고는 또 키로 까불러 가지고 또 찧고. 그렇게 해서 밥을 해먹고 살았습니다, 하여튼.

어, 어떤 데서는 밥, 밥을 할 때마다 찧었다고 그래요. 아, 다 찧어 놓아둔 것이 아니라 지금 이렇게 한 가마니 찧어.

⁻ 어떻게 그 때는 그런 때는 아무래도 죽고살고 찧는대도 얼마나 찧어서 남겨놓겠소?

그러니까요. 니까, 오늘 먹을 것 찧어서

⁻ 예, 그런 정도지요, 말하자면. 그러니까 예전 어른들이 고생 많이 하고 살았지요, 우리나라. 일본놈 속국으로 되어 가지고 하여간 발전은 못하지. 말할 것 없이 고생 많이 하고 살았습니다.

"=1"

⁻ 꺼버릴까? 너무 뜨겁다.

그러니까 모, 이종할 때 이종한다고 그러셨지요, 이종할 때. 그것을 이제, 저, 아까 써레에도 말씀을 해주셨고. 아, 그렇게 했는데. 지금 여기서는 써레로 주로 고른다고 그러셨지요?

⁻ 그렇지요, 그런 때 소가 끌고.

그리고 그 이렇게 줄을 잡아 가지고 사람들이 모를 심는다고 그러셨어요?

⁻ 예, 양쪽에서 줄 잡는 사람이 따로 있어요, 남자가. 그래 가지고 이제 논, 이 넓이면 넓이 이쪽 가서 저쪽 가서 서 가지고 작대기에다 이제 감아

가꼬. 딱: 찌믄 인자 그 주레가 점:부 꼬시[103] 이씀니다. 줄 보세쏘 그 줄?

　엔:날 어릴떼 벤 기여기 남니다.

　˹ 아, 보고십.

　먼 고,고동가틍 거이 달려이떵거 가떤데.

　˹ 보:고시프먼 이따 네가 베:줌시다[104]. 우리 지비 이쏘.

　예, 이써, 아시게씀니.

　˹ 그랑께 베:, 베:줌시다.

　＝ 우리 그제[105] 이쏘? 그거시.

　˹ 잉, 이써. 그 줄: 꼬딘는디다 점부 싱거찌요.

　실 그, 꼳, 꼬지라구 그래요, 꼳?

　˹ 엉, 꼬시라 하지요. 인자 마라자믄 푀시니까, 푀시. 그라믄 양:짜게 선는 사라미 보믄 다 안 시머쏘? 시믄 사라믄 인자 허리 아풍께 스제[106]. 마라자믄 어찌게 스지마:라게도 스지라, 허리 아풍께. 다: 스믄 인자 딱 어:이 하고는 양:짜게서 드러서 또 엥게노요. 그럼 또 싱:꼬.

　그, 줄 잠는 사라미 제:일 펴나건네요?

　˹ 사:시른 그러치요. 사:시른 젤: 펜치요. 줄 띠 자븐사라미 젤: 펜치요. 그라고 인자, 모시로[107] 간다고 남자 한나 뒤에, 그 모 심:는 사람 뒤에 요:리저리 뎅임시로 모 엄:는디다 그걸 잔 가따주고. 남:는 디는 또 이러케 치:네고[108], 고러케 하조.

　그런 사라미 또 이써요이~? 그, 그럼 그사라믈 머:한다 그레요?

　˹ 그: 모시종한다 그라지요.

　모시종?

　˹ 시:종

　시:종한다고? 아, 모 시:종한다고?

　˹ 게, 우덜 알:기에도 어려서 보먼 부:자 사라믄 모암시로 세:북치고 모암니다, 북짱구 침시로.

가지고. 딱 찌면 이제 그 줄에 전부 꽂이 있습니다. 줄 보셨소, 그 줄?

옛날 그 어릴 때 본 기억이 납니다.

￢ 아, 보고 싶.

뭔 고둥 같은 것이 달려 있던 것 같은데.

￢ 보고 싶으면 이따 내가 보여주겠소. 우리집에 있소.

예, 있어, 아시겠습니다.

￢ 그러니까 보여, 보여주겠소.

＝ 우리 아직 있소? 그것이

￢ 응, 있어. 그 줄 꽂 있는 데다 전부 심었지요.

실, 그 꽂 꽂이라고 그래요? 꽂?

￢ 엉, 꽂이라 하지요. 이제 말하자면 표시니까, 표시. 그러면 양쪽에 서 있는 사람이 보면 다 심잖았소? 심은 사람은 이제 허리 아프니까 서지. 말하자면 어떻게 서지 말라고 해도 서지요, 허리 아프니까. 다 서면 이제 딱 '어이' 하고는 양쪽에서 들어서 또 옮겨 놓소. 그럼 또 심고.

그 줄 잡는 사람이 제일 편하겠네요?

￢ 사실은 그렇지요. 사실은 제일 편하지요. 줄 떼, 잡는 사람이 제일 편하지요. 그리고 이제 모 세우러 간다고 남자 한 명 뒤에 그 모 심는 사람 뒤에 이리저리 다니면서 모 없는 데다 그것을 조금 갖다주고. 남는 데는 또 이렇게 치우고 그렇게 하지요.

그런 사람이 또 있어요? 그 그럼 그 사람을 뭐한다고 그래요?

￢ 그 '모시종' 한다 그러지요.

모시종?

￢ 시종

시종한다고? 아, 모 시종한다고.

￢ 우리들 알기에도 어려서 보면 부자 사람은 모내기 하면서 쇠북 치고 모내기 합니다, 북장구 치면서.

힘드니까 노레 들려주면서.

ˉ 거:루카이~ 하지요.

그러치요이~. 지그믄 인제 인제, 그런 줄 줄로 된 모 모는 인제 아나고 거방 기게로 인제 이:앙기로 기게로 자동으로 하는 거조? 그 다으메 노네 무를 델: 라면 어떤 시그로 무를.

ˉ 에:저네는 어짤 쑤가 업:찌요. 마:라자면 에:저네 물 마:이~ 나고 안 모 른노니 젤: 상토로[109] 가고 어이서.

마:니 날 논자체에서 물.

ˉ 소:게서 무리 나는 땅소게선 나야 노니 안 모르지요. 그라고 어이서 물 함빵울 나도아나고 올떼도 업:꼬하는 노는 젤: 하:토 박토로 그러케 헤 씀니다. 그런데 시데가 바까저써요[110]. 시방은 소:게서 물라고 그런 조은 노는 제일 하:토로 가고. 마라자면 물 함빵울도 안 나고 이런 노는 상:토 로 가는데. 웨냐 소:게서 땅 소게서 무리 난 노는 스 처쩨 빠저요, 빠저, 마:라자면. 여까장[111] 빠:꼬 장비가 드러가믄 빠저부러.

그러치 기게가 너무.

ˉ 에, 그랑께 처쩨 이:라기가 성가시지라[112]. 그라지마는 어이서 물 함빵 울 안 나고 이런 노는 빠:또 아나고. 지금 무리 여름:네 농사지슬 무리 옴 니다, 마:라자면.

수로 수로로 이러케.

ˉ 에, 수로로 사:방이로. 길 잘데야쩨, 수로 잘데야쩨. 물 게:소기 오제. 농사 지끼가 아::주 조치요. 그라이~까 에:저네는 이 턴노니[113] 조:타고 그 레써요. 턴노니라하믄 동:네 저테. 웨냐 동:네 지붕엔들 어디 물 비 쪼까 노면 얼:름 무리 그 노느로 안 드러가거쏘? 그란데 시방은 젤: 하토에라. 웨냐 쉬달라들제 그런 무로면 건:다리가 나서 나라기 안조체.

그러치 오염되고 ***이꼬.

ˉ 에, 오염데야가꼬 그라니까, 덜 조치요, 마:라자면.

함드니까 노래 들려주면서.

- 거룩하게 하지요.

그렇지요. 지금은 이제 이제 그런 줄 줄로 된 모는 이제 안 하고 거의 기계로 이제 이앙기로 기계로 자동으로 하는 거지요? 그 다음에 논에 물을 대려면 어떤 식으로 물을?

- 예전에는 어쩔 수가 없지요. 말하자면 예전에 물 많이 나고 안 마르는 논이 제일 상토로 가고 어디서.

많이 논 자체에서 물.

- 속에서 물이 나는 땅 속에서는 나야 논이 안 마르지요. 그리고 어디서 물 한 방울 나지도 않고 올 데도 없고 하는 논은 제일 하토 박토로 그렇게 했습니다. 그런데 시대가 바뀌어졌어요. 지금은 속에서 물 나고 그런 좋은 논은 제일 하토로 하고. 말하자면 물 한 방울도 안 나고 이런 논은 상토로 가는데. 왜냐? 속에서 땅 속에서 물이 나는 논은 첫째 빠져요, 빠져. 말하자면. 여기까지 빠지고 장비가 들어가면 빠져 버려.

그렇지, 기계가 너무.

- 예, 그러니까 첫째 일하기가 힘들지요. 그렇지마는 어디서 물 한 방울 안 나고 이런 논은 빠지지도 않고. 지금 물이 여름내 농사 지을 물이 옵니다, 말하자면.

수로 수로로 이렇게.

- 예, 수로로 사방으로. 길 잘 되어 있지, 수로 잘 되어 있지. 물 계속 오지. 농사 짓기가 아주 좋지요. 그러니까 예전에는 이 텃논이 좋다고 그랬어요. 텃논이라 하면 동네 곁에. 왜냐하면 동네 지붕엔들 어디 물 비 조금 오면 얼른 물이 그 논으로 들어가잖겠소? 그런데 지금은 제일 하토예요. 왜냐? 쥐 달려들지, 그런 물 오면 '건다리'가[114] 나서 벼가 안 좋지.

그렇지, 오염되고 ***있고.

- 예, 오염되어 가지고 그러니까 덜 좋지요, 말하자면.

그니까 지그미야 인자 물 물 데능거 일:도 아니.

¯ 농사 진는데 무레 데에서는 절:떼 구에를 암바꼬 지씀니다.

근데 엔:나레는 그게 엄:청나게 어려워짜나요.

¯ 이 우리 마으리 가무물 젤: 타쏘, 마:라자먼.

귀하다고 ****

¯ 에, 보이, 선셍님 보다시피 어디가 사니 사니 이써야 무리 이찌요. 사니 엄:는데. 그라니까 지그믄 정:기가 드롸가꼬 지하수를 파서 땅 소게서 무를 뽀바올리고 그라는데. 에:저네는 순:저니 세:메서[115] 나는물로 식쑤를 하니. 쪼까만 가물먼 식쑤:가 딸려가꼬. 여자드른 밤::세 자믈 안 자고 무를 세:메서 떼:라[116] 날려쏘. 떼:린다는 거슨.

거기 그 세:미 그 공동 세:미 이씀니까?

¯ 에, 여러 반디[117] 이찌요. 지금 선셍님 시가니씨먼 보십씨요마는 우리 큰 세미라고 요 세:믄, 도:기로 여보 여보단도 굴:근 도기로 딱 짜저써요. 바닥또 이케 데고. 여보단도 굴:근 노미로 짜전는데. 쩌:미테 바닥 그 두름박[118] 두름박 그니까는 도:기 이케 다라저써요.

아, 두름바게 부디처가꼬.

¯ 에, 또 밤:며네 수:리[119] 요케 선는데 요 귀팅이는 에:전 옹:구동우 논자리가 요리케나 파저써. 그라믄 메철려니 데야꺼소? 순:저니. 그라이~까 우리 마으른 무리 딸리니까 쪼깜만 가뭄들먼 들:쎄미로[120] 드:레 저론디로 무를 마이~ 질:로 뎅이꼬. 고길[121] 우:똥네로도 뎅이고 그레써. 그런데 시방은 지하수를 파가꼬 땅소게서 정:기로 뽀바올리제. 마:라자먼 여그 강에서 바로 농사 진는 무로제. 그랑께 무레는 한:나 구에를 암바꼬 삼:니다.

그러지요이~. 근데 인제 그러먼 엔:나레 인제 무리 노네 무를 델:라먼 그러먼 무슨 방버브로 뎀:니까? 머, 인제 그 물 기리 이쓸꺼 아님니까?

¯ 물낄 업:찌요, 이:저네는.

그러니까 지금이야 이제 물물 대는 것 일도 아니,

￢ 농사짓는 데 물에 대해서는 절대 구애를 안 받고 짓습니다.

그런데 옛날에는 그것이 엄청나게 어려웠잖아요.

￢ 이 우리 마을이 가뭄을 제일 탔소, 말하자면.

귀하다고 ****

￢ 예, 선생님 보다시피 어디에 산이 산이 있어야 물이 있지요. 산이 없는데. 그러니까 지금은 전기가 들어와 가지고 지하수를 파서 땅 속에서 물을 뽑아올리고 그러는데. 예전에는 순전히 샘에서 나는 물로 식수를 하니 조금만 가물면 식수가 달려 가지고. 여자들은 밤새 잠을 안 자고 물을 샘에서 고이는 족족 훑어 날랐소. '떼린다'는 것은.

거기 그 샘이 공동샘이 있습니까?

￢ 예, 여러 군데 있지요. 지금 선생님 시간 있으면 보십시오마는 우리 큰 샘이라고 이 샘은, 돌로 이보다도 굵은 돌로 딱 짜졌어요. 바닥도 이렇게 되고. 이보다도 굵은 것으로 짜졌는데. 저 밑에 바닥 그 두레박 두레박 그러니까는 돌이 이렇게 닳아졌어요.

아, 두레박에 부딪혀 가지고.

￢ 예, 또 반면에 가장자리가 이렇게 섰는데 이 귀퉁이는 예전 옹기동이 놓은 자리가 이렇게나 파졌어. 그러면 몇 천 년이 되었겠소? 순전히 그러니까 우리 마을은 물이 달리니까 조금만 가뭄 들면 들에 파 놓은 샘으로 들에 저런 데로 물을 많이 길러 다니고. 고길 윗동네로도 다니고 그랬어. 그런데 지금은 지하수를 파 가지고 땅 속에서 전기로 뽑아 올리지. 말하자면 여기 강에서 바로 농사짓는 물 오지. 그러니까 물에는 하나 구애를 안 받고 삽니다.

그러지요. 그런데 이제 그러면 옛날에 이제 물이 논에 물을 대려면 그러면 무슨 방법으로 댑니까? 뭐 이제 그 물길이 있을 것 아닙니까?

￢ 물길 없지요, 이전에는.

그러먼 하느레서

˜ 그러치요

비올 때만 기다려요?

˜ 아, 그러머니요. 산: 단순니 천수다비라고 지, 하느레서 떠러지는 무리여야 데. 또 밤:며네 우게서 물 네레가꼬 우겐 노니[122] 무리 차야 미트로도 물 주제. 인자 베 네리라고 주제 이녕논 물 안 찬는 데 주거쏘? 그라랑 커씀니꺄[123]? 에:저네 경지정니 아나고 그랄떼는 어디가. 머 물 오는 또리이꼬 머:시이땀니꺄? 저:녀업찌라. 그라이~까 천수다비라고 순:저니 하느레서 비와서 인자 떠러저사 이:종을 하는데. 그랑께 우리 마으리 어떤 헤는 저녀 모를 모:단 헤가 꽉차써써요[124]. 그라고 데:락쩌기로 바서 이:종떼 이:종시기가 지그믄 더 빨리 하지마는 하:지 전후를 이:종시기로 안 자브요? 그란데

좀 는네요이~, 지금보다이~.

˜ 하:지가 넘:뜨러도 비 아노고 그라믄 이:종 모데요. 어이서[125] 어이서 어터게 하거쏘? 그라이~까 우리덜 알기는 심:지여 모를 헤:나 모짜리 헤:나씽께 호무로 그 모를 떠다가 모른 데도 싱게[126] 보고 그렌는데 모른 데 안 뎁띠다, 안 데. 그라고 데:락 우리 마으른 모짜리떼도 모짜리할 노네가 비가 아놔서 파싹 몰라가꼬 이씨먼 그노믈 덩구로[127] 인자 곰베라고[128] 고노미로 인자 뛰디러서[129].

곰베요?

˜ 곰베라고, 통나무 요마나한놈 여찌러구나[130] 짤라가꼬 가운데 구녁 뚤려가꼬 짜루 자루 이써요. 고노미로 인자 이 덩구를 뚜두러. 뚜두러가꼬 모른데다가 마:라자먼 씬나라글 허치고. 모짜리를 하먼 인자 흐기로 덥꼬는 우게다 풀 그 바까시나 건:너서 인자 케:다가 몰려가꼬 모자리 할라고 데비에 둔노믈 인자 그 우기로 더퍼노치라. 그라믄 인자 모른 데서 저도 살:라고 수니 나옵띠다. 그러케도 마:이~ 헤:써요. 우리 마으른 워낙 무리

그럼 하늘에서

¯ 그렇지요.

비올 때만 기다려요?

¯ 아, 그럼요. 산 단순히 천수답이라고 하늘에서 떨어지는 물이라야 돼. 또 반면에 위에서 물 내려 가지고 윗논이 물이 차야 밑으로도 물 주지. 이제 내리라고 주지, 자기 논 물 안 찼는데 주겠소? 그렇지 않겠습니까? 예전에 경지정리 안 하고 그럴 때는 어디에. 뭐 물 오는 도랑[131] 있고 무엇이 있답니까? 전혀 없지요. 그러니까 천수답이라고 순전히 하늘에서 비 와서 이제 떨어져야 이종을 하는데. 그러니까 우리 마을이 어떤 해는 전혀 모내기를 못한 해가 많았어요. 그리고 대략적으로 봐서 이종 때, 이종 시기가 지금은 더 빨리하지만 하지 전후를 이종 시기로 잡잖아요? 그런데

좀 늦네요, 지금보다.

¯ 하지가 넘더라도 비 안 오고 그러면 이종 못 해요. 어디서 어디서 어떻게 하겠소? 그러니까 우리들 알기는 심지어 모를 해 놔 못자리를 해 놨으니까 호미로 그 모를 떠다가 마른 데도 심어 보고 그랬는데 마른 데는 안 됩디다, 안 돼. 그리고 대략 우리 마을은 모내기할 때도 못자리 할 논에 비가 안 와서 바싹 말라 있으면 그것을 흙덩이로 이제 곰방메라고 그것으로 이제 두들겨서.

곰방메요?

¯ 곰방메라고, 통나무 이만한 것 이 길이나 잘라 가지고 가운데 구멍이 뚫려 가지고 자루 있어요. 그것으로 이제 이 흙덩이를 두들겨. 두들겨서 마른 데다가 말하자면 볍씨를 흩뜨리고. 못자리를 하면 이제 흙으로 덮고는 위에다가 풀 그 바깥이나 건너서 이제 캐다가 말려 가지고 못자리 하려고 대비해 둔 것을 이제 그 위로 덮어놓지요. 그러면 이제 마른 데서 저도 살려고 순이 나옵디다. 그렇게도 많이 했어요. 우리 마을은 워낙 물이

귀:한 데라나서.

　그러먼 머 아레에서 무룰 퍼 가지고 우:로 올리거나 이렁 거슨.

￣ 업:찌요. 머 기게가 이쏘? 양수기가 이쏘?.

엔:나레 그 발로하먼 저네 ****.

￣ 아, 수리차[132], 수리차도 아마 유교나기 저네 마:라자면 유교나기 한 오룽년 한 심:년저네나 요 수리차가 드롸씰꺼시요. 마:라자면 이, 그 처일~럼하면서 처일~럼하면서 드롸쩨. 그저네는 수리차라는 거또 모르고.

　수리차는 그러먼 노네 물데기보다도 처닐려말 때 가,저, 바담물 퍼올 때.

￣ 그거시제, 노네 물덴다능거슨 셍각또 아네찌요, 마:라자먼. 그라고 어디가 푸물 떼가 이따요, 무리? 업써.

　여기는 아에

￣ 아에.

　아까 그 이:종하먼 이:종하고 나서 노네 푸리 풀나먼 인제 멘:다고 하셔짜나요? 메뻐니나 항가요?

￣ 데:락 마이~ 메는 사라믄 시:번까앙[133] 메:라. 그란데 순:저니 나라근 이케 앙커쏘? 데:락 여르미요, 여르메, 그런 나락 쎄다구 가서 이 세:다구 세:다구 이케 커꺼등이라. 마:라자먼 푸를 인자 물렁물렁항께, 긍는데 나라기 모가지[134] 이런데 글케 얼:마 씨리요 따믄 흘리제. 징하지라 징에.

　그 남자드리 극씀 극씀니까?

￣ 에, 주로 남자드리 마:이~ 메:지요, 그건. 여자드른 바슬 마이~ 메:고.

　아, 남자가 바슬 메:구요? 그러먼 그거 처:음메:고 또 그거 이르미 이씀니까? 메, 함벌 멘:다.

￣ 함불 두:불, 세:불 이케 말하지요.

　예,그래요이~. 그러먼 함불 멜: 때는 그냥 소느로 극.

￣ 어쩌거나 소느로 하지요, 항상.

　두 두:불도 그러구요?

귀한 곳이라서.

그러면 뭐 아래에서 물을 퍼´가지고 위로 올리거나 이런 것은.

¯ 없지요. 뭐 기계가 있소? 양수기가 있소?

옛날에 그 발로 하면 전에 ****

¯ 아, 수차, 수차도 아마 6.25 나기 전에 말하자면 6.25 나기 한 5,6년 한 10년 전에나 이 수차가 들어왔을 것이오. 말하자면 이 그 천일염 하면서 천일염하면서 들어왔지. 그 전에는 수차라는 것도 모르고.

수차는 그러면 논에 물 대기보다도 천일염할 때 저 바닷물 퍼올 때.

¯ 그것이지, 논에 물 댄다는 것은 생각도 안 했지요, 말하자면. 그리고 어디에 품을 데가 있대요 물이? 없어.

여기는 아예

¯ 아예.

아까 이종하면 이종하고 나서 논에 풀이 풀 나면 이제 맨다고 하셨지요? 몇 번이나 하나요?

¯ 대략 많이 매는 사람은 세 번까지 매요. 그런데 순전히 벼는 이렇게 컸잖소? 대략 여름이요, 여름에 그런 벼 사이에 가서 사이사이 이렇게 컸거든요. 말하자면 풀을 이제 물렁물렁하니까, 긁는데 벼가 이삭 이런 데 긁혀 얼마나 쓰리오? 땀은 흘리지. 힘들지요, 힘들어.

그 남자들이 긁습니까?

¯ 예, 주로 남자들이 많이 매지요, 그것은. 여자들은 밭을 많이 매고.

아, 남자가 밭을 매고요? 그러면 그것 처음에 매고 또 그것 이름이 있습니까? 한 벌 맨다.

¯ 한 벌, 두 벌, 세 벌 이렇게 말하지요.

예, 그래요. 그러면 한 벌 맬 때는 그냥 손으로 긁.

¯ 어쨌든지 손으로 하지요, 항상.

두, 두 벌도 그러고요?

˰ 아, 그러머이˜라[135]. 다른 도:리가 업:쩨.

호무나 이렁거 안 써요?

˰ 에, 이거 마:라자먼 어디는 호무로 이케 헤서 딱:딱 어푼다갑띠다. 어푼다 하더마[136], 흐글. 그란디 우리게는[137] 어푼 녁싸는 업:꼬 주로 소니로 기양 망 멥:띠다.

소느로 자바뜬능구뇨.

˰ 인자 뜬능거보단도 뜨드먼 다시 머:당께.

뿌리체 뽀바버려요?

˰ 에, 이케 물렁물렁항께 소니로 글그믄 뽀바지지요. 그라이˜까 인자 무레다 씨처저서 인자 푸른 소네가 낭:꼬 흐근 인자 씨처저서 머:다고 그라제.

그라면 인제 제:일 마지망 멜: 떼 그거뽀고 머:라고 이르믈 부릉게 이씁니까?

˰ 마중메.

풀 풀 다 메:따 헐 때.

˰ 맘:무리라[138] 하능 거이지라, 맘:물.

맘:무리라 그람니까?

˰ 마지마기라고 맘:무리라 하능거이제.

에, 맘:물. 그러면 어, 노는 그 정도로 하,하게씀니다, 논 농사 진:능 거슨.

˰ 그라고 우리 마으리 바시 마:나고[139] 노는 아::주 저거씀니다.

아, 그레써요?

˰ 마:라자먼 이:벡 한 한 사오시보 사:라미 사라도 노는 한 칠벡 뚜락베끼[140] 안 데야쏘, 그떼, 당시에. 그레도 그도 농사 다: 지여가꼬 겜:무리 마:이˜ 드러서 워니[141] 터저불면 그데로 끈나부러요. 인자 지금가치 장비가 조:아가꼬 강, 겡물 모:뜨러오게 이 망는거슬 시라게 마가땀 마리제[142]. 에:전 어른드리 지게로 지고 뺄[143] 파서 포도::시[144] 물만 안드러오게 헤:논 노

˾ 아, 그럼요. 다른 도리가 없지.

호미나 이런 거 안 써요?

˾ 예, 이거 말하자면 어디는 호미로 이렇게 해서 딱딱 엎는다고 합디다. 엎는다 하더구먼, 흙을. 그런데 우리쪽은 엎은 역사는 없고 주로 손으로 그냥 막 맵디다.

손으로 잡아뜯는군요.

˾ 이제 뜯는 것보다도 뜯으면 다시 뭐 하니까.

뿌리째 뽑아 버려요?

˾ 예, 이렇게 물렁물렁하니까 손으로 긁으면 뽑아지지요. 그러니까 이제 물에다 씻어져서 이제 풀은 손에 남고 흙은 이제 씻어져서 뭐 하고 그러죠.

그러면 이제 제일 마지막 맬 때에 그것보고 뭐라고 이름을 부르는 것이 있습니까?

˾ 마지막 매.

풀, 풀 다 맸다 할 때.

˾ '맘물'이라 하는 것이지요, '맘물'

아, '맘물'이라고 합니까?

˾ 마지막이라고 '맘물'이라 하는 것이지.

예, '맘물'. 그러면 어, 논은 그 정도로 하겠습니다, 논 농사 짓는 것은.

˾ 그리고 우리 마을이 밭이 많고 논은 아주 적었습니다.

아, 그랬어요?

˾ 말하자면 이백 한 사오십 호 사람이 살아도 논은 한 칠 백 두락밖에 안 됐소, 그때, 당시에. 그래도 그도 농사 다 지어 가지고 갯물이 많이 들어서 둑이 터져버리면 그대로 끝나버려요. 이제 지금같이 장비가 좋아 가지고 갯물 못 들어오게 이 막는 것을 실하게 막았단 말이지. 예전 어른들이 지게로 지고 개펄 파서 겨우 물만 안 들어오게 해 놓은 것이 때에 따

미 떼에따라서 터지는 수가 마이~ 이씀니다, 우리마으른. 터저불면 그헤 농사는 그마니지라.

　그럼 어:터케 산:담니까?

　￣ 그마니제 어:찌게 하거쏘?

　아이고, 어터케 무꼬 멈: 무:꼬 어:터케 무꼬 사라?

　￣ 글쎄요, 그라이~까 단수니 몬:저 마:라다시 소금 궈:서

　아, 소그므로.

　￣ 그거시로 연명하지요.

　그니까 소금하고 농사를 가치 헤꾸뇨.

　￣ 에, 그랑께 농사는 소, 소숩짜고 보너비 주로 소그미여쩨.

　니까, 소그미 이쓰니까 농사가 좀 버려도.

라서 터지는 수가 많이 있습니다, 우리 마을은. 터져 버리면 그 해 농사
는 그만이지요.

　그럼 어떻게 산답니까?

　¯ 그만이지, 어떻게 하겠소?

　아이고, 어떻게 먹고 뭐 먹고 어떻게 먹고 살아?

　¯ 글쎄요, 그러니까 단순히 먼저 말했듯이 소금 구워서

　아, 소금으로.

　¯ 그것으로 연명하지요.

　그러니까 소금하고 농사를 같이 했군요.

　¯ 예, 그러니까 농사는 소수고 본업이 주로 소금이었지.

　그러니까 소금이 있으니까 농사가 좀 버려도.

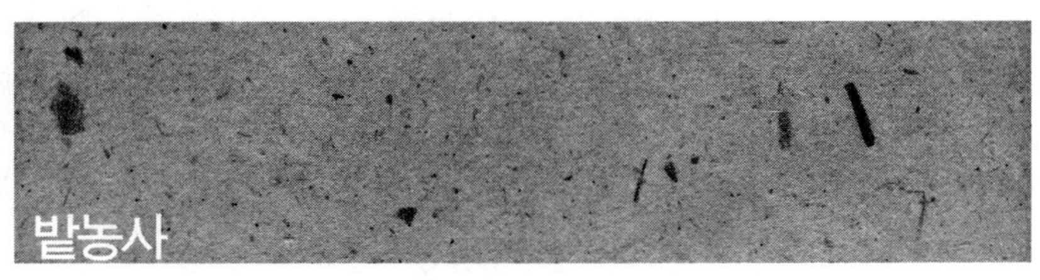

그러먼 인제 이 마으레서 마:니하는 이 반농사 이얄, 이야기를 쪼꼼. 여기서는 주로 뭘: 심:습니까, 밭, 바테다가.

ˉ 그저네는 우더리 알기에 일제떼는 일본놈드리 억:쩨를 하기를 모카, 미영, 주로 모카를 마이~. 또 뽐마아이~라 모카를 레:믄 귀:한 도:널 다라[145]보게 데고. 모카따면 인자 모카 팜메본다고. 와서 인자 금:사가 와서 팜메보고 그니로 다라서 인자 항그네 엄:마썩 인자 사고그람니다. 그런데 모카, 서:숙[146], 콩, 우들 알기에는 주로 고 세:가지껄 헤:따고 봄니다.

머 보리나 밀 이렁거?

ˉ 그러고 보리는 시야네. 시야네 인자 주로 보리를 점:부 밤마디[147] 갈:지요. 그라고 인자 보리까실[148] 하고는 여르메는 모카[149], 서:숙, 콩.

요세느뇨?

ˉ 요세는 주로 데파를 마이~함니다, 여그는.

예, 아까 차타고 올라갈 떼 그 머 차에다 실:코이떼요, 파.

ˉ 예, 데파. 금녀네 장녀네는 데파끄미[150] 아::주 업:써씀니다.

아, 사, 싸써써요?

ˉ 에, 사다가 사가도[151] 아나고 그라니까 농:여베서 마:이~ 돈:주고 막 처부러써라. 트렉타로. 그런데, 금녀네는 데파끄미 상당이 조아씀니다. 벡평에 보:통 한 벵만원. 요로케 가써요. 그라고 인자 그 다으메는 주로 베:추를 소:순짜로 하는데. 주로 헤:나미 베:추 봉고장 아니띱자[152]? 그라고 여그는 인자 데파를 주로하고 그라고는 고추심, 쪼까석 싱:꼬. 서:숙::은 메싸람 아나고

그러면 이제 이 마을에서 많이 하는 밭농사 이야기를 조금. 여기서는 주로 뭘 심습니까, 밭, 밭에다가?

― 그전에는 우리들이 알기에 일제 때는 일본놈들이 억제를 하기를 목화, 무명, 주로 목화를 많이. 또 뿐만 아니라 목화를 내면 귀한 돈을 만져보게 되고. 목화 따면 이제 목화 판매 본다고. 와서 이제 검사가 와서 판매 보고 근으로 달아서 이제 한 근에 얼마씩 이제 사고 그럽니다. 그런데 목화, 조, 콩, 우리들 알기에는 주로 그 세 가지 것을 했다고 봅니다.

뭐 보리나 밀 이런 거?

― 그리고 보리는 겨울에. 겨울에 이제 주로 보리를 전부 밭마다 갈지요. 그리고 이제 보리 수확을 하고는 여름에는 목화, 조, 콩.

요새는요?

― 요새는 주로 대파를 많이 합니다, 여기는.

예, 아까 차 타고 올라갈 때 그 뭐 차에다 싣고 있더군요, 파.

― 예, 대파. 금년에 작년에는 대파 값이 아주 없었습니다.

아 사, 쌌었어요?

― 예, 사다가 사가지도 않고 그러니까 농협에서 많이 돈 주고 막 쳐버렸어요. 트랙터로. 그런데, 금년에는 대파 값이 상당히 좋았습니다. 백 평에 보통 한 백만 원. 이렇게 갔어요. 그리고 이제 그 다음에는 주로 배추를 소수로 하는데. 주로 해남이 배추 본고장 아닙디까? 그리고 여기는 이제 대파를 주로 하고.그리고는 고추 조금씩 심고. 몇 사람 안 하고.

예, 요세는 잘 안 머그.

˜ 예, 콩: 소순짜로 인자 이녁 장:다물랑께. 다릉 거시아이~라 콩도 중국 싸니 드로다봉께 가게기 업:써요. 그라이~까 이녀기 인자 농사는 농초네 서 삼:시롱[153] 사서 장다물[154] 쑤 업:꼬 그랑께 이녁 장다물로미나 갈:지요.

그래도 우리나라 콩 찬는 사라미 도시에는 꿰 마:는데요.

˜ 그러, 그러지요, 어찌게 되야꺼나 국싼 우리나라 꺼시 조:치요, 먀:라자먼.

오느른 제가 거기 장, 시:장에 가보니까 데파, 요즈믄 쪽파 자근파 그게 비싸 데요.

˜ 그란데 여그는 그 쪽파 아남니다.

여그는 아나 안.

˜ 예, 여그는 쪽파 아납띠다. 쪽파 요세 나온노믄 주로 그 하우스 아네 소 넬:꺼요.

그 *** 굉:장히 비싸더라구요. 그러며는 요 인제 (3초) 그, 아까, 농사 그 바 테서 진:는 거뜨른 말씀헤주션는데 콩 아까 콩 모콰 콩 서:숙 그러셔쪼이~?

˜ 에, 시방은 모카는 일:쩔 아남니다, 여그는.

저녀?

˜ 에, 저녀업:써요. 일쩨떼 하고는 그라고 일쩨떼는 아날쑤도 업:써요. 웨냐믄 그노미로 베: 미영베에서[155] 온니버야제. 고노미로 소:메서 이불더 퍼야제. 그라니까 주로 모카를 아날쑤가 업:써찌요, 우더른.

근데 소니 마:니 가자나요?

˜ 그러머뇨.

그 일리리 따고 머 이**

˜ 모카 일리리 잉는 쪽쪽 그노미 함뻐네 딱 하게 덴단마제 그거또 아니 고. 인자 이그믄 딱: 피픈 티 안 드러가게 인자 한:나한나 따:가꼬. 인자 몰려가서 인자 미영베 하능거슨 이따가. 저 저붐보고 무러보시씨요.

어,그러먼 보리 우선 보리 주로, 얼, 아까 시야네 진:는다고 그러셔씀까?

예, 요새는 잘 안 먹

˘ 예, 콩 소수로 이제 자기 장 담그려고 하니까. 다른 것이 아니라 콩도 중국산이 들어오다 보니까 가격이 없어요. 그러니까 자기가 이제 농촌에서 살면서 사서 장 담글 수 없고 그러니까 자기 장 담글 것이나 갈지요.

그래도 우리나라 콩 찾는 사람이 도시에는 꽤 많은데요.

˘ 그렇지요. 어떻게 되었건 국산 우리나라 것이 좋지요, 말하자면.

오늘은 제가 거기 장, 시장에 가보니까 대파, 요즘은 쪽파 작은파 그것이 비싸더군요.

˘ 그런데 여기는 그 쪽파 안 합니다.

여기는 안 하 안

˘ 예, 여기는 쪽파 안 합디다. 쪽파 요새 나오는 것은 주로 그 비닐하우스 안에서 낼 거요.

그 *** 굉장히 비싸더라고요. 그러면 요 이제 그 아까 농사 그 밭에서 짓는 것들은 말씀해주셨는데 콩 아까 콩, 목화, 콩, 조 그러셨지요?

˘ 예, 지금은 목화는 전혀 안 합니다, 여기는.

전혀?

˘ 전혀 없어요. 일제 때 하고는 그리고 일제 때는 안 할 수도 없어요. 왜냐하면 그것으로 베 무명 해서 옷 입어야지. 그것으로 솜 해서 이불 덮어야지. 그러니까 주로 목화를 안 할 수가 없었지요, 우리들은.

그런데 손이 많이 가잖아요?

˘ 그럼요.

그 일일이 따고 뭐 ***.

˘ 목화 일일이 익는 족족 그것이 한번에 딱 하게 된단 말이지 그것도 아니고. 이제 익으면 딱 피면 티 안 들어가게 이제 하나하나 따 가지고. 이제 말려서 이제 무명 하는 것은 이따가 저 저분보고 물어보십시오.

어 그러면 보리 우선 보리 주로 어떠 아까 겨울에 짓는다고 그러셨습니까?

시야네, 그러먼 인자 어터케, 씨를 뿌리고, 그 과:정을 함번 말쓰믈 헤주실람
니까, 보리.

　˹ 보리:는 데:락쩌기로 바서.

　언:제, 언제 씨를 뿌립니까?

　˹ 보리:는 마:라자먼 약 한 양녀기로 시:월따레나 한 가:꺼요. 그라 인자
이 목 에:저네는 모카지만 시방은 인자, 이 보리:도 여그 갸:는 사람 벨로
업:씀니다, 여그는 현:제는. 그런디 에:저네는 모카 미영떼 헤:네고 서:숙
하리네고 인자 콩 헤:네고는 인자 소로 가라요. 소로 인자 고랑지게 딱딱
가라가꼬는. 우덜 여그서는 네:나[156] 한 말가치 곰베라고 요마나항 거 그
레서 인자 자루 질릉 거. 쭉 이따 베:줌시다마는, 고노미로 인자. 고랑이
요케 쟁기 지:네간데는 집꼬 요러케 안데야꺼쏘? 그라이~께 납짜:가게 곰
베를 헤:가. 그레가꼬는 거그다가 인자, 거름 토:비[157] 잔 뿌리고 인자 보
리씨 뿌리고는 곰베로 덥쪼 인자 뚜두러서. 요케 나온 노믈 탁탁 떼려서
더퍼. 그러믄 인자 보리씨가 나지요. 그란데 그 보리::도 나고 그라믄 인
자 보메 여자드리 전부 메:야 데, 바슬, 호무로. 그레야 인자 보리만 넹가
노코[158] 다른 푼노무리나 이런 푸를 쌍 메:부러야조. 그레가꼬 인자 보리
가 이그믄 나시로 비여요, 역씨. 비여가꼬 기게나기 저네는 인자 그 노믈
어:찌게 하능고 하니, 무꺼다가 바테서 잘: 모른노믈 인자 무꺼다가 마당
에다 딱 피거등요, 고노믈. 그라고 인자 도리께로, 도리께 야:시거찌요?
도리께로 치지요. 도리께질 모:단 사:라믄 몽뎅이로 뛰데야데고.

　무어스로요?

　˹ 몽뎅이로 뚜두러야 안쓰거쏘?

　아, 몽뎅이로.

　˹ 그레가꼬는 인자 도리께로 뚜드러가꼬는 역씨나 인자 치로 까불던지.
바람불먼 디리든지[159] 헤서 인자 알따구를[160] 네:지요, 마:라자먼. 그레가꼬
는 인자 보리를 방에 찐는 디다가 도:구통에다[161] 여:코는 물부꼬는 도:구

겨울에, 그러면 이제 어떻게 씨를 뿌리고, 그 과정을 한번 말씀을 해주시겠습니까, 보리?

￣ 보리는 대략적으로 봐서.

언제 언제 씨를 뿌립니까?

￣ 보리는 말하자면 약 한 양력으로 시월에나 갈 것이오. 그런데 이제 예전에는 목화지만 지금은 이제 이 보리도 여기 가는 사람이 별로 없습니다, 여기는 현재는. 그런데 예전에는 목화, 목화대 해 내고 조 해 내고 이제 콩 해 내고는 이제 소로 갈아요. 소로 이제 고랑 있게 딱딱 갈아 가지고는, 우리들 여기서는 아까 일껏 한 말처럼 곰방메라고 요만한 것, 그래서 이제 자루 지른 것. 쭉 이따 보여 주겠습니다마는, 그것으로 이제. 고랑이 이렇게 쟁기 지나간 곳은 깊고 이렇게 되었잖겠소? 그러니까 납작하게 곰방메를 해 가. 그래 가지고는 거기에다가 이제, 거름 퇴비 좀 뿌리고 이제 보리씨 뿌리고는 곰방메로 덮지요, 이제 두들겨서. 이렇게 나온 것을 탁탁 때려서 덮어. 그러면 이제 보리씨가 나오지요. 그런데 그 보리도 나오고 그러면 이제 봄에 여자들이 전부 매야 돼, 밭을 호미로. 그래야 이제 보리만 남겨놓고 다른 풋나물이나 이런 풀을 싹 매어 버려야지요. 그래 가지고 이제 보리가 익으면 낫으로 베어요, 역시. 베어서 기계가 나오기 전에는 이제 그것을 어떻게 하는고 하니, 묶어다가 밭에서 잘 마른 것을 이제 묶어다가 마당에다 딱 펴거든요, 그것을. 그리고 이제 도리깨로 도리깨 아시겠지요? 도리깨로 치지요. 도리깨질 못한 사람은 몽둥이로 두들겨야 되고.

무엇으로요?

￣ 몽둥이로 두들겨야 되잖겠소?

몽둥이로.

￣ 그래 가지고는 이제 도리깨로 두들겨 가지고는 역시나 이제 키로 까불든지, 바람 불면 검불을 날리든지 해서 이제 알곡을 내지요, 말하자면. 그래 가지고는 이제 보리를 방아 찧는 데다가 절구통에다 넣고는 물 붓

트를[162] 찌여, 그 노믈. 찌:먼 아적:찌[163] 찌여야 한 동을 찌:씀니다, 두:리, 고노믈. 도:구떼를 아적:찌 질러야데[164].

아적찌 찌, 찌여요?

￣ 조:반 머끼저네 아치메 이러나서 조:반 머끼전:까장 찌거야데[165], 야: 튼. 그레가꼬 인자 그노믈 딱 피여널지요. 너러가꼬는 인자 치로 까불라 가꼬는 제는 날케[166]불고 다시또 쪼까썩 여:코 찌여야 데, 고노믈. 그레 이:전 어른들 참 세:상 징:한시상 사라써.

그 보리::도 종:뉴가 이짜나요이~?

￣ 보리는 데:락 쌀보리이꼬 걸보리이꼬 그러치요. 걸보리는 껍따기 이 퍼진놈. 쌀보리는 알따구로 나오는 놈. 머 다른 특뼈란 종:뉴는 업:꼬.

걸보리는 그러면 어떼씀니까, 그게 딱 부터가지고 잘 안.

￣ 껍떠기 안 버서지지요[167], 이거는.

에, 그러치요이~. 그러니까 그거는 저기가 머끼가 사:납껜는데요.

￣ 예, 사람 머:끼는 사:납꼬[168]. 주로 마리나 그런데 주는 머:시라갑띠 다[169]. 그라고 그 이 중녀네는 멕쭈보리라고. 멕주뽀리가 납짜:가이~ 요케 덴놈 그놈 순:저니 멕쭈 만든다합따. 그 보리가 나와써찌요. 그란디 고노 믄 인자 하먼 팜메보고 돈: 사고[170] 회:사에서 사가. 그란데 시방은 그렁거 또 일:쩔업써요, 여그는.

밀:도 함니까, 여그서 밀:?

￣ 여기 그런 떼는 밀: 쬐::깐 이녀기, 머:달라고 헤쩨, 미를. 여그는 잘 아납띠다.

아, 그레써요이~.

￣ 쩌: 강원도나 그런데가믄 주로 미:를 하더마. 그레가꼬 국쑤빼서. 그 라는데 여그는 그케 아나라줘요, 그걸.

보리받 갈:떼는 무어스로 감:니까?

￣ 소로 갈지요.

고는 절굿공이를 찧어, 그것을. 찧으면 아침까지 찧어야 한 동을 찧습니다, 둘이, 그것을. 절굿공이를 아침까지 질러야 돼요.

아침까지 찧어요?

ᆨ 조반 먹기 전에 아침에 일어나서 조반 먹기 전까지 찧어야 돼, 하여튼. 그래 가지고 이제 그것을 딱 펴 널지요. 널어 가지고는 이제 키로 까불러 가지고 재는 날려 버리고 다시 또 조금씩 넣고 찧어야 돼, 그것을. 그래 이전 어른들 참 세상 징그러운 세상 살았어.

그 보리도 종류가 있잖아요?

ᆨ 보리는 대략 쌀보리 있고 겉보리 있고 그렇지요. 겉보리는 껍질이 입혀진 것. 쌀보리는 알곡으로 나오는 것. 뭐 다른 특별한 종류는 없고.

겉보리는 그러면 어떻습니까, 그게 딱 붙어가지고 잘 안.

ᆨ 껍질이 안 벗겨지지요, 이거는.

예, 그렇지요. 그러니까 그거는 저기가 먹기가 힘들겠는데요.

ᆨ 사람 먹기는 힘들고, 주로 말이나 그런 데 주는 뭐랍디다. 그리고 그 이 근년에는 맥주보리라고, 맥주보리가 납작하게 이렇게 된 것 그것 순전히 맥주 만든다 합디다. 그 보리가 나왔었지요. 그런데 그것은 이제 하면 판매하고 돈 받고 팔고 회사에서 사 가. 그런데 지금은 그런 것도 전혀 없어요, 여기는.

밀도 합니까, 여기서 밀?

ᆨ 여기 그런 때는 밀 조금 자기가, 뭐 하려고 했지, 밀을. 여기는 잘 안 합디다.

아, 그랬어요.

ᆨ 저 강원도나 그런 데 가면 주로 밀을 하더구먼. 그래 가지고 국수 뽑아서. 그러는데 여기는 그렇게 알아주지 않아요, 그것을.

보리밭 갈 때는 무엇으로 갑니까?

ᆨ 소로 갈지요.

아,젱,젱기지를 하고?

⌐ 주로 소 아이먼, 에:저네 여그 소 아이먼 어쭈고 농사 질:쑤가 업찌요.

엉,이러케 가라가지고 소로 젱기로 가라가지고 멀: 이러케 만듬니까, 이러케?

⌐ 젱기로 가라가믄 고랑 두두기 딱: 스지요.

엉, 고랑 ** 머이고?

⌐ 고랑은 지푼데.

어, 두두그뇨?

⌐ 두두근 너피. 흐글 가라가믄 요케 딱:: 가라가믄 이케, 노케 안데거씀니까? 그라이~께 이 너풍거뽀고는 두둑, 지푼 데보고는 고랑 그러씀니다.

예, 그러케요이~.

⌐ 그레 인자 젱기질 자라는 사라믄 다시 이케 헤:따그라믄 쪽:빠로[171] 크고 저근 두두기 업씨 하고. 젱기질 서:투른[172] 사라믄 꼬그랑꼬그랑[173] 크고 저근 노미꼬 그레요. 그러 인자 기술:께가[174] 메연는데[175].

저이 기여그로 보며는 보리 학꾜 다닐 떼보면 보리 바블 바브라고 어디 함번씩 나가서, 보리밥끼도 하고 그레꺼드뇨, 겨우레.

⌐ 보리바비요?

보리를 볼바, 볼브라고.

⌐ 앙, 봅:찌요, 볼바.

엉, 웨그러씀니까, 그거는?

⌐ 그라믄 뿌리를 지피줘서 더 짱짱하다고[176]. 그 한:참 일쩨떼 동:네 쩌기로 점:부 나서서 보리바브로 볼부로 뎅게써.

에, 그레찌요이~?

⌐ 에, 볼바써요.

보리방아 그니까 보리를 아까 어떠케 그 껍찌를 버긴다고 그러셔써요, 지베서 그냥?

⌐ 지베서 도:구떼로 찌여찌요.

아, 쟁기질을 하고?

⁻ 주로 소 아니면, 예전에 여기 소 아니면 어떻게, 농사 지을 수가 없지요.

엉, 이렇게 갈아 가지고 소로 쟁기로 갈아 가지고 뭘 이렇게 만듭니까, 이렇게?

⁻ 쟁기로 갈아 가면 고랑 두둑이 딱 서지요.

고랑 ** 무엇이고?

⁻ 고랑은 깊은 데.

어, 두둑은요?

⁻ 두둑은 높이. 흙을 갈아 가면 이렇게 딱 갈아 가면 이렇게 높게 되잖겠습니까? 그러니까 이 높은 것보고는 두둑, 깊은 데보고는 고랑 그렇습니다.

예, 그렇게요.

⁻ 그래서 이제 쟁기질 잘 하는 사람은 다시 이렇게 했다 그러면 똑바로 크고 작은 두둑이 없이 하고, 쟁기질 서툰 사람은 높고 낮고 크고 작은 것 있고 그래요. 그래서 이제 기술에 달렸는데.

저희 기억으로 보면은 보리 학교 다닐 때 보면 보리밭을 밟으라고 어디 한 번씩 나가서, 보리밟기도 하고 그랬거든요, 겨울에.

⁻ 보리밟이요?

보리는 밟아, 밟으라고.

⁻ 아, 밟지요, 밟아.

왜 그랬습니까, 그것은?

⁻ 그러면 뿌리를 깊이 줘서 더 단단하다고 그 한창 일제때 동네적으로 전부 나서서 보리밭으로 밟으러 다녔어.

예, 그랬지요.

⁻ 예, 밟았어요.

보리방아 그러니까 보리를 아까 어떻게 그 껍질을 벗긴다고 그러셨어요, 집에서 그냥?

⁻ 집에서 절굿공이로 찧었지요.

도:구떼로 찌여요?

ᐟ 에, 그레가꼬는 인자.

무를 부어가지고.

ᐟ 예, 물부어가꼬.

그믄 이 도:구 도:구통이 나무로 되여이씀니까, 돌로 되여이?

ᐟ 여그는 데, 데:라근 도, 도:리지요. 나무도구통은 업:써요.

아 돌:로.

ᐟ 도:리요. 에, 쪼:그 아니씀니까? 거그다 인자 찰차리[177] 부꼬는 물부꼬 찐능거여, 주로. 그란데 처:뿌런 그케 찰차리 한:나[178] 하는데. 낭중에[179] 인자 머글라고 하는 노믄 쪼깜만 여:코는 찌:치요, 기냥.

그믄 인제 기게로 찐:능거슨 나중에 셍긴.

ᐟ 에, 낭:중에. 기게로 찐:능 거슨 (3초) 그 에:전 그, 발똥기라고 경운기 나기저네 나기저네 육:쌍 그 쇠떼기로[180] 뎅거 안 이씀니꺄? 고놈 나와씰 떼 젱:미끼가 나와가꼬 인자 베르또[181] 거러가꼬 그노미 찐:는데. 그 똥방 에라고[182] 똥방에라고 인자 물 서꺼가꼬 보리를 거그다 여:너먼 요마나:안 구녀게서 비께저서 나와써요. 그란데 그 뒤:로는 인자 그 발딸함시로는 보리 깡는 기게가 나와가꼬 시방은 보리방에 찌으면 깡까붐니다[183], 보리 럴. 싹 기게가 깡까부러요. 마:라자면 그걸 보면 소:게가[184] 그 머:라하까, 그거시 요런 메똑까틍거시[185] 이써가꼬는 고노미 싹:: 돔시로 깡까부러요. 시방.

보리를 도:구떼로 찌으먼 인제 그 껍찌리 나오잔씀니까?

ᐟ 예,에, 그거뽀고 보리쩨락 하요.

보리쩨라고 그레.

ᐟ 에, 보리 제.

그거슨 항가지만 이씀니까 더, 고 곱:께 찌으면 또.

ᐟ 고:께 찌:먼 더 부드런 노미 나오거찌요.

절굿공이로 찧어요?

⎯ 예, 그래 가지고는 이제.

물을 부어 가지고.

⎯ 예, 물 부어 가지고.

그러면 이 도구 절구통이 나무로 돼 있습니까, 돌로 되어 이

⎯ 여기는 대략은 돌이지요. 나무 절구통은 없어요.

아, 돌로

⎯ 돌이요. 예, 저기 있잖습니까? 거기다 이제 찰랑찰랑하게 붓고는 물 붓고 찧는거요, 주로. 그런데 첫 벌은 그렇게 찰랑찰랑하게 가득 하는데. 나중에 이제 먹으려고 하는 것은 조금만 넣고는 찧지요, 그냥.

그러면 이제 기계로 찧는 것은 나중에 생긴

⎯ 예, 나중에. 기계로 찧는 것은 그 예전 그 발동기라고 경운기 나오기 전에 나오기 전에 육상용 그 쇠로 된 거 있잖습니까? 그것이 나왔을 때 정미기가 나와 가지고 이제 벨트 걸어 가지고 그것이 찧는데. 그 '똥방아'라고 '똥방아'라고 이제 물 섞어 가지고 보리를 거기에다 넣어 놓으면 이만한 구멍에서 벗겨져서 나왔어요. 그런데 그 뒤로는 이제 그 발달하면서는 보리 깎는 기계가 나와 가지고 지금은 보리방아를 찧으면 깎아버립니다, 보리를. 싹 기계가 깎아버려요. 말하자면 그걸 보면 속에 그 뭐라 할까, 그것이 이런 맷돌같은 것이 있어 가지고는 그것이 싹 돌면서 깎아버려요. 지금.

보리를 절굿공이로 찧으면 그 껍질이 나오잖습니까?

⎯ 예, 예, 그걸 보고 보릿겨라고 해요.

보릿겨라고 그래.

⎯ 예, 보릿겨.

그것은 한 가지만 있습니까, 더 곱게 찧으면 또.

⎯ 곱게 찧으면 더 부드러운 것이 나오겠지요.

그러지만 다 이르미 다 보리쩽가요?

⌐ 에, 그거또 보리쩨지요.

나라근 그거 이르미 아, 큰 노미 이꼬.

⌐ 나락쩨, 느무께[186].

느무께라 그레요? 너무께는 더 곱

⌐ 느무께는 싸레서 버꺼진 노미지요. 그라고 나락쩨는 순:저니 껍:떡나락[187], 껍떠기고. 느무께는 마:라자면 현:미 헤:노믄 누::라이~ 나라기 그라나요? 고노믈 인자 정:미헤노먼 그 껍떠기 버서징께 흐:게지지요.

그게 너무껨니까?

⌐ 에, 느무께.

엔:나레는 혹씨 그 비, 그,저, 나무집 콩도 몰:레 가저다가 에기드리 머끼도 하고. 심:한 에기드른 닥또 자바서 머끼도 하고.

⌐ 그러지, 그라지요, 베고풍께. 베고풍께 어짤쑤 업써.

그, 그거 뭐, 머:라고 함니까, 머:던다고 함니까 그렁 거슨.

⌐ 콩: 그 여물[188] 뜨라고[189] 머:단노믄[190] 그노믈 뽀바다가 불 피고는 구어서 머거요. 에 좀 마시써요. 베고풍께. 그라고 인자 보리도 여물뜬놈 비여다가 불 피고 끄실려서[191] 소니로 비베서 머그믄.

엉, 그레찌요이~.

⌐ 베고풍께 어쩌? 시방은 가 헤:머거라게도 아네머거요, 아네 머거.

보리 저도 기여기나네요 그 구어서 머금 마시짜나요.

⌐ 마시찌요. 그란데 시방은 잡쫘 보씨요마는 마딩능가. 마덥써라. 소:게가 지름끼가 딱:딱차가꼬 마딩능 거시 업:써.

잘 **. 그 엔나렌 그 서:리한다고 그러케 이야기헤써찌 안나요, 콩서리. 혹씨 그렁건 안 드러바써요?

⌐ 콩

남, 나무집 콩가틍거또 이러케 몰:레 가저다가 이러케 머꼬 이런 이런 이:를 그러지만 다 이름이 보릿겨인가요?

￣ 예, 그것도 보릿겨지요.

벼는 그것 이름이 큰 것이 있고.

￣ 벗겨, '느무께'.

'느무께'라 그래요? 쌀겨는 더 곱

￣ '느무께'는 쌀에서 벗겨진 것이지요. 그리고 왕겨는 순전히 벼 껍질, 껍질이고. 쌀겨는 말하자면 현미 해 놓으면 누렇게 벼가 그러잖아요? 그 것을 이제 정미해 놓으면 그 껍질이 벗겨지니까 하얘지지요.

그게 쌀겨입니까?

￣ 예, 쌀겨.

옛날에는 혹시 그 저 남의 집 콩도 몰래 가져다가 아이들이 먹기도 하고. 심한 아이들은 닭도 잡아서 먹기도 하고.

￣ 그러지, 그렇지요, 배 고프니까. 배 고프니까 어쩔 수 없어.

그 그거 뭐 뭐라고 합니까, 뭐 한다고 합니까 그런 것은?

￣ 콩 그 여물려고 뭐 하는 것은 그것을 뽑아다가 불 피우고는 구워서 먹어요. 예, 좀 맛있어요. 배 고프니까. 그리고 이제 보리도 여문 것 베어 다가 불 피우고 그을려서 손으로 비벼서 먹으면.

그랬지요.

￣ 배고프니까 어째? 지금은 가서 해먹으라고 해도 안 해먹어요, 안 해먹어.

보리 저거 기억이 나네요. 그 구워서 먹으면 맛있잖아요?

￣ 맛있지요. 그런데 지금은 잡숴 보시오마는 맛있는가? 맛없어요. 속에 기름이 딱딱 차 가지고 맛있는 것이 없어.

잘 ** 그 옛날에 그 서리한다고 그렇게 이야기했었지 않나요, 콩서리? 혹시 그런 것은 안 들어봤어요?

￣ 콩.

남의 집 콩 같은 것도 이렇게 몰래 가져다가 먹고 이런 이런 일을.

ㄱ 그런, 그런

따로 부른 이르미 이써요?

ㄱ 그건 셍각짤 모:다거씀니다.

예, 그냥, 다른 마른 업:꼬? 저, 광주가튼 데서는 서리한다고 그레요. 콩서리 한다, 닥 서리한다. 여기는 그런 말 엄:능가요? 보리 이러케 인제 데가 이짜나요? 그러면 그거 가지고도 여러가지껄 만들 쑤 이짠씀니까?

ㄱ 보리떼요? 보리떼 우덜 셍가게는.

보리떼 아니, 안 머 만들 께 업:씀니까?

ㄱ 머 그 써궈서 거르미나 하제, 머:다거쏘?

= 그저네는 우:장[192] 안 녀꺼쏘? 우:장 더러 여꺼찌.

ㄱ 지비 귀:항께 우:장또 쪼깐 역쩨. 그라지마는.

= 모함시로 씨는 우:장

ㄱ 엉, 그라지마는, 그라지마는 집뽀당 모:다제.

= 그랑께.

밀, 밀:떼는 멀 만들지요, 밀:?

ㄱ 예, 밀:떼로 마:라자먼 뜨미라고[193]. 인자 반:치메[194] 바람옴시로 비 오믄 안 들치게[195] 비 안들치게 뜸도 요꼬. 또 밀:떼로 여르메 마당께다 피고 밤 머글라고 꺼적또 여코 그러치요.

그 다으메 고추, 고추:는 언:제쯔미나 아, 고추는 아나네요. 지남번 아까 에:기 이 지방에서 마:니항거슨 서:수글 마:니한다 그레찌요, 서:숙?

ㄱ 예, 그 저네는 서:수글[196] 마이~헤찌요. 시방은

서:수근 언:제나 심:씀니까?

ㄱ 서:수근 데:락쩌기로 바서 유:월 중순께나 감:니다, 음:녀기로, 음:녀기로. 요 서:수글 일찍 갈:먼 제미업씀띠다. 마라자먼 장:사미[197] 마:나고 그 껍떠기 뚜껍꼬 덜 시라게 데요. 제 시기에 가라야 그거시.

그 저네는 서:수그로 밥또 마:니 잡쑤셔찌요?

˚ 그런 그런

따로 부른 이름이 있어요?

˚ 그건 생각 잘 못하겠습니다.

예, 그냥 다른 말은 없고? 저 광주 같은 데서는 서리한다고 그래요. 콩서리 한다, 닭서리 한다. 여기는 그런 말 없는가요? 보리 이렇게 이제 대가 있잖아요? 그러면 그걸 가지고도 여러가지 것을 만들 수 있잖습니까?

˚ 보릿대요? 보릿대 우리들 생각에는.

보리대 아니 안 뭐 만들 게 없습니까?

˚ 뭐 그 썩혀서 거름이나 하지 뭐 하겠소?

˟ 그전에는 도롱이 엮었잖소? 도롱이 더러 엮었지.

˚ 짚이 귀하니까 도롱이도 조금 엮지. 그렇지만

˟ 모내기하면서 쓰는 도롱이

˚ 그렇지만, 그렇지만 짚보단 못하지.

˟ 그러니까.

밀 밀대는 뭘 만들지요, 밀?

˚ 예, 밀대로 말하자면 뜸이라고. 이제 마루에 바람 오면서 비 오면 안 들게 비 안 들게 뜸도 엮고. 또 밀대로 여름에 마당께다 펴고 밥 먹으려고 거적도 엮고 그렇지요.

그 다음에 고추, 고추는 언제쯤이나... 아, 고추는 안 하네요. 지난 번 아까 얘기 이 지방에서 많이 하는 것은 조를 많이 한다 그랬지요, 조?

˚ 예 그 전에는 조를 많이 했지요. 지금은.

조는 언제나 심습니까?

˚ 조는 대략적으로 봐서 6월 중순께나 갑니다, 음력으로, 음력으로. 이 조를 일찍 갈면 재미 없습디다. 말하자면 '장삼'이 많고 그 껍질이 두껍고 덜 실하게 돼요. 제 시기에 갈아야, 그것이.

그전에는 조로 밥도 많이 잡수셨지요?

⌐ 그저네는 서:숙빱 마시찌요. 싸른 귀:하고 보리바베다 서:숙 여:서 헤
노믄 찰지기도[198] 하고 조:치요. 그란데 시방은 암머거집따, 서:숙.

요세는 세:나 주제 그거 누가 세, 세 모시로나 주제.

⌐ 에, 세:밥또 마:이~하고 그란데. 서:수기 올로드러가능가 몰라도 서:수
끄미 겐찬헤요.

요세 요세 그 잡꼭 서꺼서 멍는 사람도 이써서 그러나?

⌐ 서:숙 껍딱체 사:십 키로 항 가마에 심마눤 이상 가니까.

쌀, 쌀: 정도.

⌐ 나라근 사:십키로에 오:마눤 쪼깐 모:단데 서:수근 심마눤 이상 가요.

그레요이~? 서:숭 농사를 지으셔야 되겐네.

⌐ 근데 먼 그 든는 말로 헤서는 멕쭈 공짜에로 간담말도이꼬 그란데 모
르거씹띠다. 그 서:수기 상:당이 비싸요.

여기서는 머 감자 가틍거또 저네 심:꼬 그러셔써요?

⌐ 그저네는 시머찌요. 지금:도 요 감자 쬐:깐썩 심:씀니다 이녕 머글라
고. 머 어따 네:거나 그런 머:슨 아이~고, 인자 귀:미리[199] 꺼시로[200] 쬐:까
썩 머글라고, 쬐:까썩 심:씀니다.

감자 숭구능거슨 어떤 시그로 숭굼니까?

⌐ 감자수는 감자를 보메 설: 시고 한 사뭘 따레나 바테다 무찌요, 땅에
다. 무더노믄 지가 수니 나요. 수니 나씅께 수니 안 뻬드요? 그람 수늘 짤
라다 인자 바테다 조르라이~ 심:능거여, 입싸글 네:노코. 원, 원숨만 서:그
로 드러가게하고 입싸근 네:나야데라. 그라믄 인자 마라자먼 거그서 인자
살:지요. 그레가꼬 미뜸니다.

미시 든다구요?

⌐ 에, 감자가 셍게. 그랑께, 감자:가, 고:구마라 아나요? 고구마? 고구마
아이~요?

저네는 그냥 감자라고 그레써요.

ⁿ 그 전에는 조밥 맛있지요. 쌀은 귀하고 보리밥에다가 조 넣어서 해 놓으면 차지기도 하고 좋지요. 그런데 지금은 안 먹어집디다, 조.

요새는 새나 주지 그것 누가 새 모이로나 주지.

ⁿ 예, 새 밥도 많이 하고 그러는데. 조가 어디로 들어가는지 몰라도 조 값이 괜찮아요.

요새 요새 그 잡곡 섞어서 먹는 사람도 있어서 그러나?

ⁿ 조 껍질째 사십 킬로 한 가마니에 십만 원 이상 가니까.

쌀 쌀 정도.

ⁿ 벼는 사십 킬로에 오만 원 조금 못 하는데 조는 십만 원 이상 가요.

그래요? 조 농사를 지으셔야 되겠네.

ⁿ 그런데 뭐 그 듣는 말로 해서는 맥주 공장으로 간다는 말도 있고 그런데 모르겠습디다. 그 조가 상당히 비싸요.

여기서는 뭐 고구마 같은 것도 전에 심고 그러셨어요?

ⁿ 그 전에는 심었지요. 지금도 이 고구마 조금씩 심습니다, 자기 먹으려고. 뭐 어디로 내거나 그런 뭐는 아니고 이제 귀물처럼 조금씩 먹으려고, 조금씩 심습니다.

고구마 심는 것은 어떤 식으로 심습니까?

ⁿ 고구마 순은 고구마를 봄에 설 쇠고 한 삼월달에나 밭에다 묻지요, 땅에다. 묻어 놓으면 제가 순이 나요. 순이 났으니까 순이 뻗잖소? 그러면 순을 잘라서 이제 밭에다 조르르 심는 것이에요, 잎사귀를 내놓고. 원 순만 속으로 들어가게 하고 잎사귀는 내놔야 돼요. 그러면 이제 말하자면 거기서 이제 살지요. 그래 가지고 밑듭니다.

밑이 든다고요?

ⁿ 예, 고구마가 생겨. 그러니까 감자가, 고구마라 하잖소? 고구마? 고구마 아니오?

전에는 그냥 감자라고 그랬어요.

˧ 에, 감자라능거슨 부깜자보고[201] 감자라 하드마. 부깜자.

저네는 그러면 그냥 감자하고 부깜자하고 이러케 두:게 이써찌요?

˧ 에, 부깜자도 이께찌요.

아니, 마:리. 감자라고 할 떼는 요세마:른 고:구마를 가르키고.

˧ 에, 에, 마씀니다.

부깜자 그러면 요세 감자를 가르키지요? 요 지여게서는 무슨 과:일가틍건 농사 진:능건 업:씀니까?

˧ 과:이른 업:씀니다. 업:꼬 한참 그 소포 교:인드리 당:감나무를 마:이˜ 심떠마. 그레가꼬 당:감나무를 시방도 솔차니[202] 이써라 그란데 시방은 마:이˜ 파불기도 하고 그랍띠다. 그라고 다른 과이른 일:쩔 업:씀니다.

그 다:으메 아까 인제 (4초) 그 노니나 바테 이러케 푸리 자라가지고 멘:다 그러셔찌요.. 먼: 푸리 이씀니까, 어떤 풀드리 이써요? 이르미 이씀니까, 무순?

＝ 머:세가?

˧ 놈빠다게.

＝ 놈빠다게?

˧ 보, 보풀, 보풀.

＝ 피: 이꼬.

˧ 피: 이꼬. 또 머디건냐? 여러 가지꺼시지라. 그라나거쏘? 땅에, 왕:두˜이[203], 피:, 보:풀 여러 가지꺼시여.

왕둥이요?

＝ 예, 왕:둥이.

˚ 예, 감자라는 것은 '북감자'보고 감자라고 하더구만. 북감자.

전에는 그러면 그냥 고구마하고 '북감자'하고 이렇게 두 개 있었지요?

˚ 예, '북감자'도 있겠지요.

아니, 말이. 감자라고 할 때는 요새 말은 고구마를 가리키고.

˚ 예, 예 맞습니다.

북감자 그러면 요새 감자를 가르키지요? 이 지역에서는 무슨 과일 같은 거 농사 짓는 것은 없습니까?

˚ 과일은 없습니다. 없고 한참 그 소포 교인들이 단감나무를 많이 심더구면. 그래 가지고 단감나무를 지금도 꽤 있어요. 그런데 지금은 많이 파 버리기도 하고 그럽디다. 그리고 다른 과일은 전혀 없습니다.

그 다음에 아까 이제 그 논이나 밭에 이렇게 풀이 자라 가지고 맨다고 그러 셨지요. 무슨 풀이 있습니까, 어떤 풀들이 있어요? 이름이 있습니까, 무슨?

˝ 무엇에?

˚ 논바닥에

˝ 논바닥에?

˚ 보풀 보풀

˝ 피 있고.

˚ 피 있고. 또 무엇 있겠냐? 여러 가지 것이지요. 그렇잖겠소? 땅에, '왕 둥이', 피, 보풀 여러가지 것이야.

왕둥이요?

˝ 예, 왕둥이.

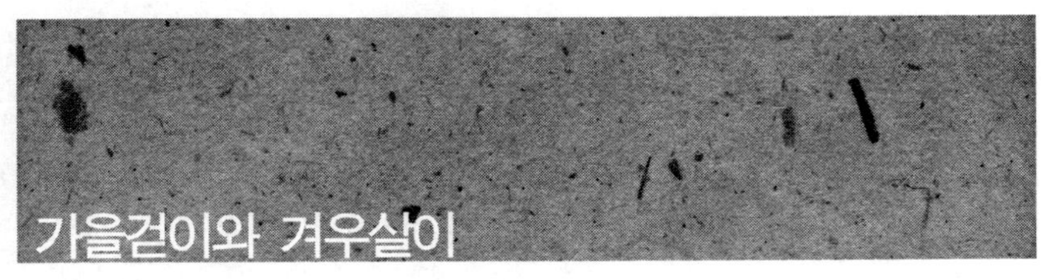

예, 그런 정도 하구요, 그다:메. 아까 그 잠깐 말:쓰믈 헤주셔꺼드뇨. 그 탈곡하던 말:쓰믈 쪼끔 더 자세하게 이버네는 멘: 처으메는 보시지 아나찌마는 하나씩 하나씩 헤따고 그러셔찌요?

￣ 예, 그거시 어찌게 데안능가니 쉐로 날:카마이~[204) 간잔주로마이~[205) 요러케 쉐가 이케 이써써요. 그란데 데마까지[206)를 부처서 요러케 헤:가꼬는 끈타발로[207) 싹: 동에가꼬 마:라자먼 나락 이가지만[208) 드러가게 요러케 헤가꼬는 쏙: 여:서는 쏙 홀코 쏙 여:서 쏙 홀꼬 그라믄 소느로 점:부 훌틀라먼 엄:마나 소나푸거쏘?

거그 거, 거 머:라고 하신지 아라요, 거 이르미?

￣ 그거뽀고 손홀테라 하디야, 소놀테?

＝ 소널테.

￣ 손:홀떼

아 소놀테.

￣ 이:저에는 먼 장:가비 이쏘, 머:디쏘? 순:전니 흘 이케 디여써 쏙:쏙 훌쩨. 그거슨 손홀테. 그라니까 그거시 나라기 이가지 한:나한나 홀릉거시 엄:마나 홀타지거쏘? 하여간.

손홀테가 이꼬, 그다:메가 인자 홀테가 나오지요이~? 일제시데떼에 그 족탁끼 나와써요, 족탁끼랑?

￣ 그러치요, 일쩨떼 나와찌요, 일쩨 떼.

족탁끼 이:꼬 그다:멘 그 가튼 족탁끼 나중에는 발똥기에다 그 거러가지고.

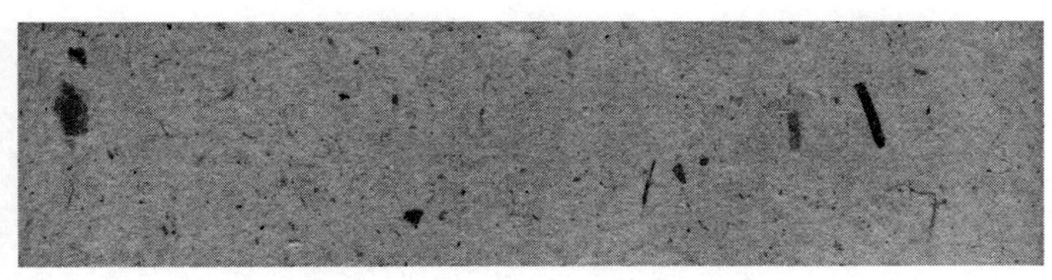

예, 그런 정도 하고요, 그 다음에. 아까 그 잠깐 말씀을 하셨거든요. 그 탈곡 하던 말씀을 조금 더 자세하게 이번에는 맨 처음에는 보시지 않았지만 하나씩 하나씩 했다고 그러셨지요?

 ̄ 예, 그것이 어떻게 되었는고 하니 쇠로 날카롭게 가늘고 곧게 이렇게 쇠가 이렇게 있었어요. 그런데 대나무 막대기를 붙여서 이렇게 해 가지고는 끈으로 싹 동여 가지고 말하자면 벼 이삭만 들어가게 이렇게 해 가지고는 쏙 넣어서 쏙 훑고 쏙 넣어서 쏙 훑고. 그러면 손으로 전부 훑으려면 얼마나 손 아프겠소?

 그것 그것 뭐라고 하신지 알아요, 그 이름이?

 ̄ 그것 보고 '손홀테'라 하더냐? '손홀테'.

 = '손홀테'

 ̄ '손홀테'

 아 '손홀테'

 ̄ 이전에는 뭔 장갑이 있소, 뭐 있소? 순전히 이렇게 *** 싹싹 훑지. 그것은 벼훑이. 그러니까 그것이 벼 이삭 하나하나 훑는 것이 얼마나 훑어지겠소? 하여간.

 '손홀테'가 있고 그 다음에 이제 그네가 나오지요? 일제시대 때에 그 '족탁기' 나왔어요, 족탁기랑?

 ̄ 그렇지요, 일제 때 나왔지요, 일제 때.

 '족탁기' 있고 그 다음에는 그 같은 '족탁기' 나중에는 발동기에다 그 걸어 가지고.

⌐ 에, 그거뽀고 탈고끼라헤쏘.

고건 탈고끼

⌐ 나락 홀른 탈고끼.

그렁 거뜨리이꼬 그 다멘 인제 요세는 안하능거지요이~? 그 다으메 (8초) 그
이저네 아까 손홀테보다 더 이저네는 막 나라글 막 떼려따고 그러데요, 떼려가
지고.

⌐ 에, 쩌:우게 우더른 구니네 가서 강원도가도 가상친다고. 큰: 몽나무
를[209] 이케 놔:두고. 나라글 딱 줄로 무꺼서 돌려떼립띠다.

아, 강원도에서 근무하셔써요?

⌐ 막 돌려떼립띠다.

아, 가상친다고 그레요?

⌐ 에, 그거뽀고 가상친다게.

그건 이, 이쪽 찌방은 엄:는, 업:찌요, 그러먼?

⌐ 이쪽 찌방에서는 그러케 하는 데 모:빠써.

근데 강원도에서는 군데 아직또 유기요떼까지도 그렁걸 하셔따고.

⌐ 예, 예, 예, 그라니까 함메디로 마레서 이 농사 진는데 발딸한 쩌: 우
게가 더 뒤처저이십띠다, 여그보다, 마:라자먼.

그러치요, 뭐, 여가, 여기가 농토가 마느니까, 아무레도.

⌐ 암마네도 절라도가 농토가 마:나니까 더 발딸하고 쩌: 우기로는 암마
네도 뒤:처지고.

아까 그 보리 가틍거슨 도리께:로 한다고 안 그러셔씀니까?

⌐ 에, 에, 도리께.

도리께로 헐때 이러케 도리께를 헌 방버비 이씀, 여러 가지가 이씀니까, 치
는 방버비 돌려가지고?

⌐ 데:락쩌기로 바서 도리께:질 하는 사람드른 돌려처라, 마:라자먼. 뻥:
뻥: 돌려서 그 도리께 여:리 닝게치는 거시아이~라 요리케 도라감시로 치

⌐ 예, 그것보고 탈곡기라 했소.

그것은 탈곡기

⌐ 벼 훑는 탈곡기.

그런 것들이 있고 그 다음에 이제 요새는 안 하는 거지요? 그 다음에 그 이전에는 아까 '손홀테'(벼훑이)보다 더 이전에는 막 벼를 막 때렸다고 그러데요, 때려 가지고.

⌐ 예, 저 위에 우리들은 군대에 가서 강원도 가도 가상 친다고. 큰 나무 막대기를 이렇게 놔두고, 벼를 딱 줄로 묶어서 돌려 때립디다.

아, 강원도에서 근무하셨어요?

⌐ 막 돌려 때립디다.

아, 가상 친다고 그래요?

⌐ 예, 그것보고 가상 친다고 해.

그건 이 이쪽 지방은 없는, 없지요, 그러면.

⌐ 이쪽 지방에서는 그렇게 하는 데 못 봤어.

그런데 강원도에서는 군대 아직도 6.25때까지도 그런 걸 하셨다고?

⌐ 예예예, 그러니까 한 마디로 말해서 이 농사짓는 데 발달한 저 위가 더 뒤쳐져 있습디다, 여기보다 말하자면.

그렇지요, 뭐 여가 여기가 농토가 많으니까 아무래도.

⌐ 아무래도 전라도가 농토가 많으니까 더 발달하고 저 위로는 아무래도 뒤쳐지고.

아까 그 보리 같은 것은 도리깨로 한다고 그러셨잖습니까?

⌐ 예예, 도리깨.

도리깨로 할 때 이렇게 도리깨를 하는 방법이 있, 여러가지가 있습니까, 치는 방법이 돌려 가지고?

⌐ 대략적으로 봐서 도리깨질 하는 사람들은 돌려 쳐요, 말하자면. 빙빙 돌려서 그 도리깨열이 넘겨 치는 것이 아니라 이렇게 돌아가면서 치더구

더마. 그란디 그게 하믄 암:마네도[210] 덜:마저라. 그란데 이런 데에서는 닝게 치는데.

닝게, 닝게치능 거슨 어디에 바로 바로 침니까?

¯ 너머가따 탁: 너머가따 탁: 그란데 그건 에려라. 발딸덴 사라미라사 머:다제, 에려라. 요노미 들떼 도리께어시로[211] 살짜가게[212] 틈시로 이케 드러서 딱 머:다제. 기양하문 이 도리께여:리 기양 이케 미트로 수거붕게 안 너머가부러. 마:라자먼 함메디로 마레서. 그라이~께 살짜:기 틈시로하 믄 너머가믄 탁 떼리믄 되:게 마찌라.

그 다으메 (3초) 그, 저 홀테질 하고 인제 그 놈 까:부러야 되자나요이~? 고 거시 막 부터짠씀니까? 그 머:스로 함니까, 엔:나레는?

¯ 에:저네는 가상친다고. 인자 네:나 소놀테로 이케 홀타가꼬는 저녁끄 테는 점:부 모틴다갑띠다. 그레가꼬 몽뎅이로 뛰딘다하드마. 우더른 실찌 는 그거슬 암바써. 그란디 이전 그저네 우리 아부지 말:씀 드러보고 그라 믄, 뚜드르믄 이:전 나라글 어쩨 그랑가니, 나라기 쉬어미 이따갑띠다. 마: 라자먼 나락 끄트머리가 이거시 달려써. 그라이~까 뚜드러서 고거슬 가 상친다고 다 모지라[213]부러야데. 에, 그레가꼬 한다하두마요.

예, 그라고 인제 다 홀타치 안씀니까이~? 홀트기는 홀탄는데 거가 나랑만 인 능거시 아니라 망: 머시 부터 이짜나요?

¯ 그럼 그러치요.

그럼 그걸 어떠케 구분.

¯ 그러이~까 인자 몽데~이로 뛰디레가꼬는 바람불면 이케 쫀:빼기로 떠 서 바라메 날키지요. 그라고 바람 암불면 어짤 쑤 업씨 췌~이로[214] 까부러 씀니다, 까부러.

체로 까:부러요? 일리리 체로 까:분다고 그러셔. 인제 타:작 인제 홀, 홀통 거슨 나라근 고렁거신데. 콩이나 이렁 거슨 어:트케 어, 홀튼, 홀튼다고 아나고 타:작.

¯ 콩, 콩도 도리께로 뚜들지요.

면. 그런데 그렇게 하면 아무래도 덜 맞아요. 그런데 이런 데에서는 넘겨 치는데.

넘겨치는 것은 어디에 바로 바로 칩니까?

⎺ 넘어갔다가 탁, 넘어갔다가 탁. 그런데 그것은 어려워요. 발달된 사람이라야 뭐하지, 어려워요. 이것이 들 때 도리깨장부로 살짝 틀면서 이렇게 들어서 딱 뭐하지, 그냥 하면 이 도리깨열이 그냥 이렇게 밑으로 숙여 버리니까 안 넘어가 버려. 말하자면 한 마디로 말해서. 그러니까 살짝 틀면서 하면 넘어가면 탁 때리면 되게 맞지요.

그 다음에 그 저 '홀태질'하고 이제 그것을 까불러야 되잖아요? 그것이 막 붙었잖습니까? 그 무엇으로 합니까, 옛날에는?

⎺ 예전에는 가상 친다고. 이제 내나 벼훑이로 이렇게 훑어 가지고는 저녁 끝에는 전부 모은다고 합디다. 그래 가지고 몽둥이로 두들긴다고 하더구먼. 우리들은 실제는 그것을 안 봤어. 그런데 이전 그전에 우리 아버지 말씀 들어보고 그러면, 두드리면 이전 벼를 왜 그런고 하니 벼에 수염이 있다고 합디다. 말하자면 벼 끝에 이것이 달렸어. 그러니까 두드려서 그것을 가상 친다고 다 모지라지게 해 버려야 돼. 예, 그래 가지고 한다고 하더구먼요.

예, 그리고 이제 다 훑지 않았습니까? 훑기는 훑었는데 거기에 벼만 있는 것이 아니라 막 무엇이 붙어있잖아요?

⎺ 그럼 그렇지요.

그럼 그것을 어떻게 구분

⎺ 그러니까 이제 몽둥이로 두들겨 가지고는 바람 불면 이렇게 쪽박으로 떠서 바람에 날리지요. 그리고 바람 안 불면 어쩔 수 없이 키로 까불렀습니다, 까불러.

키로 까불러요? 일일이 키로 까부른다고 그러서. 이제 타작 이제 훑는 것은 벼는 그런 것인데. 콩이나 이런 것은 어떻게 훑는다고 안 하고 타작

⎺ 콩 콩도 도리깨로 두들기지요.

아, 콩도 도리께로 뚜드러요?

￣ 공은, 콩은, 유:드기도[215] 도리께로 쳐야 뎀니다.

아: 몰려가꼬.

￣ 도:리가 업:찌요.

하고 팍팍 튀:자나요, 그걸.

￣ 에, 튀기는 튀여도 도리께로 뛰딜면 점:부 까지믄 그 콩떼는 자치고
콩만 나머요. 콩은 유:드기도 도리께로 쳐야뎀니다.

그니까 도리께질 하능거시 보리가 이꼬.

￣ 보리 이꼬, 콩 이꼬, 주로.

포까틍 거또요?

￣ 포또[216] 마:나먼[217] 인자 도리께로 치면 조:치라마는 그케 마:나담니까?
포는 포슨. 포슨 그케 마:이˜썩 아남니다.

아, 그레요? 에. 미:르뇨, 미:른 마:니 함니까?

￣ 여그는 밀 잘 아네.

＝ 여그는 미:른 안 시머요.

￣ 잘 아네요.

이제 그거시 타:작 그 헤쓰며는 집 지픈 지븐 이꼬 인자 나라근 다 떠러저찌
앙커쓰니까이˜? 지븐 어터케 보:과늘 헤요?

￣ 여그 지븐 아:주 귀하지요. 에:저네 아까 말항거가치 주로 소금 구:꼬
농사가 저그니까. 에:저네는 마람[218] 여코 지베:여야지요. 처쩨 지붕을 더
퍼사 이녀기 살:쑤 이찌요. 집까꼬 세네키 꽈야지요. 또 우리 소포는 소금
네는 데라나서 지비로 서멀 여꺼야지요. 이:저네는 머 가마이˜ 이꺼쏘,
머, 머:시 이쏘. 그라이˜까 지블 아::주 쌀보다 더 귀:하게 셍각함니다, 여
그는. 그라니까 집 사로 여그 외:로도[219] 마:이˜ 나가고 그레요. 지비 아::
주 귀헤쓰니다. 시방은 지붕 께끄시 다 데야꺼따, 거름 벨로 아나거따, 집
바로 기양 콤바이˜가 빔:시로 바로 놈빠다게다 써:러부요, 시방은. 그란디

아, 콩도 도리깨로 두들겨요?

ˉ 콩은 유독 도리깨로 쳐야 됩니다.

말려 가지고. .

ˉ 도리가 없지요.

하고 팍팍 튀잖아요, 그것.

ˉ 예, 튀기는 튀어도 도리깨로 두들기면 전부 까지면 그 콩 대는 젖히고 콩만 남아요. 콩은 유독 도리깨로 쳐야 됩니다.

그러니까 도리깨질 하는 것이 보리가 있고.

ˉ 보리 있고 콩 있고, 주로

팥 같은 것도요?

ˉ 팥도 많으면 이제 도리깨로 치면 좋지요마는 그렇게 많답니까, 팥은? 팥은 그렇게 많이씩 안 합니다.

아, 그래요? 예. 밀은요, 밀은 많이 합니까?

ˉ 여기는 밀 잘 안 해.

ˉ 여기는 밀은 안 심어요.

ˉ 잘 안 해요.

이제 그것이 타작했으면 짚은 있고 이제 벼는 다 떨어졌지 않겠습니까? 짚은 어떻게 보관을 해요?

ˉ 여기 짚은 아주 귀하지요. 예전에 아까 말한 것과 같이 주로 소금 굽고 농사가 적으니까. 예전에는 이엉 넣고 짚 해 넣어야지요. 첫째 지붕을 덮어야 자기가 살 수 있지요. 짚 가지고 새끼 꼬아야지요. 또 우리 소포는 소금 내는 곳이라서 짚으로 섬을 엮어야지요. 이전에는 뭐 가마니 있겠소? 뭐 무엇이 있소? 그러니까 짚을 아주 쌀보다 더 귀하게 생각합니다, 여기는. 그러니까 짚 사러 외부로도 많이 나가고 그래요. 짚이 아주 귀했습니다. 지금은 지붕 깨끗이 다 되었겠다, 거름 별로 안 하겠다, 짚 바로 그냥 콤바인이 베면서 바로 논바닥에다 썰어버려요, 지금은. 그런데

에:저네는 지비 금:까치 셍각헤써라, 아주.

그러면 그 지블 어디따 무꺼가지고 저:장을 헤:둠니까?

￢ 그러치요, 누르지요, 인자. 마:라자먼 저 베누를[220] 눌:러요[221]. 마:라자먼 베눌 눌:러가꼬 인자 물 안드러가게 딱 헤:가꼬 인자 까:끔[222] 뻬:서 쓰조.

그러면 지블 떼:거나 그러지 불 떼거나 그러지는 안.

￢ 부를 뗄:쑤 업써요. 그 귀:항 거슬 어찌게 지블 떼:꺼쏘? 참::, 집, 하루 점:드록[223] 까서 노무 이:레주믄 집 열함묻 줘:씁니다, 열함묻. 무시로 요 마낭거, 열한나이˜.

무슨 함무슨 어느 정도나 됩니까?

￢ 요마나 데야요. 요런 놈. 요런 놈 한 열함 무시나 줘:써, 하루 점드락 일 헤:주먼.

짐만

￢ 에, 짐만. 짐만, 그케 귀헤써요.

그거는 그 열함묻가꼬 머:담니까, 그 그거 모아가지고 인제.

￢ 아, 이녀기 그도[224] 업씅께 그라지요. 그도 엄:는데 어찌게 하거쏘?

아::이고, 아니, 머, 머글 껃::또 아니고 짐만 열함묻 가저오고.

￢ 예, 먹을꺼 저:녀 업찌요. 그 지베서 인자 그 이:람시로 먹찌요. 그란 데 품싸기로 주능거시 고거 쭈어요. 품싸기로.

"=1"

￢ 그나저나 아직 머러쏘? 점:심 안 잡쑬라?

시가니 그럴까요, 잠깐 쉬여따 할까요? 예, 그러시지요. 예, 아까 그 허다가 망:거쭝에가 (4초) 그: 나락 홀트고 그러면 인자 아까 그 막 먼: 나락 알 알만 인능 게 아니라.

￢ 엉, 몽뎅이로 막

아니, 다릉 거또 막 셍기지요, 다른 머 무슨 검부레기 가틍거또.

￢ 검불도 마:니찌요.

예전에는 짚이 금같이 생각했어요, 아주.

　그러면 그 짚을 어디에 묶어 가지고 저장을 해둡니까?

　￢ 그렇지요, 누르지요, 이제. 말하자면 저 가리 눌러요. 말하자면 가리
눌러 가지고 이제 물이 안 들어가게 딱 해 가지고 가끔 빼서 쓰지요.

　그러면 짚을 때거나 불을 때거나 그러지 안

　￢ 불을 땔 수 없어요. 그 귀한 것을 어떻게 짚을 땠겠소? 참 짚 하루 저
물도록 가서 남의 일 해 주면 짚 열한 뭇 주었습니다, 열한 뭇. 뭇으로,
요만한 것, 열하나.

　뭇은 한 뭇은 어느 정도나 됩니까?

　￢ 요만큼 돼요. 이런 것 이런 것 한 열한 뭇이나 줬어, 하루 저물도록
일 해 주면.

　짚만

　￢ 예, 짚만. 짚만, 그렇게 귀했어요.

　그것은 그 열한 뭇 가지고 뭘 합니까? 그 그것 모아 가지고 이제.

　￢ 아, 자기가 그것도 없으니까 그러지요. 그것도 없는데 어떻게 하겠소?

　아이고, 아니 뭐 먹을 것도 아니고 짚만 열한 뭇 가져오고.

　￢ 예, 먹을 것 전혀 없지요. 그 집에서 이제 일하면서 먹지요. 그런데
품삯으로 주는 것이 그걸 줘요. 품삯으로.

　"=1"

　￢ 그나저나 아직 멀었소? 점심 안 잡술래요?

　시간이, 그럴까요? 잠깐 쉬었다가 할까요? 예, 그러시지요. 예, 아까 그 하
다가 말았던 것 중에 그 벼 훑고 그러면 이제 아까 그 막 무슨 나락 알 알만 있
는 게 아니라.

　￢ 어, 몽둥이로 막.

　아니 다른 것도 막 생기지요, 다른 뭐 무슨 검불 같은 것도.

　￢ 검불도 많이 있지요.

에, 아니 그니까 홀테 홀툴떼 보먼 그러지요, 이렁 걸 막 자 떠러네:야 되지 앙커씀니까이~?

ㄴ 바라메 뒤레야지요[225]

에?

ㄴ 바라메 뒤러. 바람 불 때, 바람 암불먼 마:넌노른 이:저네 탈고끼로 홀튼노른 바람 암불먼 마당에다 이케 싸:놔:라. 그레가꼬 인자 마라미로 딱:더퍼놔. 그레따가 바람불:먼 인자 그떼는 다머다가 뒤름니다, 쪼:빠기로. 에, 막 뒤러. 그라먼 검불 가틍거슨 잡꺼슨 쌍 나가고 알따구는 무겅께 인자 쏘다질꺼아님짜[226]? 마:라자먼 그러케 헤요.

에, 에, 그런 방법또 이꼬, 아까 인제 고거또 바라미 안 불머는?

ㄴ 인자 체로[227] 체로 까불제. 그라니까, 농사 저:께 지꼬 그랄 때 쩌:그 사누리나[228] 그런 삼 미테 부락뜨른 바라미 야:깐[229] 부러도 바라미 아놔. 그런 데넌 어짤 수 업씨, 든는 말로 이야먼 밤:세 까분다우.

"=1"

= 선셍님 이놈 깔:고 하시씨요. ****

아:니요, 괸찬씀니다.

ㄴ 아니, 나는 겐찬하네.

방 따수와서 괸차나요. 아 밤세 까부러요?

ㄴ 우리 누니미 이 사눌로 겨론헨:는데 보리 치고 그라믄 밤:세 까분다게. 에, 이:저네는 그케 이:를 하고 사라씀니다

"=1"

= 씨집싸리. 우리 성님 검:나게[230] 혜떵거십띠다.

ㄴ 에, 다 고:인 데얀넌데.

검:불 아니고도 또 또 인제 그 나락 소:기 안 든 껍땅만 인능거 이꼬 그거 머:라고 함니까?

ㄴ 에, 여물 덜: 든 놈. 주근 나락, 그거뽀고 주근 나라기라 하조.

예, 아니, 그러니까 홀태, 훑을 때 보면 그렇지요, 이런 걸 막 자 털어내야 되지 않겠습니까?

ˉ 바람에 날려서 검불을 없애야지요.

예?

ˉ 바람에 날려서 검불을 없애. 바람 불 때, 바람 안 불면 많은 것은 이전에 탈곡기로 훑은 것은 바람 안 불면 마당에다 이렇게 쌓아 놓아요. 그래 가지고 이제 이엉으로 딱 덮어 놓아. 그랬다가 바람 불면 이제 그때는 담아다가 바람에 날려서 검불을 없앱니다, 쪽박으로. 예, 막 바람에 날려서 검불을 없애. 그러면 검불 같은 것은 잡것은 싹 나가고 알곡은 무거우니까 이제 쏟아질 것 아닙니까? 말하자면 그렇게 해요.

예예, 그런 방법도 있고 이까 이제 그것도 바람이 안 불면은?

ˉ 이제 키로, 키로 까부르지. 그러니까 농사 적게 짓고 그럴 때 저기 산울이나 그런 산 밑의 마을들은 바람이 웬만큼 불어도 바람이 안 와. 그런데는 어쩔 수 없이 듣는 말에 의하면 밤새 까부른대요.

"=1"

= 선생님 이것 깔고 하십시오. ***?

아니요, 괜찮습니다.

ˉ 아니, 나는 괜찮네.

방 따뜻해서 괜찮아요. 아 밤새 까불러요?

ˉ 우리 누님이 이 산울로 결혼했는데 보리 치고 그러면 밤새 까부른다고 해. 예, 이전에는 그렇게 일을 하고 살았습니다.

"=1"

= 시집살이. 우리 형님 엄청나게 했던 것입디다.

ˉ 예, 다 고인 되었는데.

검불 아니고도 또 이제 그 벼 속이 안 든 껍질만 있는 거 있고 그거 뭐라고 합니까?

ˉ 낟알이 덜 익은 것. 죽은 벼, 그것보고 죽은 벼라 하지요.

그러구뇨, 고거 고거또 인제 다 이러케.

⁻ 나가지요. 그라이~께 그 주근 나라근 바라미 잠 다웁께²³¹⁾ 불:먼 나가고 바라미 저:그믄 잘 안 나가고 그레요, 그레.

그레가지고 인제 그 어, 지블 아까 귀하니까 무꺼가지고 잘 보관한다 그러셔찌요, 인제? 베눌 눌른다고 그러셔떵가요?

⁻ 에, 베누를 눌치요²³²⁾.

그 다으메 인제 방에 찐능거 좀 이야기를 헤:주실까요? 방에도 여러가지 방에 이짠씀니까이~? 기게 방에도 이찌마는 그 저네 전통저그로 이.

⁻ 도:구, 도:구떼로 찐능거뻬끼 업찌요.

에, 도:구떼가 이씀니까?

⁻ 그라고 여그는 그렁 거시 업:썬는데. 그거뽀고 머:시라?

゠ 드들빵에, 드들빵에.

⁻ 아니, 여그 여그도 디들빵에, 우리가 쬐:깐 헤:써써, 디들빵에. 그라고 그거시 머:시라헤야? 나무로 헤서 나락 부꼬 이:리 저리 이케 돌리믄 좀 까지고 그라드만. 그렁 거슨 그저네 하는데 네가 쬐:깐 봐:써 그란디 그거는 문서에 올릴 피료 업:꼬. 주로 여그서는 도:구떼로 나락 빵에 찌:치요.

에, 도:구떼로요이~. 디딜빵에도 저네 좀 이써꼬요?

⁻ 에, 드딜빵에도.

그: 무리 귀하니까 물레방에 요렁 거슨 업:써껀네요?

⁻ 에, 물레방에는 업:찌요. 가:망업찌요, 여그, 무른 엄:는데.

그러먼 인제 그 도:구떼로 찌:꼬 그먼 이 이걸 그러먼 도:구떼 미테 요렁걸 또 뭐라 함니까, 이르미?

⁻ 도:구통.

도:구통이라고 함니까? 도:구통이 아까 돌:로 만드러진.

⁻ 에, 돌:로 만드러저씸니다. 우리 이씀니다, 시방. 그 피료가 업:써도 이:저네 씨덩 거슬 기양 버리기가 아깝띠다. 그랑께 놔:둬써.

그렇군요, 그것도 이제 다 이렇게.

  ˉ 나가지요. 그러니까 그 죽은 벼는 바람이 조금 바람답게 불면 나가고
바람이 적으면 잘 안 나가고 그래요, 그래.

  그래 가지고 이제 그 어 짚 아까 귀하니까 묶어 가지고 잘 보관한다 그러셨
지요, 이제? 가리 누른다고 그러셨던가요?

  ˉ 예, 가리를 누르지요.

  그 다음에 이제 방아 찧는 것 좀 이야기를 해 주실까요? 방아도 여러가지 방
아 있잖습니까? 기계 방아도 있지마는 그 전에 전통적으로.

  ˉ 절구 절굿공이로 찧는 것밖에 없지요.

  예, 절굿공이가 있습니까?

  ˉ 그리고 여기는 그런 것이 없었는데. 그것보고 뭐예요?

  ⁼ 디딜방아, 디딜방아.

  ˉ 아니, 여기 여기도 디딜방아, 우리가 조금 했었어, 디딜방아. 그리고
그것이 뭐라고 해? 나무로 해서 벼를 붓고 이리저리 이렇게 돌리면 좀 까
지고 그러더구먼. 그런 것은 그전에 하는 데 내가 조금 봤어, 그런데 그
것은 문서에 올릴 필요 없고. 주로 여기서는 절굿공이로 벼 방아 찧지요.

  예, 절굿공이로요. 디딜방아도 전에 좀 있었고요?

  ˉ 예, 디딜방아도.

  그 물이 귀하니까 물레방아 이런 것은 없었겠네요?

  ˉ 예, 물레방아는 없지요. 가망 없지요, 여기, 물은 없는데.

  그러면 인제 그 절굿공이로 찧고 그러면 이 이걸 그러면 절굿공이 밑 이런
것을 또 뭐라 합니까, 이름이?

  ˉ '도구통'(절구통).

  '도구통'이라고 합니까? '도구통'이 아까 돌로 만들어진.

  ˉ 예, 돌로 만들어졌습니다. 우리 있습니다, 지금. 그 필요가 없어도 이
전에 쓰던 것을 그냥 버리기가 아깝습디다. 그러니까 놔두었어.

ˉ 파로셍 뎅긴 사람이 마이~ 이써도 기양 암 포요[233]. 더러 쓰는 떼가 이
써라.

그러치요.

ˉ 그렁거.

저이 지븐 아파트여도 놔, 놔:둬서 저는 그 물 다마가지고 물고기도 키우고.
그 다으메 그 인제 그, 나라기 인제 터 타:자기 데쓰며는 그 나라글 어:디, 어:디다
놔뚬니까? 어:디다 그러케 두지가틍거 가마니고 엔:나레는 어떤 시그로, 너:둠니까?

ˉ 타, 인자 찌여가꼬? 찌여가꼬 데:락쩌기로 바서 고네기다[234]. 인자 두
고 그란데 그저네 보믄.

머 고네기요?

ˉ 고:나기, 고네기.

고네기가 뭐예요?

ˉ 항아리.

ˉ 항아리.

아, 항아리 고네기라고 그레씀니까?

ˉ 이거 사투리요, 고네기락 하믄. 이, 이거이 사투리 머:한다 아납띤자?
올케 헤:꾸만.

처음 처음 드러본 마:리네.

ˉ 사투리여, 그란데.

아, 큰 항아리에 너:논.

ˉ 예.

ˉ 항아리다 인자 항아리 또 지상이라고도[235] 하고. 지상은 항아리하고
옹:구하고 틀려라, 또 만드러징 거시. 그런데 그런 데:락쩌기로 이:저네
우덜 시데는 그라네찌마는 우덜 아그들떼 보면 가을:레 찌여서 나락 반절
쌀 반절[236] 요러케 찌여서 항아리에다 저:장을 하덩마. 그레가꼬 인자 까:
끔 머글라믄 인자 고노믈 네:서 완:저니 찌여서 머꼬 그랍띠다, 마:라자면.

⁼ 팔라고 다니는 사람이 많이 있어도 그냥 안 팔아요. 더러 쓰는 때가 있어요.

그렇지요.

⁼ 그런 거.

저희집은 아파트라도 놓아 둬서 저는 물 담아 가지고 물고기도 키우고. 그 다음에 그 이제 그 벼가 이제 타작이 되었으면 그 벼를 어디에다 놔둡니까? 어디다 그렇게 뒤주 같은 것 가마니고 옛날에는 어떤 식으로 넣어 둡니까?

⁻ 이제 찧어 가지고? 찧어 가지고 대략적으로 봐서 '고네기'에다. 이제 두고 그러는데 그 전에 보면.

뭐 '고내기'요?

⁻ 고나기, 고네기.

'고네기'가 뭐예요?

⁼ 항아리.

⁻ 항아리.

아, 항아리 '고내기'라고 그랬습니까?

이것 사투리요, '고내기'라고 하면. 이 이것이 사투리 뭐 한다고 하잖습디까? 옳게 했구면.

차음 처음 들어본 말이네.

⁻ 사투리야, 그런데.

아, 큰 항아리에 넣어 놓

⁼ 예.

⁻ 항아리다 이제 항아리 또 '지상'이라고도 하고. '지상'은 항아리하고 옹기하고 달라요, 또, 만들어진 것이. 그런데 그런 대략적으로 이전에 우리들 시대는 그러지 않았지만 우리들 아이들 때 보면 가을 내 찧어서 벼 반 쌀 반 이렇게 찧어서 항아리에다 저장을 하더구면. 그래 가지고 이제 가끔 먹으려면 이제 그것을 내서 완전히 찧어서 먹고 그럽디다, 말하자

그라 그거뽀고 뇝:싸리라²³⁷⁾ 하더마, 뉘: 이따고. 뇝:쌀:, 뉘: 이 나락 싸레가 세낑꺼 보고 뉘라하거등이라 뉘 그라이~께 뇝:쌀.

뇝싸리라고 그레요?

ˉ 예, 그거뽀고.

그믄 이 뉘는 알겐는데 뇝싸른 처음 드러본 마:린데요.

ˉ 아, 그라이~까 싸레가 뉘가 셍겨쓰니까 뇝쌀 아닌지요, 싸레가. 뉘:반절 쌀: 반절 고케 되덤마이~라. 그거뽀고 뇝쌀

그렇게 항꺼버네 나:둬요, 쌀, 쌀하고 서꺼가지고?

ˉ 고로케 찌여. 볼레 쩔: 떼 고로케 찌여. 고로케 찌여서 고만치만 찌여서 두고는 까:끔 네서 완:저니 찌여서 혜:머급띠다.

어떠케 하나에가 쌀:도 드러이꼬.

ˉ 아니, 항아리가 한 쪼근 쌀, 한 쪼근 뉘가 아이~라, 싸레가 이케 반절 반절 세껴써라.

그레요? 그럼 다시 찌여요?

ˉ 그노믈 다시 찌치요.

= 다시 퍼서 찌여서 인자.

그러먼 쌀: 이미 찌여진노믄 어떠케 또 찌여요?

ˉ 그러치요, 가치 찌치요. 그란데 마라자먼 싸리 나락 껍떵만 버서저쩨. 완:저니는 안 버서지지라.

ˉ 그라나게쏘? 그거뽀고 느무께는 완:저니 안 버서저써. 그라니까 말하자믄 느무께아고 인자 그 뉘아고 버서지기 다시 찌여.

뇝싸리요 그니까, 이케 반반 서껴진 쌀도 뇝싸리라고.

ˉ 그러치. 그거이 뇝싸립니다.

아, 엔:나레는 뇝싸를 막 이러케 서꺼노으면 머가 존: 모양이지요?

ˉ 그렌능가 어쩬능가 몰라도 히미 부조게서 고 정도 찌여서 두능가 모르거쎕따.

면. 그래서 그걸 보고 '뉩쌀'이라고 하더구먼. 뉘 있다고 뉩쌀, 뉘. 이 벼
쌀에 섞인 것을 보고 뉘라 하거든요, 뉘. 그러니까 뉩쌀.

뉩쌀이라고 그래요?

⁻ 예, 그것보고.

그러면 이 뉘는 알겠는데 뉩쌀은 처음 들어본 말인데요.

⁻ 아, 그러니까 쌀에 뉘가 생겼으니까 뉩쌀 아니겠소? 쌀에. 뉘 반 쌀
반 그렇게 되더구먼요. 그걸 보고 뉩쌀.

그런 게 한꺼번에 놔두어요? 쌀, 쌀하고 섞어 가지고?

⁻ 그렇게 찧어, 본래 찧을 때 그렇게 찧어. 그렇게 찧어서 그만큼만 찧
어서 두고는 가끔 내서 완전히 찧어서 해먹습디다.

어떻게 하나에 쌀도 들어 있고.

⁻ 아니, 항아리가 한 쪽은 쌀 한 쪽은 뉘가 아니라, 쌀에 이렇게 반반
섞였어요.

그래요? 그럼 다시 찧어요?

⁻ 그것을 다시 찧지요.

⁼ 다시 퍼서 찧어서 이제.

그러면 쌀 이미 찧어진 것은 어떻게 또 찧어요?

⁻ 그렇지요. 같이 찧지요. 그런데 말하자면 쌀이 벼 껍질만 벗어졌지.
완전히는 안 벗어지지요.

⁻ 그렇잖겠소? 그것보고 쌀겨는 완전히 안 벗어졌어. 그러니까 말하자
면 쌀겨하고 이제 그 뉘하고 벗어지게 다시 찧어.

'뉩쌀'이요. 그러니까 이렇게 반반 섞어진 쌀도 '뉩쌀'이라고.

⁻ 그렇지, 그것이 뉩쌀입니다.

아, 옛날에는 '뉩쌀'을 막 이렇게 섞어놓으면 뭐가 좋은 모양이지요?

⁻ 그랬는지 어땠는지 몰라도 힘이 부족해서 그 정도 찧어서 두는지 모
르겠습디다.

그레요이~.

￣ 인자 시방은 기게로 찌:니까 막 드르가믄 쌀로 제데로 나오는데. 그런 떼는 도:구떼로 찌여가꼬 또 까부르고 또 찌여가꼬 까부르고 그라믄 페~야[238] 완:저니는 안 찌여지거등이라. 그러치 앙커쏘? 도:구떼로 찌니까.

에, 아까 아까 쌀 싸를 그 뇝쌀 가틍거슨 아까 고네기라고 하는 항아리에다가 저:장을 한다 그러셔찌요? 그러며는 그떼는 가마니라는 게 업:써씀니까?

￣ 그런 떼는 우덜 어려서는 가마니라능거 업:써써.

가마니는 머 어디 일제 시데떼 나완나요?

￣ 가마니라는 거 업:꼬, 주로 메꼬리[239] 메꼬리 지비로. 공에품 안 만드요? 고러케 국:께 만드러 다머노코 인자 항아리에다 다머노코 지상에다 다머노코.

지상은 멈:니까?

￣ 지상은 항아리가치 셍겨써도 항아리는 수:리[240] 이케 오구:단데[241] 지상은 꼬:꼬데라. 지상이랑 거슨. 그란데 마:라자면 항아리는 그 요세 그 젬:무리락 하냐 머:시냐 그거슬 헤:놔서 빤닥빤닥한데[242] 지상은 그케 빤닥빤닥허도 안 헤라, 마:라자면. 그러슨 그르신데 그란데 에:저네는 볼 떼먼 가마이~ 가틍 거슨 업:꼬. 그 머다믄 그 지비로 섬 여꺼서 인자 아주 에:저네는 그케 헤:떤 거십떠다. 그레가꼬 인자 그 뒤:로 가마이~ 가틍거 짤:떼 데고 인자 이케 발딸험시로 차차 그케 데찌.

그치요이~. 그 다으메 그 씬나락 가틍거슨 종자헐라고 따로 어떠케 보:관헤 둠니까?

￣ 엉, 물로니지요. 어, 네녀네 요노믈 헤:야 데거따 그라믄 지금도 마찬가지지요.

지금도 그러지요. 어디 무슨 딴 그르세다가

￣ 아이, 시방은 거 가마이~에따, 차두에다[243] 다머노코.

씬나라글

그래요.

￣ 이제 지금은 기계로 찧으니까 막 들어가면 쌀로 제대로 나오는데. 그런 때는 절굿공이로 찧어 가지고 또 까부르고 또 찧어 가지고 까부르고 그러면 결국 완전히는 안 찧어지거든요. 그렇잖겠소? 절굿공이로 찧으니까.

예, 아까 아까 그 쌀 쌀을 '뉩쌀' 같은 것은 아까 고내기라는 하는 항아리에다가 저장을 한다고 그러셨지요? 그러면은 그 때는 가마니라는 것이 없었습니까?

￣ 그런 때는 우리들 어려서는 가마니라는 것 없었어.

가마니는 뭐 어디 일제 시대 때 나왔나요?

￣ 가마니라는 거 없고 주로 멱둥구미 멱둥구미 짚으로. 공예품 만들잖소? 그렇게 굵게 만들어 담아 놓고 이제 항아리에다 담아 놓고 '지상'에다 담아 놓고.

지상은 뭡니까?

￣ 지상은 항아리 같이 생겼어도 항아리는 주둥이 전이 이렇게 안으로 약간 들어갔는데 지상은 꼿꼿해요. 지상이라는 것은. 그런데 말하자면 항아리는 그 요새 그 잿물이라고 하나 뭐냐 그것을 해놓아서 반짝반짝한데 지상은 그렇게 반짝반짝하지도 않아요, 말하자면. 그릇은 그릇인데 그런데 예전에는 볼 때 무슨 가마니 같은 것은 없고. 그 뭐하면 짚으로 섬 엮어서 이제 아주 예전에는 그렇게 했던 것입디다. 그래 가지고 이제 그 뒤로 가마니 같은 것 짤 때 되고 이제 발달하면서 차차 그렇게 됐지.

그렇지요. 그 다음에 그 볍씨 같은 것은 종자 하려고 따로 어떻게 보관해둡니까, 따로?

￣ 엉, 물론이지요. 어, 내년에 이것을 해야 되겠다 그러면 지금도 마찬가지지요.

지금도 그렇지요. 어디 무슨 딴 그릇에다가.

￣ 아이, 지금은 그 가마니에다 자루에다 담아 놓고.

볍씨를

⎺ 그르세다까양[244] 다믈 피료 업:씨.

에, 에, 따 따로 무슨 저긴 업:꾸요이~? 그 다으메 (7초) 인제 타:작 끈나고 그러며는 인제 집 집 아까 지브로 뭘 만드신다고 그러셔써요?

⎺ 집, 지베:여코 세네끼[245] 꼬고. 인자 마:라자면 소미기고.

에, 소메기고.

⎺ 에, 그노믈 써:러서 소미게야조.

⹀ 마람 여꺼서 지베:여코 여그 지붕이.

⎺ 가시라믄 밤:세 잠 모:짜라. 추와지기 저네 지베:열라고 밤:세 마라믈 여꼬이꺼든. 우덜도 제금 나가꼬[246] 잠 모:짜, 가시라믄. 마람 여꺼서

메, 메:년 지블

⎺ 메:년 여치요. 엉, 넘모냐[247] 지베:열라고.

그러치요이~.

⎺ 참 세상 조아저찌라.

그 다으메 덕썩 까틍거슨 자주는 안 짜게, 안 짜게찌요.

⎺ 에, 덕썩 헤:노믄 상:당이 오레 쓰지요.

오레 쓰자나요이~.

⎺ 에, 덕써근

그거 지브로 함니까?

⎺ 지비로 하지요. 지비로 하는데 보::지라이~[248] 하믄 이녁찌비서 지여게도[249] 하고 이케 하먼 막 보루미먼 끈네요.

보름 보지라니 헤:서.

⎺ 에:저네는 주로 깔꺼이[250] 이따요 순:전 덕썩 방서기제[251].

방서근 멈:니까?

⎺ 방서근 덕썩가치로 멩기라써도 도리도리하양[252] 항거뽀고 방서기라 하고. 덕써근 요로케 요러케 항거시 덕써기고 그레써.

네:모, 네:모지게 뎅거시. 집 아니고 혹시 무슨 데나무나 요렁거 가지고도 멀:

- 그릇에다까지 담을 필요 없이.

예예, 따 따로 무슨 저기 없고요? 그 다음에 이제 타작 끝나고 그러면은 이제 짚 짚 아까 짚으로 뭘 만드신다고 그러셨어요?

- 짚 짚 해 넣고 새끼 꼬고. 이제 말하자면 소 먹이고.

예, 소 먹이고

- 예, 그것을 썰어서 소 먹여야지요.

- 이엉 엮어서 짚 해 넣고 여기 지붕이

- 가을하면 밤새 잠 못 자요. 추워지기 전에 짚 해 넣으려고 밤새 이엉을 엮고 있거든. 우리들도 분가해 가지고 잠 못 자, 가을하면. 이엉 엮어서.

매 매년 짚을

- 매년 넣지요. 남 먼저 짚 해 넣으려고.

그렇지요.

- 참 세상 좋아졌지요.

그 다음에 멍석 같은 것은 자주 안 짜게, 안 짜겠지요.

- 예, 멍석 해놓으면 상당히 오래 쓰지요.

오래 쓰잖아요?.

- 멍석은.

그거 짚으로 합니까?

- 짚으로 하지요. 짚으로 하는데 부지런히 하면 자기집에서 저녁에도 하고 이렇게 하면 막 보름이면 끝내요.

보름 부지런히 해서.

- 예전에는 주로 깔 것이 있대요? 순전히 멍석 '방석'이지.

'방석'은 뭡니까?

- 방석은 멍석같이 만들었어도 동글동글한 것보고 방석이라 하고. 멍석은 이렇게 이렇게 한 것이 멍석이고 그랬어.

네모 네모지게 된 것이. 짚 아니고 혹시 무슨 대나무나 이런 걸 가지고도 뭘 만드셔써요, 이 지역, 이쪼게서 그렇게 이씀니까?

ㅡ 여기는 데나무가 귀:하니까 그랑가 어짱가 멩기는

업찌요이~?

ㅡ 업:찌요, 마:라자먼.

다른 무슨 나:무 가틍걸로 멀: 마드싱걷? 업:찌요이~. 겨우레 뗄 나무는 어:디서

ㅡ 아, 이거.

장만한다고 그레씀니까?

ㅡ 겨으레 뗄:라무는 참:: 여그는 사니 귀:하고, 저:꼬. 사:람 마이~ 살고.
또 밤:며네 이 압쩌네[253] 하다시피 화:럼할[254] 때 순 나무 떼서 소그믈 앙굽:
씀니꺄? 그라니까 나무를 이녁 찌베서 뗄로믄 데:락 음녀기로 벡쫑 치럴
시보일 너무먼 철:람하로[255] 간다고 나마로 가요. 다른 부라근 그라넌데
우리 서포뿌라근 데:락쩌기로 바서 점:부 나루 건네, 바닥:[256]껀네 먼: 데
거등요. 그라이까 일리리 뎅길 쑤라 할 쑤가 업씨니까. 보리쌀, 쌀, 집 요
케 인자 질머지고 가요. 메시 자궐[257] 짝 짜:가꼬 혼자 가능거시 아이~라.

며칠씩 할라구요?

ㅡ 그레가지고 보:통 서:니먼[258] 서:니 너:니먼 너:니 다서시믄 다서시 자
구글 짜가꼬 사늘 마라자먼 철라무만 하기로 그에 철라무만 하기로 도:늘
주고 거그를 가요. 그레가꼬 인자 무린는데다가 나무를 쩌서 이케 시여가
꼬 마글 친다고. 마:라자먼 도리도리 마라믈 이고 비가 오드라도 비가 안
들치게 고러케 헤:노코 인자 거그서 잠시로 바베머금시로 나무를 헤:요.
나무를 하믄 보:통 추석까장 한달간 거이 함니다, 나무를. 그, 그런 떼 싸
른 업:꼬 순 보리밥 머꼬 반차니 이끼를 하까 처:메 갈 떼는 물론 이녁찌
비서 다:먼[259] 반찬 쪼께라도 가꼬가게쩌요. 여러 날 데먼 먼 반차니쏘?.
덴:장꾹 끼레다가 끼레서 인자 순:저니 보리바베다 그케 머꼬하먼 학:씨
리 사:라미 기양 기양 쪽 빠저부러요. 고러케 헤:노코 추석 시:고는 가서
인자 무꺼서 저네림니다. 저서 인자 바닥까에로 네레 네레가꼬는 인자 베

만드셨어요, 이 지역 이쪽에서 그런 게 있습니까?

￣ 여기는 대나무가 귀하니까 그러는지 어쩌는지 만드는

없지요?

￣ 없지요, 말하자면

다른 무슨 나무 같은 걸로 뭘 만드신 것? 없지요. 겨울에 땔 나무는 어디서

￣ 아 이거.

장만한다고 그랬습니까?

￣ 겨울에 땔 나무는 참 여기는 산이 귀하고 적고, 사람 많이 살고. 또 반면에 이 앞전에 하다시피 화염할 때 순 나무 때서 소금을 굽잖습니까? 그러니까 나무를 자기집에서 땔 것은 대략 음력으로 백중 칠월 십오일 넘으면 '철나무하러 간다'고 나무하러 가요. 다른 부락은 그렇지 않는데 우리 서포 부락은 대략적으로 봐서 전부 나루 건너 바다 건너 먼 데거든 요. 그러니까 일일이 다닐 수가 할 수가 없으니까. 보리쌀, 쌀, 짚 이렇게 이제 짊어지고 가요. 몇이 조를 짝 짜 가지고 혼자 가는 것이 아니라.

며칠씩 하려고요?

￣ 그래 가지고 보통 셋이면 셋 넷이면 넷 다섯이면 다섯이 조를 짜 가 지고 산을 말하자면 철나무만 하기로 그 해 철나무만 하기로 돈을 주고 거기를 가요. 그래 가지고 이제 물 있는 데다가 나무를 쪄서 이렇게 세워 가지고 막을 친다고. 말하자면 둥글둥글 이엉을 이고 비가 오더라도 비가 들지 않게 그렇게 해놓고 이제 거기서 자면서 밥 해먹으면서 나무를 해 요. 나무를 하면 보통 추석까지 한 달간 거의 합니다, 나무를. 그 그런 때 쌀은 없고 순 보리밥 먹고 반찬이 있기를 할까 처음에 갈 때는 물론 자기 집에서 다만 반찬 조금이라도 가지고 가겠지요. 여러 날 되면 무슨 반찬 있소? 된장국 끓여다가 끓여서 이제 순전히 보리밥에다 그렇게 먹고 하면 확실히 사람이 그냥 그냥 쭉 빠져버려요. 그렇게 해놓고 추석 쇠고는 가서 이제 묶어서 져 내립니다. 져서 이제 바닷가로 내려 내려 가지고는 이제

로 시로오지요, 그노믈. 시러다 인자 그 우리드리 마으른 그 사:방이 점부 겡:베니라나서[260] 인자 마:라자면 물메기를[261] 그거뽀고 위:니라 하는데 위: 늘 땅 마가전는데 원뚜게다 푸지요, 베로 실:코와서. 퍼가꼬는 인자 그노 믈 저다가 마당에다 눌:러요, 베느를 크:게. 이 시얀네 그 놈 쏙:쏙 뻬:서 불려코 살:지요, 마라자면. 그라제 방에 찌:체, 순:저니 소 그 놈 집 써:러 서 세죽 쒀:서 미기제, 거름닐 하제, 그라고 인자 그 지발라[262] 지, 지고 가 서 그 철라무 함시로 바메는 세네끼 꼬:치요[263], 바메는. 또 그거뿌니요? 그런 떼 먼 시늘 꺼시 이쏘? 지비로 신사머야조, 집쎄기. 그레사 사네 도 라뎅기제 발 버꼬는 도라뎅일 쑤 업:찌요. 집가꼬와서 인자 바메는 시늘 사머야 바를 암버서 그랑께 신 사무:꼬. 인자 아처게[264] 일찌가니 세보게 바베무꼬가서 점:두록 나무하고, 그런 세상을 사라쏘. 참:: 징:한 세상 사 라쏘, 차말로.

　그떼는 어:떤 나무들을 마:니 헤:씀니까?

　⁻ 데:락 달:쎄라고[265] 그: 억딸[266] 검:불 마:라자면 잠목 가틍거. 소른[267] 허 가 이써야 항께 소른 잘 모:담니다, 솔라무는[268]. 에, 살림게서 괄리를 하 거덩이라. 그라니까 소른 사네 소를 칠라믄 당여니 살림게서 허가를 네야 꼬 그 산 일쩡이면 일쩡, 이:정이면 이:정 허가를 네야꼬 그 소를 치제, 맘:데로 솔 치면 걸림니다, 그거시, 버베.

　여기는 다른 지여거고 달리 베타고 나가서 나무를 한다능거 좀 독트가네요이~.

　⁻ 에, 주로 베로 신

　베를 타고 다른 서:므로 감니까, 아니면 여그 진도 다른 지여그로?

　⁻ 여, 이 건네 마라자면 그, 저 방:조제 마거전는 데 이찌라? 그저네는 저는 쭈쭉 앙가바써요.

　⁻ 찌:: 찌:::까장 강이요, 바다요. 바당께 저 건네 저: 너메 이: 너메 주로 베로 오지요.

　거가 긍께 섬 그쪼게가 여기 진도가 진도이지요, 다른 섬:.

배로 실어오지요, 그것을. 실어다가 이제 그 우리들이 마을은 그 사방이 전부 갯가이기 때문에 이제 말하자면 물막이를 그걸 보고 '원'이라 하는데 원은 딱 막아졌는데 원둑에다 푸지요, 배로 싣고 와서. 퍼 가지고 이제 그것을 져다가 마당에다 눌러요, 가리를 크게. 이 겨우내 그것 쏙쏙 빼어서 불 넣고 살지요, 말하자면. 그러지, 방아 찧지, 순전히 소 그놈 짚 썰어서 쇠죽 쒀서 먹이지, 거름 일 하지, 그리고 이제 그 짚까지 지고 가서 그 '철나무' 하면서 밤에는 새끼 꼬지요. 밤에는. 또 그것 뿐이요? 그런 때 무슨 신을 것이 있소? 짚으로 신 삼아야지요, 짚세기. 그래야 산에 돌아다니지, 발 벗고는 돌아다닐 수 없지요. 짚 가지고 와서 이제 밤에는 신을 삼아야 발을 안 벗어 그러니까 신 삼았고. 이제 아침에 일찌감치 새벽에 밥 해먹고 가서 저물도록 나무하고 그런 세상을 살았소. 참 징그러운 세상 살았소, 참말로.

　그때는 어떤 나무들을 많이 했습니까?

　⎺ 대략 '달새'라고 그 억새 검불 말하자면 잡목 같은 것. 소나무는 허가 있어야 하니까 소나무는 잘 못합니다, 소나무는. 예, 산림계에서 관리를 하거든요. 그러니까 소나무는 산에 소나무를 치려면 당연히 산림계에서 허가를 내 가지고 그 산 일정이면 일정, 이정이면 이정 허가를 내 가지고 그 소나무를 치지, 마음대로 소나무를 치면 걸립니다, 그것이, 법에.

　여기는 다른 지역과 달리 배 타고 나가서 나무를 한다는 것 좀 독특하네요.

　⎺ 예, 주로 배로 싣

　배를 타고 다른 섬으로 갑니까, 아니면 여기 진도 다른 지역으로?

　⎺ 여, 이 건너 말하자면 그 저 방조제 막아져 있는 데 있지요? 그전에는 저는 쭉 안 가 봤어요.

　⎺ 저 저기까지 강이오, 바다요. 바다니까 저 건너 저 너머 이 너머 주로 배로 오지요.

　거기가 그러니까 섬 그쪽이 여기 진도이지요, 다른 섬?

¯ 에, 진도 오고 마:라자먼 혹:씨 가다가 쩌 먼: 서:메서도 시러오고 그
레찌요, 헤:오지요.

그 다으메 이 겨우레 그 이 지금 가트믄 여기 무 무시 이짠씀니까, 무시. 요
걸 멈니까, 저:장을 헤:둬야 되자나요? 다 몸:머긍 거슨. 그러먼 언, 어떤 시그
로 그러케 저:장을 헤두능거또 꿰 이찌요?

¯ 여그:는 무시를 케:다가 우기로 집삐늘로 우기로 더퍼노키도하고 그
레써. 그런데 머글꺼시 반찬도 업꼬 머글꺼시 업:꼬그라니까 무시를 그:
르:케 무지하게 케:다나:도 한시얀 머꼬나먼 거자 떠러저붑띠다. 하여간
주로 무시로 국끼레 먹쩨, 훼:[269] 헤먹제, 노무레 먹쩨, 하여간. 그나제나[270]
그라고 지금 세:상 가짜네[271] 에:저네는 데:락쩌기로 바서 가조기 마:네요.
보:통 항가조기 심:명이상씩, 시보명, 요로케 데야요. 그라이까 무시무시
하니 달치요[272].

그러지요.

¯ 그라고 임:서근[273] 학:씨리 운:달먼[274] 더 먹씀니다. 우:니 달먼 여러이
데먼 더 머거. 이녁 혼자 머글라믄 안 메케요.

그러지요.

¯ 그랑께 식땅빠비 더 마시써.

인제 무시 무시도 그러코 그러케 겨우레 이러케 좀 저:장헤두는 거뜰 머:가
이씀니까? 베:추도 저:장해놈니까?

¯ 베:추는 그러케 우덜 보기는 저:장 아나고. 베:추는 마:라자먼 김장 베
추하믄 김장 당:꼬 그 먼:베추라 하냐 동베추라[275] 하냐 어짜냐 동베추. 그
거슨 가으레사 잘자란[276] 놈 케:다가 심뜽마이~라. 그레가꼬 거 노믄 보메
짐치 다므고 그랍띠다. 이:저네 봉께.

그러먼 인제 감자가틍거슨 어떠케 임시로 보:관함니까?

¯ 감자는 방아네다 보:가네야조.. 에, 감자는 에:저네는 인자 머글꺼시
저긍께 감자는 마:니썩 논는데. 감자 케:다가 사:라믄 움모게서 자더라도

˝ 예, 진도 오고 말하자면 혹시 가다가 저 먼 섬에서도 실어오고 그랬지요, 해 오지요.

그 다음에 이 겨울에 이 지금 같으면 여기 무가 있지 않습니까, 무가. 이거 뭡니까, 저장을 해 둬야 되잖아요? 다 못 먹는 것은. 그러면 어떤 식으로 그렇게 저장을 해두는 것도 꽤 있지요?

˝ 여기는 무를 캐다가 위로 짚가리로 위로 덮어놓기도 하고 그랬어. 그런데 먹을 것이 반찬도 없고 먹을 것이 없고 그러니까 무를 그렇게 무지하게 캐어다 놓아도 한 겨울 먹고 나면 거의 떨어져 버립디다. 하여간 주로 무로 국 끓여 먹지, 회 해먹지, 나물 해먹지, 하여간. 그나저나 그리고 지금 세상 같지 않고 예전에는 대략적으로 봐서 가족이 많아요. 보통 한 가족이 십 명 이상씩 십오 명 이렇게 돼요. 그러니까 무지무지하게 닳지요.

그러지요.

˝ 그리고 음식은 확실히 여럿이 되면 더 먹습니다. 여럿이 함께 먹으면 여럿이 되면 더 먹어. 자기 혼자 먹으려면 안 먹혀요.

그렇지요.

˝ 그러니까 식당 밥이 더 맛있어.

이제 무, 무도 그렇고 그렇게 겨울에 이렇게 좀 저장해 두는 것들 뭐가 있습니까? 배추도 저장해 놓습니까?

˝ 배추는 그렇게 우리들 보기는 저장 안 하고. 배추는 말하자면 김장배추 하면 김장 담그고. 그 무슨 배추라고 하나, 봄동이라고 하나 어쩌나, 봄동. 그것은 가을에야 자잘한 것 캐다가 심더구먼요. 그래 가지고 그것은 봄에 김치 담그고 그럽디다. 이전에 보니까.

그러면 이제 고구마 같은 것은 어떻게 임시로 보관합니까?

˝ 고구마는 방안에다 보관해야지요. 예, 고구마는 예전에는 이제 먹을 것이 적으니까 고구마는 많이씩 놓는데. 고구마 캐다가 사람은 윗목에서 자더

따순디다 간서베야 뎁니다, 안써쿨랑께[277]. 두데통을[278] 크:게 헤서 방아네다 저:장하지요. 사:라믄 움무게서 자더라도 감자는 따순디다 간서베야데요.

방이 야:튼 감짜 이꼬 심난헤꺼씀니다[279].

ˉ 에, 그라이까 그라고 일런 에:저네는 방이 이케 굴:거뜨람니까[280]? 잘 자레요, 하여간, 방에.

그 다으메 지그믄 부리 화:나지 안씀니까이~? 엔:나레는 방에 불 어터케 멀?

ˉ 초꼬지제[281], 초꼬지 서규로 초꼬지뿔.

네? 초꼬지 뿌리요? 서규로 어떠케 초꼬지라능게 머예요?

ˉ 초꼬지 모르거찌요?

에, 에, 이르미.

ˉ 호롱뿔:.

에, 호롱뿔.

ˉ 초꼬지 요마:네가꼬 사그로 데야가꼬 쩨:까네[282].

아, 그거 그거 초꼬지라고 함니까?

ˉ 그거 그건 세:다, 인자 심지 이써가꼬 미테다 인자 서규 부서노면 심지로 빠라올레서 부리 켜:지지요, 마라자면. 고곧 씨제, 머 다릉거 이따요?

그러다가 정:기로 바로 이러케 가씀니까, 중가네 다릉건 업씀니까?

ˉ 정:기로 처:메 드롱께 엄:마나 조은지 모르거씹띠따. 그랑께 엄:마나 세:상이 조아저쏘? 저:나 드롸쩨, 정:기 드롸쩨, 참:: 우리나라 참말로 조아저찌요.

그때는 그 초꼬지에 부리라도 어터케 반 바늘뀌를 뀌여써요?

ˉ 누:니 절뭉께 볼긍께[283] 뀌여찌라[284].

ˉ 그라지, 그란데 사:라믄 질드리기 인능거씹띠다[285]. 어두면 어둔 데로 사라라, 하여간.

라도 따뜻한 데에다 간섭해야 됩니다, 안 썩힐려니까. 통을 크게 해서 방 안에다 저장하지요. 사람은 윗목에서 자더라도 고구마는 따뜻한 곳에다 간섭해야 돼요.

방이 하여튼 고구마 있고 방이 복잡했겠습니다.

¯ 예, 그러니까 그리고 일년, 예전에는 방이 이렇게 굵었더랍니까? 자잘해요, 하여간 방이.

그 다음에 지금은 불이 환하지 않습니까? 옛날에는 방에 불 어떻게 뭘

¯ 초꽂이지, 초꽂이. 석유로 초꽂이불.

예? '초꽂이불'이오? 석유로 어떻게 '초꽂이'라는 게 뭐예요?

¯ '초꽂이' 모르겠지요?

예, 예, 이름이.

¯ 호롱불.

예, 호롱불.

¯ 호롱불 요만해 가지고 사기로 되어 가지고 조그마해.

아, 그것 그것 '초꽂이'라고 합니까?

¯ 그거 그것 사이에다 이제 심지 있어 가지고 밑에다 이제 석유 부어놓으면 심지로 빨아올려서 불이 켜지지요, 말하자면. 그것 쓰지, 뭐 다른 거 있대요?

그러다가 전기로 바로 이렇게 갔습니까? 중간에 다른 건 없습니까?

¯ 전기로 처음에 들어오니까 얼마나 좋은 줄 모르겠습디다. 그러니까 얼마나 세상이 좋아졌소? 전화 들어왔지, 전기 들어왔지, 참 우리나라 참말로 좋아졌지요.

그 때는 그 초꽂이불이라도 어떻게 바늘귀를 꿰었어요?

¯ 눈이 젊으니까 밝으니까 꿰었지요.

¯ 그렇지, 그런데 사람은 길들이기에 달려 있는 것입디다. 어두우면 어두운 대로 살아요, 하여간.

그래도 머 하여튼 마음데로 머:슬 모데짜나요, 잘 안 보여서. 껌껌허고 어두
우니. 하여튼 지그믄 훨씬 발께 살:지요.

그래도 뭐 하여튼 마음대로 무엇을 못했잖아요, 잘 안 보여서. 깜깜하고 어
두우니. 하여튼 지금 훨씬 밝게 살지요.

그다으메 인제 소키우는 이를 쫌 소가 중:요하지 아나씀니까?

¯ 중:요하지요. 유:드기도 에:저네는 소 아이~먼 농사 모:쩌서씀니다.

그럼 어디에다가 이러케 나두어씀니까, 소? 소 키운 데는 머:라 그럼니까, 거기를.

¯ 소: 웨양까니라고 그러지요, 웨양간. 엉, 그라이까 데:락쩌기로 바서 소 키는 데는 헹낭, 헹낭에가 부어기가 딸려가꼬 소 키는 데가 딸려 이씀니다. 마:라자면 부엉녀페가 소 키는 데가 이써. 그라믄 부어게서 세죽 쑤어가꼬 고노믈 막 거그서 구수에다가[286] 소: 그 바끄르세다가 퍼 닝기게 그라이까 거그서 인자 불려:코 그라먼 그거, 따따다기도 하고. 마라자면 그 소:가 그러케서 살리지.

그 소 그 바끄르슬 머:라고 그레요?

¯ 웨양까니라고 하조.

아니, 소 바끄륵.

¯ 박끄럭 구수락 하조.

아, 구수라 함니까? 그게 엔:나레 이렁거:또 이써씀니까? 자기가 소가 엄:는 데 나무집쏘를 가따가 길러가지고 거그서 아세끼 나:먼 자기가 가지고, 그런 식또 이써써요?

¯ 그라이까 마:라자면 인는 사람 소를 쉬야지를[287] 인자 가따가 인자 키여요. 키:믄 인자 그 쉬야지가 커가꼬 인자 쉬야지를 안 나쏘? 그라믄 그 쉬야지 취심하고[288] 어시소는[289] 줸:네 주지요.

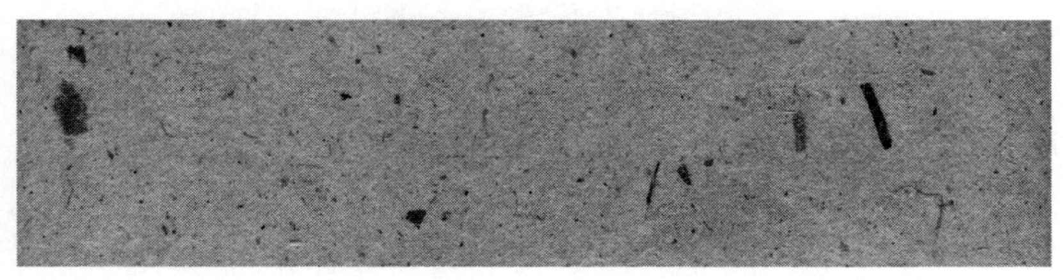

그 다음에 이제 소 키우는 일 좀, 소가 중요했잖습니까?

ㅡ 중요하지요. 유독 예전에는 소 아니면 농사 못 지었습니다.

그럼 어디에다가 이렇게 놓아두었습니까, 소? 소 키운 데는 뭐라 그럽니까,
거기를?

ㅡ 소 외양간이라고 그러지요, 외양간. 엉, 그러니까 대략적으로 봐서 소
키우는 데는 행랑. 행랑에 부엌이 딸려 가지고 소 키우는 데가 딸려 있습
니다. 말하자면 부엌 옆에 소 키우는 데가 있어. 그러면 부엌에서 쇠죽
쑤어 가지고 그것을 막 거기서 구유에다가 소 그 밥그릇에다가 퍼 넘기
게 그러니까 거기서 이제 불 넣고 그러면 그것 따뜻하기도 하고. 말하자
면 그 소가 그렇게 해서 살리지.

그 소 그 밥그릇을 뭐라고 그래요?

ㅡ 외양간이라고 하지요.

아니 소 밥그릇.

ㅡ 밥그릇 '구수'라 하지요.

아, 구수라 합니까? 그게 옛날에 이런 것도 있었습니까? 자기가 소가 없는데
남의 집 소를 가져다가 길러 가지고 거기서 새끼 낳으면 자기가 가지고, 그런
식도 있었어요?

ㅡ 그러니까 말하자면 있는 사람 소를 송아지를 이제 가져다가 이제 키
워요. 키우면 이제 그 송아지가 커 가지고 이제 송아지를 낳잖소? 그러면
그 송아지 추심하고 어미소는 주인네 주지요.

어시, 어시소는 주인네 주고 이,그 원,원 그 소는 어시소, 어시소라고 그럼니까? 그 얼마나 길러줘야 됨니까, 키워줘야 됨니까?

￢ 약 한 삼년 킬꺼요, 삼년.

그레써요이~? 소 키우고 인제 쇠야지가 이쓰면 고 노믈 키워가지고 웸망큼 되고 젱기지를 할 때 좀 갈쳐야 되지요?

￢ 그러치요.

어떠케 그를

￢ 그 갈치능거 징하요. 이게 아날라거든. 그라나게쏘? 마:라자면

멘 메쌀 때쯤 되면 그러케 그거 시킴니까?

￢ 메쌀 귀정보담도 델쑤 이씨믄 어려서부터 시기능거이 조:커씹띠다. 에, 아주 커:불먼 더: 질:드리기기가 성가셔. 그란데 처쩨 모가지가 아프거등이라, 마:라자면. 모가지가 공이가[290] 안저야[291] 데는데 공이 아낭꼬 그라면 아프거든. 그랑께 아날라게. 그라니까 처:메는 인자 코를 *끄찌*로 한:나가.

어, 코를 뚜러져, 뚜러가지구요.

￢ 에, 뚜러가지고. 뚜러가지고 인자 한나가 *끄꼬*. 인자 그라니까 처:으메는 질드릴 때 마:라자면 먼 나무 요로케 시:발 뎅거슬 데:다가 도:글 인자 쪼까:난 놈 실:꼬는 인자 멍에를 체야가꼬 인자, 사:레미 소를 *끄꼬* 뎅이지요. 그라믄 인자 *끄꼬* 뎅이고 어느정 질데믄 쪼깐 더 더 무건 놈 실:꼬. 그러케 인자 펭야 질드레가꼬 낭:중에는 인자 젱기 체:서 인자 헤:보지요. 그란데 데:락 게::소케서 하믄 다헹인데 인자 농사 지:믄 농사 *끄시* 안 나요? 시야네 노라. 그라믄 또 아날라게 인자.

￢ 모가지가 또 아풍께.

￢ 그럼 모가지 아프거등. 그란데 아주 인자 그 늘근 소 늘근 소는 겐차네라. 인자 절문거시 그라제.

제민네요, 그거슨,예. 그레, 인제 그 소 이러케 하면서 니까 그러케 이쪼그로 가거라 저쪼그로 하면서 인제 고 훌:려늘 시키자나요? 어터케?

어시 '어시소'는 주인네 주고 이 그 원 원 그 소는 '어시소' '어시소'라고 그럽니까? 그 얼마나 길러줘야 됩니까, 키워 줘야 됩니까?

ᐨ 약 한 삼 년 키울거요, 삼 년.

그랬어요? 소 키우고 이제 송아지가 있으면 그것을 키워 가지고 웬만큼 되고 쟁기질을 할 때 좀 가르쳐야 되지요?

ᐨ 그렇지요.

어떻게 그를

ᐨ 그 가르치는 것 힘들어요. 이게 안 하려거든. 그렇잖겠소? 말하자면 몇 몇 살 때쯤 되면 그렇게 그것을 시킵니까?

ᐨ 몇 살 규정보다도 될 수 있으면 어려서부터 시키는 것이 좋겠습디다. 예, 아주 커버리면 길들이기가 힘들어. 그런데 첫째 목이 아프거든요, 말하자면. 목이 옹이가 생겨야 되는데 옹이가 안 생기고 그러면 아프거든. 그러니까 안 하려고 해. 그러니까 처음에는 이제 코를 끌지요 하나가.

어, 코를 뚫어져 뚫어 가지고요?

ᐨ 예, 뚫어 가지고. 뚫어 가지고 이제 하나가 끌고. 이제 그러니까 처음에는 길들일 때 말하자면 무슨 나무 이렇게 세 발 된 것을 대다가 돌을 이제 조그마한 것 싣고는 이제 멍에를 채워 가지고 이제, 사람이 소를 끌고 다니지요. 그러면 이제 끌고 다니고 어느 정도 길들여지면 조금 더 무거운 것 싣고. 그렇게 이제 결국 길들여 가지고 나중에는 이제 쟁기 채워서 이제 해보지요. 그런데 대략 계속해서 하면 다행인데 이제 농사지으면 농사 끝이 나잖소? 겨울에 놀아. 그러면 또 안 하려고 해, 이제.

ᐱ 목이 또 아프니까.

ᐨ 그럼 목 아프거든. 그런데 아주 이제 그 늙은 소 늙은 소는 괜찮아요. 이제 젊은 것이 그렇지.

재미있네요, 그것은, 예. 그래 이제 그 소 이렇게 하면서 그렇게 이쪽으로 가거라 저쪽으로 하면서 이제 그 훈련을 시키잖아요? 어떻게?

￢ 인자 요쪼그로 오라겅거슬 께피를[292] 자바뎅임서 이라, 이라, 그 께피를 이케 자바뎅이꺼다니요? 자바뎅임서 이라. 저 쪼그로 가능 거슨 께피를 요러케 요러케 함시로 자라, 자라자라자라.

아까 저쪼기란 마른 웬:쪼김니까?

￢ 에, 왼:쪽뽀고 자라자라. 오른쪽뽀고 자바뎅임서 이라.

어떤 서, 그, 뭐 가, 가덩걸 그망가라 할 떼는.

￢ 가능거슬 께피로 탁 치지라, 이러케 이라 함시로.

아, 가고 딱 스락할 떼는 어터케

￢ 스라갈 떼는 자바뎅임시로 와: 그라먼 슴니다. 와:

엉, 와: 하면.

￢ 어찌 그러케 다: 그렁 거슬 다 저거가꼬와쏘?

아, 요거시 다 지방마다 달르거드뇨. 그 어떠케 머 이라, 자라니 와:니 이렁거또

￢ 그, 그러치요.

다르, 다를 쑤가 이찌요.

￢ 다를 쑤가 이써요.

그레서 인제

＝ 다:, 다릅띠다.

￢ 잉, 여그는 가라가능거뽀고 이라 그라고 께피를 탁 처. 그라믄 인자 착 아라머꼬[293] 발따리 데야서 가거등이라. 그란데 인자 저:쪼그로 가라갈라먼 왼:쪼그로 가라갈라먼 자라자라자라자라자라. 이 께피를 아나드라도 마:이~ 헤:본 소는 '자라' 그라믄 화:나이 알고 가라. 인자 또 오른쪼그로 오라갈라믄 '이라' 그라고 자부뎅이믄 데고. 그라고 인자 스라갈라믄 '와:' 하믄서.

'와' 하먼 되겐네요. 인제 깨피가 중요하

￢ 예, 께피가 중:요하지요.

코 이러케 코도 코는 언:제나 뚜뚜를 쑤 이씀니까?

˘ 이제 이쪽으로 오라 하는 것을 고삐를 잡아당기면서 이랴, 이랴 그 고삐를 이렇게 잡아당길 것 아니오? 잡아당기면서 이랴 저쪽으로 가는 것은 고삐를 이렇게 이렇게 하면서 자라, 자라자라자라.

아까 저쪽이란 말은 왼쪽입니까?

˘ 예, 왼쪽보고 자라자라. 오른쪽보고 잡아당기면서 이랴.

어떤 서 그 뭐 가던 걸 그만 가라 할 때는

˘ 가는 것을 고삐로 탁 치지요, 이렇게 이랴 하면서.

아 가고 딱 서라할 때는 어떻게

˘ 서라 할 때는 잡아당기면서 와 그러면 섭니다. 와.

엉, 와 하면.

˘ 어찌 그렇게 다 그런 것을 다 적어 가지고 왔소?

아, 이것이 다 지방마다 다르거든요. 그 어떻게 뭐 이랴 자라니 와니 이런 것도.

˘ 그 그렇지요.

다를 수가 있지요.

˘ 다를 수가 있어요.

그래서 이제.

= 다 다릅디다.

˘ 예, 여기는 가라고 하는 것보고 이랴 그러면서 고삐를 딱 쳐. 그러면 이제 착 알아듣고 발달이 되어서 가거든요. 그런데 이제 저쪽으로 가라고 하려면 왼쪽으로 가라고 하려면 자라자라자라자라자라. 이 고삐를 안 하 더라도 많이 해본 소는 '자라' 그러면 환하게 알고 가요. 이제 또 오른쪽 으로 오라고 하려면 '이랴' 그렇게 잡아당기면 되고. 그리고 이제 서라고 하려면 '와' 하면서.

'와' 하면 되겠네요. 이제 고삐가 중요하

˘ 예, 고삐가 중요하지요.

코 이렇게 코도 코는 언제나 뚫을 수 있습니까?

˘ 보:통 코가 한 일런 나머[294] 일런 쪼깐 더 키:먼 뚜를꺼시요.

그 어떠케 뚤씀니까, 함번만?

˘ 뚤른 데[295] 보먼 나무 솔라무를 날라:마이~[296] 깡까라[297]. 마:라자면 끄터리[298] 이씨[299]. 그레가꼬는 잡꼬는 요케 멘지먼 멘지먼 코가 야:룬[300] 데 이써, 소 코. 그라믄 잡꼬는 네:뚤러불지라. 그라믄 처:메 뚤러노면 피 쪼깐 나. 그레가꼬는 인자 코또리를[301] 끼여서.

무어슬 끼여요?

˘ 코또리라고.

코또리?

˘ 엥.

= 나무

˘ 나무를 이케 요리:케 뎅거 아니십띤자[302]? 소: 아페 보면. 고거슬 끼여서 께피는 안 다라, 처:메는. 인자 처:메 다라노먼 아프꺼 아님짜[303]? 그랑께 인자 여그다 막 쩌:메[304] 뇨, 뇨:두제. 그레가꼬 어느 정 달려니 데믄 인자 쌀:쌀 께피 달기 시작하지라.

예, 아까 보고 나무를 콛 콛

˘ 코또리.

아, 코또리를.

˘ 에, 그거시 코또림니다.

이 표준 바르믄 코뚜레거드뇨.

˘ 아, 그라꺼요[305]?

근데 여기 코또리라고 하니까 다르, 다르자나요?

˘ 그랑께. 사:투리란 선셍니미 사:투리를 알라 안 오세쏘?

그러니까 다르다는 이야기지요, 그 지영마다. 그 다으메 소도요, 이르미 여러가지 이써요, 암놈도 이꼬 순놈도 이꼬

˘ 황:소 예, 쑹, 쑹놈보고는[306] 황:소라 아납띤자?

⁻ 보통 코가 한 일 년 남짓 일 년 조금 더 키우면 뚫을 것이오.

그 어떻게 뚫습니까? 한 번만?

⁻ 뚫는 것을 보면 나무 소나무를 날카롭게 깎아요. 말하자면 끄트머리가 있게. 그래 가지고는 잡고는 이렇게 만지면 만지면 코가 얇은 데 있어, 소 코. 그러면 잡고는 내뚫어 버리지요. 그러면 처음에 뚫어놓으면 피 조금 나. 그래 가지고는 이제 '코또리'를 끼워서.

무엇을 끼워요?

⁻ '코또리'라고.

'코또리'?

⁻ 예.

＝ 나무

⁻ 나무를 이렇게 이렇게 된 것 있잖습디까? 소 앞에 보면. 그것을 끼워서 고삐는 안 달아, 처음에는. 이제 처음에 달아놓으면 아플 것 아닙니까? 그러니까 이제 여기다 막 잡아매 놓아 놓아두지. 그래 가지고 어느 정도 단련이 되면 이제 살살 고삐 달기 시작하지요.

예, 아까 보고 나무를 코 코

⁻ '코또리'.

아, '코또리'를

⁻ 예, 그것이 '코또리'입니다.

이 표준 발음은 코뚜레거든요.

⁻ 아, 그럽니까?

그런데 여기 '코또리'라고 하니까 다르잖아요?

⁻ 그러니까. 사투리는 선생님이 사투리를 알려고 오셨잖소?

그러니까 다르다는 이야기지요, 그 지역마다. 그 다음에 소도요, 이름이 여러가지 있어요, 암컷도 있고 수컷도 있고.

⁻ 황소 예, 수컷보고는 황소라 하잖습디까?

황소? 또 큰: 노믄 큰 황소는 머:라고 따로 이르미 이씀니까?

\- 그라고 뿌가리라고도[307] 하고.

뿌가리요?

\- 암:소 뿌가리 그라제.

암소 뿌가리요?

\- 엉, 암노믄 암소. 쑹노믄 뿌가리.

쑹노미 뿌가리요? 엉, 뿌가리는 웨 뿌가린가?

\- 글쎄요?

뿌리 달련나요?

\- 다: 뿌른 이찌요. 그란데 암:소는 실쩌거믄 뿌리 빠저부요, 암:소는. 쑥쏘는 망치로 때레도 암빠저라 그 이:상헤라.

= 그렁가?

\- 쑥쏘는 망치로 뚜드러도 암빠씀니다[308].

더 크지요? 그리고.

\- 크지요, 퉁퉁하지요. 그런데 암:소는 슬쩌가믄 빠저부러라.

그레요이~. 또 뿌리 모양이 여러가지가 이씀니까?

\- 에, 여러가지가 이찌요.

어떤 시그로 구부늘.

\- 여러가지요, 그 마랄쑤가 업써.

이르미, 이르미 이씀니까, 혹씨?

\- 그 이르미 이씹띠다마는.

아, 이 모르시고요이~. 또 소도 나이가 한살머근놈 두:살머근놈 그 이르미 이씀니까?

\- 이르미 이짜네, 이빨보고 안:다갑띠다.

아, 나이는, 나이는 아:는데 거, 머. 한 살 머근 소라든가 두:살 머근, 따로 이름, 그런 이름.

황소? 또 큰 것은 큰 황소는 뭐라고 따로 이름이 있습니까?

- 그리고 '뿌가리'라고도 하고.

'뿌가리'요?

- 암소 '뿌가리' 그러지.

암소 '뿌가리'요?

- 엉, 암컷은 암소. 수컷은 '뿌가리'.

수놈이 '뿌가리'요? 엉, '뿌가리'는 왜 '뿌가린'가?

- 글쎄요?

뿔이 달렸나요?

- 다 뿔은 있지요. 그런데 암소는 살짝만 해도 뿔이 빠져버려요, 암소는. 수소는 망치로 때려도 안 빠져요, 그 이상해요.

= 그런가?

- 수소는 망치로 두드려도 안 빠집니다.

더 크지요? 그리고.

- 크지요, 퉁퉁하지요. 그런데 암소는 살짝만 해도 빠져버려요.

그래요. 또 뿔이 모양이 여러가지가 있습니까?

- 예, 여러가지가 있지요.

어떤 식으로 구분을

- 여러가지요, 그 말할 수가 없어.

이름이 이름이 있습니까, 혹시?

- 그 이름이 있습디다마는.

아, 이 모르시고요. 또 소도 나이가 한 살 먹은 소, 두 살 먹은 소 그 이름이 있습니까?

- 이름이 있는 것이 아니라 이빨 보고 안다고 합디다.

아, 나이는 나이는 아는데 그 뭐, 한 살 먹은 소라든지 두 살 먹은, 따로 이름, 그런 이름

ᄀ 그건 모:르거씀니다. 그란디 이빨 보믄 메:쌀 머근주[309] 안:다가더마이~요.

조, 조:은 소는 어터케 고름니까, 어떠, 머, 머가 멀:보고 이빠를 보고 거 소 고를라믄.

ᄀ 이빨 보믄 점:꼬 늘궁거슬 마:라는 거시어써꼬. 소 아비시레야 씬다가 디야 어짜디야[310] 그 그건 자사이 네가 소를 안머데바서 잘 모르거씀니다.

예, 예, 아라씀니다. 그 다으메 엔나레 인제 머스미 이써짜나요, 머스미.

ᄀ 아:따, 착씨리는 점:부 무러보

머스메는 어떤 머슴드리 이씀니까?

ᄀ 머시믄 시, 상:머심, 그 젤: 일: 자라고 머:단[311] 머심보고 상:머심. 그 다:메는 마라자믄 종::머심 인자 쪼깐 중간덴다 그말보고 종:머시미라 항 거십띠다. 그라고 인자 아:주 야:그드리 머심사리 하능꺼뽀고 담: 여자보고는 담:사리[312], 그라드만.

담:사리라고. 담:사리 헤떵건 머 주로 무슨 이를 하지요?

ᄀ 주로 여자들 일:아니요?

여자드리 이:를 하지요.

ᄀ 에기도 봐:주고 인자 실리를[313] 모:다니까.

머스믄 어떤 시그로 두게 데나요?

ᄀ 젱기질도 자라고 이, 일:자라는 사라믄 상:머시밍께 인자 그 일련치 인자 품싸글 정하는거이지라, 마:라자믄 그떼 당시에. 인자.

그 주인하고 서로 이러케 게야글 메씀니까? 데게 이저네 얼마 어느, 어느 정도나 주나요?

ᄀ 그걸 알거씀꺄? 지금 세상과 이:전 세상아고도 틀리고.

엔날 기주느로 하먼 뭐, 나라글 멛 메써믈 준다등가.

ᄀ 에, 그케 하능거십띠다. 그란데 우리드리 머시믈 안 사라보고 그레나서.

아니, 그 머스믈 두거나 그레도 인제.

˜ 그건 모르겠습니다. 그런데 이빨 보면 몇 살 먹은 줄 안다고 하더구먼요.

좋은 소는 어떻게 고릅니까, 어떠 뭐 뭐가 무엇을 보고 이빨을 보고, 그 소 고르려면

˜ 이빨 보면 젊고 늙은 것을 말하는 것이 있었고. 소 앞이 실해야 된다더냐 어떻더냐 그 그건 자세히 내가 소를 뭐 해보지 않아서 잘 모르겠습니다.

예, 예, 알았습니다. 그 다음에 옛날에 이제 머슴이 있었잖아요, 머슴이?

˜ 아따 착실히는 전부 물어 보

머슴에는 어떤 머슴들이 있습니까?

˜ 머슴은 상머슴, 그 제일 일 잘하고 뭐하는 머슴보고 상머슴. 그 다음에는 말하자면 중머슴 이제 조금 중간 된다 그 말보고 중머슴이라 하는 것입디다. 그리고 이제 아주 아이들이 머슴살이 하는 것을 보고 여자보고는 '담살이' 그러더구먼.

'담살이'라고. '담사리' 했던 건 뭐 주로 무슨 일을 하지요?

˜ 주로 여자들 일 아니오?

여자들이 일을 하지요.

˜ 아기도 봐주고 이제 큰일은 못하니까.

머슴은 어떤 식으로 두게 되나요?

˜ 쟁기질도 잘 하고 일 잘하는 사람은 상머슴이니까 이제 그 일년치 품삯을 정하는 것이지요, 말하자면 그때 당시에. 이제.

그 주인하고 서로 이렇게 계약을 맺습니까? 대개 이전에 얼마 어느 어느 정도나 주나요?

˜ 그걸 알겠습니까? 지금 세상과 이전 세상하고도 다르고.

옛날 기준으로 하면 뭐 벼를 몇 몇 섬을 준다든가?

˜ 예, 그렇게 하는 것입디다. 그런데 우리들이 머슴을 안 살아보고 그렇기 때문에.

아니 그 머슴을 두거나 그래도 이제.

⌐ 그런데 아주 에:전에가 머심사는 사라미 이쎄쩨, 지금 감시로는 머심
살 싸라믄 업:씀니다. 솔찌간말로 도시에 가서 공장에 뎅이면 뎅게쩨, 초:
네서 머심살 싸람도 업:꼬 초:네서 또 머심 디릴 싸람도 업:꼬.

요세가 그러지요, 에, 그치요이~. 저네 어떤 지방은 세로 머스믈 이러케 계
야글 하며는 상을 항상 걸:게 체려준다 그레요?

⌐ 아 그레요?

에, 그런 버븐 여기는?

⌐ 에, 거까장은 나는 잘 모르거씀니다.

그 다으메 엔나레 노니 업:꺼나 땅이 엄:는 사라믄 나무집 땅, 논 비러다가
빌려, 지여짜나요, 논? 소:자기 이짜나요, 그 방시기 며까지가 이찌요?

⌐ 그거 잘 몰라.

그 나무집 꺼슬 헤:가지고 오레 농사 수하강거슬 어터케 나눔니까, 주인하고?

⌐ 엉, 그건 네가 자사이 모르거씀니다마는 논 서:마지기먼 서:마지기
진:는데 메까마니 주마, 이라고 진:는 거십띠다, 인자. 지금:도 자사이는
몰라도 논 노무가 염마지기 지:믄 사:십키로 한 열 서너 너더께 주능가 모
르거쏘. 학씨리 안 줘바서.

그 인제 그 나락 홀튼 나라그로 주는데도 이꼬. 아놀튼, 아놀튼 무꺼논 무스
로 주는 나락, 나락 나나 나나뭉는데도 이꼬 그러, 그러데요?

⌐ 에, 그런다능거 가틉띠다마는 네가 여그:는 아놀튼 나라기로 기양 주
는데는 난 셍각 모:뺀능걸 갇.

다 홀틍 걸로 주지요이~?

⌐ 에.

예, 그다으메 엔:나레는 동:네싸람들 이랄 떼: 사람 소니 귀하니까 그레서
머 모를 숭군다등가 그러며는 우리짐 논 다른 지베가서 헤:주고.

⌐ 푸마시 꺼시로.

푸마시 하지요이~? 푸마시는 어터케 그러면 저기함니까? 그냥 치난 사람들

˗ 그런데 아주 예전에 머슴을 사는 사람이 있었지, 지금 와서는 머슴 살 사람은 없습니다. 솔직한 말로 도시에 가서 공장에 다니면 다녔지, 촌에서 머슴살이 할 사람도 없고 촌에서 또 머슴 들일 사람도 없고.

요새가 그렇지요, 예, 그렇지요. 전에 어떤 지방은 새로 머슴을 이렇게 계약을 하면은 상을 한 상 성대하게 차려준다 그래요?

˗ 아, 그래요?

예, 그런 법은 여기는?

˗ 예, 거기까지는 나는 잘 모르겠습니다.

그 다음에 옛날에 논이 없거나 땅이 없는 사람은 남의 집 땅 논을 빌려서 빌려 해, 지었잖아요, 논? 소작이 있잖아요, 그 방식이 몇 가지가 있지요?

˗ 그것 잘 몰라

그 남의 집 것을 해 가지고 올해 농사 수확한 것을 어떻게 나눕니까, 주인하고?

˗ 엉, 그건 내가 자세히 모르겠습니다만 논 세 마지기면 세 마지기 짓는데 몇 가마니 주마, 이렇게 짓는 것 같습디다, 이제. 지금도 자세히는 몰라도 논 남이 엿 마지기 지으면 사십 킬로 한 열 서너 개 주는가 모르겠소. 확실히 줘 보지 않아서.

그 이제 그 벼 훑은 벼로 주는 데도 있고. 안 훑은, 안 훑은 묶어놓은 뭇으로 주는 벼, 벼 나눠먹는 데도 있고 그러더군요?

˗ 예, 그런다는 것 같습디다마는 내가 여기는 훑지 않은 벼로 그냥 주는 데는 난 생각 못 본 것 같.

다 훑은 걸로 주지요?

˗ 예.

예, 그 다음에 옛날에는 동네 사람들 일을 할 때 사람 손이 귀하니까 그래서 뭐 모를 심는다든가 그러면은 우리집 논 다른 집에 가서 해주고.

˗ 품앗이 것으로

품앗이 하지요? 품앗이는 어떻게 그러면 저기 합니까? 그냥 친한 사람들끼리 그러케함니까, 아니면?

⌐ 아무사람도.

동:네 뭐 그런 머가 조지기 이씀니까?

⌐ 아, 조지근 업:찌요. 조지근 업:꼬 이랄마난 사람보고 우리지브로 푸마시로 올랑가? 오시요. 그레가꼬 온다가믄 데꼬 하고 또 가푸믄 풍 가퍼 주고[314] 그라지요.

주로 푸마시는 어떤 이를 할 때 푸마시를 마:니함니까?

⌐ 주로 이:종할 떼 주로 하고. 여자들 밤메고. 인자 마:난닐 할 떼 펭야 소니 부조가믄 하능거 아니요? 인자 혼자 하기 팍파가고 그라믄 푸마사서[315] 펭야 하믄 덜: 심:심마고 그러지요.

푸마시하며는 뭐 도:는 안주지요?

⌐ 어, 그러치요.

서로 그니까 ***

⌐ 몸뚜~이로 가푸능 거시니까.

근데 인제 푸마시 아니고 사:라믈 사서 이러케 하능 경우도 이짜나요?

⌐ 에, 사서 마이~.

그거 머:라고 그럼니까 그거슨?

⌐ 사서 오라고 그라지요.

아니, 그떼 그런 사:라믈 머:라 그레요?

⌐ 품들러[316] 간다고 그러.

품들러 간다고요?

⌐ 에.

혹 이럼마를 써 보셔씀 노비란 마를 놉?

⌐ 그럼 마른 나 모:뜨러써.

노블 어든다는 마른.

⌐ 아, 노믈 어더?

끼리 그렇게 합니까 아니면?

― 아무 사람도.

동네 뭐 그런 뭐가 조직이 있습니까?

― 아, 조직은 없지요. 조직은 없고 일할 만한 사람보고 ‘우리집으로 품 앗이하러 오려나?’ ‘오시오’, 그래 가지고 온다고 하면 데리고 하고 또 갚 으면 품 갚아주고 그러지요.

주로 품앗이는 어떤 일을 할 때 품앗이를 많이 합니까?

― 주로 이종할 때 주로 하고. 여자들 밭 매고. 이제 많은 일 할 때 결국 손이 부족하면 하는 것 아니오? 이제 혼자 하기 팍팍하고 그러면 품앗아 서 결국 하면 덜 심심하고 그러지요.

품앗이 하면은 뭐 돈은 안 주지요?

― 어 그렇지요.

서로 그러니까 ****

― 몸으로 갚는 것이니까.

그런데 이제 품앗이가 아니고 사람을 사서 이렇게 하는 경우도 있잖아요?

― 예, 사서 많이

그거 뭐라고 그럽니까? 그것은.

― 사서 오라고 그러지요.

아니 그때 그런 사람을 뭐라 그래요?

― ‘품들러 간다’고 그러.

‘품들러 간다’고요?

― 예.

혹시 이런 말을 써 보셨습니까? 놉이란 말을 놉?

― 그런 말은 나 못 들었어.

놉을 얻는다는 말은

― 아, 남을 얻어?

놉,놉 노블 어든다

￣놉?

에, 아, 그거, 그럼 마를 안 쓰심니까?

￣예, 안 쓰요.

아, 품들러 간다고?

￣에.

너무지베 품들러 간다.

￣돈: 벌러 간단 소리여.

그러먼 그, 이, 이러케 하는 사:라믄 그니까 나므, 자기 지베 이리 망:커나 그러먼 푸마시라도 이러케 안되며는 사:라믈 하여튼 사서 헤:야 될 꺼 아님니까?

￣그러치요.

그럼 주로 어:디서 어떤 사라드를 씀니까?

￣아, 주로 동:네서 하제 먼 다르요? 동네서 에:저네는 그렌는데 시방은 여그 싸람드리 헤:나미로 베:출하러 뎅이고 그랍띠다.

에:저네 동:네서 하는데 그러먼 그 싸근 머:스로 줌니까?

￣에:저네

아까, 아까는 집 열함무시면 된는데.

￣인자 이녀기 그건 마:라자먼 지블 피료하는 사라믄 네가 이:레줄꺼시 지비로 품싸글 주시요 하먼 인자 여러무슬 주고

￣그러치 아나고 인자 이:란 사람 마으미지라. 지비로 주라갈라믄[317] 주라 하고. 도:이ᄀ로 주라갈라믄 주라 하고. 곡씨기로 주라갈라믄 주라 하고. 인자 이:라는 사람 마으미제라, 그거슨. 규정이 데야가꼬인능거시 아이ᄀ라.

그니까 자기 피료에 따라서 머:스로 지브로도 줄 쑤가 이따, 이마리지요? 그러며는 그떼는 인제 밥세:끼는 다: 머겨주고 또 중간중가네 또 멀 머겨줘야 되지 안씀니까?

￣어, 그라지요. 아치를 이녁지베서 머꼬앙게 아적 실:차믄[318] 줘:야데고.

놉 놉을 얻는다.

⎯ 놉?

예, 아 그거 그런 말을 안 쓰십니까?

⎯ 예, 안 쓰오.

아, 품 팔러 간다고?

⎯ 예.

남의 집에 품 팔러 간다.

⎯ 돈 벌러 간다는 소리야.

그러면 그 이 이렇게 하는 사람은 그러니까 남의 자기 집에 일이 많거나 그러면 품앗이라도 이렇게 안 되면은 사람을 하여튼 사서 해야 될 것 아닙니까?

⎯ 그렇지요.

그럼 주로 어디서 어떤 사람들을 씁니까?

⎯ 아, 주로 동네서 하지 뭐 다르오? 동네서 예전에는 그랬는데 요즘은 여기 사람들이 해남으로 배추를 하러 다니고 그럽디다.

예전에 동네서 하는데 그러면 그 삯은 무엇으로 줍니까?

⎯ 예전에

아까 아까는 짚 열한 뭇이면 됐는데.

⎯ 이제 자기가 그건 말하자면 짚을 필요로 하는 사람은 '내가 일해줄 것이니 짚으로 품삯을 주시오' 하면 이제 여러 뭇을 주고. 그렇지 않고 이제 일하는 사람 마음이지요. 짚으로 달라고 하려면 달라 하고. 돈으로 달라고 하려면 달라 하고. 곡식으로 달라고 하려면 달라 하고. 이제 일하는 사람 마음이지요, 그것은. 규정이 되어 가지고 있는 것이 아니라.

그러니까 자기 필요에 따라서 무엇으로, 짚으로도 줄 수 있다, 이 말이지요? 그러면은 그때는 이제 밥 세 끼는 다 먹여주고 또 중간 중간에 또 뭘 먹여줘야 되지 않습니까?

⎯ 아, 그렇지요. 아침밥은 자기 집에서 먹고 하니까 아침 '실참'은 줘야 되고.

실:참이라고 그러지요.

⎯ 에, 정:심 줘아야 데고. 지역실참 줘아야 데고. 지역:까양³¹⁹⁾ 미게줘야
뎀니다.

지역까지 메겨줘요? 주로 그먼 멀:로 멀: 줌니까, 실:참떼는?

⎯ 쉴:참떼는 인자 이녁 성:이지라. 마:라자먼 술 모멍는 사라믄 밥또 가
따줄 쑤도 이꼬. 술 멍는 사라믄 술도 머꼬. 인자 성:이데로 이녁 장만헤
서 줄라믄 주고. 그거 귀정이 딱 데야가꼬 인능거슨 아니니까. 그라이~까
델쑤이쓰믄 자레줄라고 마음먹찌라, 마:라자먼, 누구나 업:씨.

그레요이~. 자 여기서 일딴 저기는 농사 진는 이야기는 마치게씀니다.

⎯ 에.

아이, 수고하셔씀니다.

'실참'이라고 그러지요?

― 예, 점심 줘야 되고. 저녁 '실참' 줘야 되고. 저녁까지 먹여줘야 됩니다.

저녁까지 먹여줘요? 주로 그러면 뭘로 뭘 줍니까, '실참' 때는?

― '실참' 때는 이제 자기 성의지요. 말하자면 술 못 먹는 사람은 밥도 가져다 줄 수도 있고. 술 먹는 사람은 술도 먹고. 이제 성의껏 자기가 장만해서 주려면 주고. 그거 규정이 딱 되어 있는 것은 아니니까. 그러니까 될 수 있으면 잘 해주려고 마음 먹지요. 말하자면 누구나 없이.

그래요. 자 여기서 일단 저기는 농사 짓는 이야기는 마치겠습니다.

― 예.

아이고, 수고하셨습니다.

1) '까장'은 '까지'의 방언형. 진도 지역에서는 /ㅈ/가 탈락된 '까양'으로도 쓰인다. 전남의 다른 지역에서는 '까징'의 형태도 확인된다.

2) '-니까'에 포함된 '니'의 /ㄴ/은 후행 모음을 비음화 시키고 탈락하는 것이 진도 방언의 일반적 현상이다.

3) '소숩짜'는 '소수'와 '숫자'의 혼태에 의해 생겨난 어형이다.

4) '씻나락'은 '볍씨'의 방언형.

5) '뿐만'에 포함된 조사 '만'의 끝 자음 /ㄴ/이 탈락된 것이다.

6) 전남 방언은 지시어 '이', '그', '저'보다 '요', '고', '조'를 즐겨 쓴다. 그리고 '조'는 말할이나 들을이로부터 거리가 멀기 때문에 소리도 된소리로 나는 경향이 있다. 소리와 의미 사이의 iconicity가 반영된 결과이다.

7) '얼마'는 진도 지역어에서 '엄:마'로 쓰이는 것이 일반적인데, 옛말 '언마'의 흔적으로 보인다. 접미사 '씩'은 전남 방언에서 '썩'으로 쓰인다.

8) '이케'는 '이렇게'의 축약형. 진도 지역어에서는 '이렇게', '그렇게', '저렇게'를 항상 '이케', '그케', '저케' 등의 축약형으로 사용한다.

9) '이녁'은 재귀대명사. 『표준국어대사전』에는 '이녁'이 하오체의 2인칭 대명사로 풀이되어 있지만 근대 중앙어에는 '이녁'이 재귀대명사로 쓰인 예가 확인된다. '숙말에 니ᄅ되 밧긔 나가기 닉으면 편벽히 나그니롤 어엿비 너기고 이녁이 술을 貪ᄒ면 醉ᄒᆞᆫ 사롬을 앗긴다 ᄒᆞ니라(중간노걸대언해 상:38)'가 이런 예이다. 재귀대명사가 2인칭 대명사로 전용되어 쓰이는 것은 우리말에서 일반적인 것이므로 현대 중앙어에서 '이녁'이 2인칭 대명사로 쓰이는 것도 이런 기능상의 전이가 일어났기 때문이다. 그러나 현대 중앙어에서 '이녁'의 2인칭 대명사적 용법은 글말로 제한되어 쓰이는 경향이 있지만, 전남 방언에서는 '이녁'이 재귀대명사와 2인칭 대명사의 두 용법을 가지면서 입말로 흔히 쓰이고 있다.

10) '손세'는 '손수'의 방언형.

11) '약 하다'는 '농약을 하다'의 뜻인데 여기에 포함된 '하'의 /ㅎ/이 약하게 발음되거나 또는 아예 탈락되어 '야가다'로 발음되는 것이 특징이다. 형용사 '약하다'도 같은 식으로 발음된다. 이러한 발음은 진도뿐만 아니라 전남 전

지역에서 확인된다.

12) ‘안 하요?’는 중앙어의 ‘하잖아요?’에 대응하는 확인의문 형식이다. 중앙어가 장형부정을 사용하는 데 반해 전남 방언은 단형부정으로써 확인의문을 나타내는 차이가 있다.

13) ‘쥔:네’에 포함된 ‘-네’는 주인이 속한 집을 가리키므로, ‘주인집’과 같은 뜻을 갖는다.

14) ‘농까세가’는 ‘논 가세가’이며 이것은 ‘논 갓-에가’로 분석된다. 여기서 ‘갓’은 ‘가’(邊)이며 조사 ‘에가’는 ‘에’ 또는 ‘에서’의 방언형으로서 동사 ‘가’가 문법화 되어 생긴 새로운 조사이다. ‘가’(邊)의 중세형 ‘ᄀᆞᆺ’과 ‘ᄀᆞᆽ’ 참조.

15) ‘굿보다’는 남의 일에 참견하지 않고 구경만 하는 것을 가리킨다. ‘굿이나 보고 떡이나 묵자’와 같은 전남 방언의 속담에서 이런 의미가 두드러지게 나타난다.

16) ‘차두’는 ‘자루’의 방언형. ‘차데기’라고도 한다. ‘밑 없는 차두’는 ‘밑 빠진 독에 물 붓기’와 같은 뜻의 전남 지역 속담이다.

17) ‘상토’(床土)는 모판 바닥에 까는 흙을 말하며, 기름진 흙이나 두엄 등을 사용한다.

18) ‘안 사다나요?’는 ‘안 사다 안 하요?’로서 ‘사다 하잖아요?’의 뜻이다. 한 문장 안에 ‘안’이 두 번 사용되었다 하더라도 ‘안 사다 하잖아요?’로 해석되지 않고 ‘사다 하잖아요?’로 해석된다. 이것은 이 ‘안’이 부정의 ‘안’이 아니라 확인 물음의 ‘안’이기 때문이다. 물론 이 ‘안’은 기원적으로는 부정을 나타냈던 것이지만 공시적으로는 확인 물음을 나타내는 용법으로 바뀌었다. 그래서 한 문장 안에 여러 차례 나타날 수 있게 된 것이다.

19) ‘머단’은 원래 ‘무엇 하는’의 방언형 ‘멋한’에서 형태와 의미가 변화한 것이다. ‘무엇 하는’과 같은 원래의 의미 외에 ‘어떤’의 의미로 쓰이기도 한다. 여기서는 후자의 뜻이다.

20) ‘금’은 ‘값’의 방언형.

21) ‘보잘 것’의 /ㄹ/이 탈락되어 ‘보자껏’으로 발음된다.

22) ‘우덜’은 ‘우리들’의 뜻. ‘우리’가 복수 표지 ‘들’ 앞에서 둘째 음절 ‘리’가 탈락하였다.

23) ‘혀:네’는 ‘현(現)에’로서 ‘현재에’의 뜻인데, 진도 지역의 일반적인 말법은 아니며 제보자의 개인어로 보인다.

24) ‘그레라’는 ‘그레-라’로 분석되며 여기의 ‘라’는 중앙어 ‘요’에 대응하는 이 지

역 조사이다. 일반적으로 전라남도 지역에서는 '라우' 또는 '라'로 줄어들어 쓰이는데, 진도에서는 '라'가 일반적이다.

25) '잔'은 '좀'의 방언형. 이 '잔'은 전남의 남부 지역에서 주로 쓰인다.

26) '그란데'는 '그런데'의 방언형. 동사 '하다'는 진도를 비롯한 남부 전남에서는 '하다', 그 밖의 전남 지역에서는 '허다'로 변이한다. 이 때문에 기원적으로 '하다'가 포함된 접속부사 '그리고', '그러면', '그런데', '그러다가' 등은 이 지역어에서 '그라고', '그라면', '그란데', '그라다가' 등으로 발음된다.

27) '고작'은 어떤 물건이 많이 나거나 유명한 곳. 그래서 생산물과 '고작'이 결합해서 쓰이는데, 밤이 많이 나는 곳을 가리키는 '밤 고작'과 같은 예가 이런 경우이다.

28) '가꼬와뜨라게'는 '가지고 왔더라고 해'의 뜻. 여기서 보듯이 인용 조사 '고'는 흔히 'ㄱ'으로 축약되어 쓰인다.

29) '가만'의 /ㄴ/이 탈락된 것은 '뿐만 아니라'의 /ㄴ/이 탈락하여 '뿜마아이라'로 소리 나는 것과 같다.

30) '앙가요'는 '안 가요'이지만, 그 용법은 중앙어 '-잖소'에 대응하는 확인 의문이다. 전남 방언에서는 중앙어와 달리 장형부정의 축약형 '잖' 대신 부정어 '안'의 기능이 변화하여 확인 의문사로 쓰인다. 이 확인 의문사 '안'은 비단 서술어 앞뿐만 아니라 다른 성분 앞에도 나타날 수 있고 심지어는 한 문장 안에서 여러 차례 쓰일 수 있다. 예를 들어 '소로 논을 안 가요' 외에 '소로 안 논을 안 가요' 또는 '안 소로 안 논을 안 가요 안?'과 같은 확인 의문도 가능하다. 물론 '안'이 여러 차례 쓰인다 하더라도 확인 의문을 나타내는 점에서는 한 차례만 쓰이는 것과 차이는 없다.

31) '돌아감시로'의 '-음시로'는 중앙어 '-으면서'에 대응하는 방언형이다. '-음시로' 외에 '-음시롱' 등이 진도 지역에서 확인되며, 전남의 다른 지역에서는 '-음서'나 '-음성'도 쓰인다.

32) '좃다'는 칼이나 도구 따위로 여러 차례 찍어서 잘게 만드는 것 즉 다지는 동작을 뜻한다. 전남 방언은 동일한 기원에서 출발한 '좃다'와 '쫏다'의 두 낱말이 구별되어 쓰인다. '쫏다'는 중앙어 '쪼다'에 대응하는 말이며, '좃다'는 '다지다'의 뜻으로 쓰이기 때문이다.

33) '불'은 '벌'의 방언형.

34) '-어샤'는 '-어야의 방언형.

35) '뱃길'은 처음으로 하는 논갈이를 뜻함. 딱딱한 논바닥을 처음으로 가는 행

위를 마치 사람이나 동물의 배를 가르는 행위에 비유하여 부르는 말로 해석된다.

36) '베 따다'는 '배를 가르다'의 뜻이다. 동사 '따다'는 원래 진집을 내거나 찔러서 터뜨리는 행위를 가리키지만 전남 방언에서는 배를 가르는 것도 동사 '따다'를 써서 표현한다. 마치 먹을 따듯이 배도 딴다고 하는 것이다.

37) '차'는 '째'의 방언형.

38) '생갈이'는 두 번째 하는 논갈이. 생땅을 간다는 뜻에서 온 말로 보인다.

39) '중갈이'는 세 번째 하는 논갈이. '중갈이'의 '중'은 重일 것이다.

40) '이까지'는 네 번째 하는 논갈이. '이까지'의 어원은 분명하지 않다.

41) 여기서 '이빨'은 써레의 살을 가리킨다. 써레의 살을 사람이나 동물의 이에 비유하여 표현한 것이다.

42) '끗:다'는 '끌다'의 방언형.

43) '부드러사'에서 '-어사'는 중앙어 '-어야'에 대응된다. '부드럽다'의 활용형 '부드러워'는 진도 지역어에서 '부드러'처럼 축약되어 쓰이는 것이 보통이다.

44) '그라나고'는 '글 안하고'인데 중앙어의 '그렇지 않고'에 형태적으로 대응된다. 이 문맥에서는 '그렇지 않으면'과 같은 조건의 의미를 나타낸다.

45) '옇:다'는 '넣다'의 방언형. 중세어 '넣다' 참조.

46) '-자네'는 '-잔헤'로서 형태적으로는 중앙어의 '-지 않아'에 대응되지만, 의미적으로는 '-지 않고'로 번역될 수 있다. 형태와 의미 사이의 이러한 차이는 중앙어에서 연결어미 '-어'가 '-고'로 바뀌는 변화가 일어났기 때문이다. 즉 'A-지 않고 B-다'처럼 A를 부정하고 B를 긍정할 때 현대 중앙어는 연결어미 '-고'를 쓰지만 옛말은 어미 '-어'를 사용하였다. 전남 방언 '-잔헤'는 연결어미 '-어'를 사용한 형식으로서 아직 '-어 〉 -고'의 변화를 겪지 않은 옛 형식의 잔재라 할 수 있다. 중앙어도 'A가 아니라 B다'의 구성에서는 '아니라'처럼 아직도 '-어'를 쓰고 있어 '-어 〉 -고'가 완전히 이루어진 것은 아니다. '아니라'의 '-라'는 '-어'의 변이형태로 해석된다.

47) '모자리'는 '못자리'의 방언형. 같은 제보자의 말에서도 '모자리'와 '못자리'가 혼용되고 있다.

48) '호무'는 '호미'의 방언형. 동북부 전남은 '호맹이'를 사용하여 접미사가 없는 '호무'와 대립한다.

49) '썰다'는 '써리다'의 준말로서 '써레질을 하다'의 뜻.

50) '허치다'는 '흩다'에 사동접미사 '-이-'가 결합한 '흩이다'의 방언형으로서 그

의미는 '흩뜨리다'이다.

51) '멕질'은 못자리를 손이나 판자 따위로 매끈하게 만드는 일을 가리킨다. 동사 '치다'와 어울려 쓰인다.

52) '메끼나이˜'는 '메낀하니'가 비음화된 것이다. 전남 방언에서는 접미사 '-하-'에 결합하는 부사형 어미 '-게'가 '-니'로 실현된다.

53) '어느정'은 '어느 정도'의 뜻. '정도'를 '정'으로 줄여 말하는 것은 아마도 제보자의 개인어일 가능성이 크다.

54) '실다'는 보나 논바닥에 물이 괴게 하는 것을 가리킨다.

55) '안 이케 안 치요?'의 '안'은 확인 의문사이다. 한 문장 안에 이처럼 두 번 이상 나타날 수 있는 것이 특징이며 중앙어의 '-쟎-'에 대응한다.

56) '촉'은 '싹'의 방언형. 중앙어에서 '촉'은 난초의 포기를 가리키는 것인데 진도 방언의 '촉'은 난초뿐 아니라 식물 전체로 일반화 되었고 포기가 아닌 새싹을 가리키는 점이 다르다.

57) '차아꼬'는 '차가꼬'(=차 가지고)의 /ㄱ/이 탈락한 것이다.

58) '깔앙지다'는 '가라앉다'의 방언형. 전남의 다른 지역에서는 '깔앙그다'로도 말한다.

59) '알'은 중앙어에서 장음으로 발음되나 진도 지역어에서는 단음으로 발음된다.

60) '뿌렁구'는 '뿌리'의 방언형. 전남의 다른 지역에서는 '뿌렝이' 등이 확인된다.

61) '키:다'는 '키우다'의 방언형.

62) '치다'는 중앙어에서 적은 분량의 액체를 따르거나 가루 따위를 뿌려서 넣는 것을 의미하는데, 여기에서는 논에 모 다발을 던져 놓는 것을 가리킨다.

63) '뻐씨다'는 '억세다'의 뜻으로서, 기원은 '뻣세다'이다. '뻣세다'는 '뻣'과 '세다'가 결합한 것인데 '뻣'은 '뻣뻣하다'의 어근과 같은 것이다.

64) '징하다'는 원래 '징그럽다'의 의미이지만, 힘들거나 고생스러움을 강조하는 말로 흔히 쓰인다.

65) '메루'는 '멸구' 또는 '벼멸구'의 방언형.

66) '떨치다'는 '떨어뜨리다'의 뜻. 중앙어의 접미사 '-뜨리-'가 전남 방언에서는 '-치-'로 대응하는데, '넬치다'(=내려뜨리다), '자빨치다'(=자빠뜨리다)가 그런 예이다. '떨치다'는 '차를 떨쳐 불었다'처럼 '놓치다'를 뜻하는 수도 있다.

67) '벌다'는 '번지다'의 방언형.

68) '욱'은 '위'의 방언형. 중세어 '웋' 참조.

69) '쪼빡'은 '쪽박'의 방언형.

70) 기름이 섞인 물로 벼의 잎이나 줄기 등을 씻는 일을 '품다'라고 한다.

71) '넬치다'는 '내려뜨리다' 또는 '내려지다'의 방언형. 여기서는 후자의 뜻.

72) '거자'는 '거의'의 방언형. 중세어 '거싀' 참조. 전남의 다른 지역에서는 '거지반'도 쓰인다.

73) 여기서 '먹다'는 '옷감에 풀이 잘 먹어야 다림질하기가 좋다'처럼 바르는 물질이 배어들거나 고루 퍼지는 것을 의미한다. 이런 '먹다'의 용법은 대체로 '-에 -가 먹다'와 같은 구문으로 쓰이는 것이 특징이다.

74) '메뗑기'는 짚단을 묶기 위해 짚으로 만든 끈으로서 중앙어 '매끼'에 대응하는 방언형이다. '매끼'는 '매'라고 하는데, '메뗑기'는 이 '매'와 '댕기'의 합성어이다.

75) '잇다'는 전남 방언에서 규칙적으로 활용한다.

76) '흐빡'은 '충분할 정도로 많이'의 뜻. 전남의 지역에 따라서는 '하빡'이나 '하뿍' 등으로 쓰이기도 한다. 아마도 중앙어의 '흠빡'과 어원이 같을 것으로 예상되는데, 다만 중앙어의 '흠빡'은 '분량이 차고도 남도록 아주 넉넉하게'와 '물이 쭉 내배도록 몹시 젖은 모양'의 두 가지 의미를 갖는 데 반해, 전남 방언은 전자의 경우 '흐빡', 후자는 '흠빡'의 두 형태가 구별되어 쓰이는 것이 특징이다.

77) '져오다'는 '지고 오다'의 뜻. 물건을 가져오는 방식에 따라 '어깨에 메고 오다', '머리에 이고 오다'는 *메어 오다', *이어 오다'로 쓰이지 않지만, '지다'의 경우는 '져 오다'와 '지고 오다'의 두 가지가 모두 가능하다. 이것은 어미 '-어〉-고'로의 변화가 동사에 따라 속도를 달리하여 일어난 까닭이다.

78) '빤는'은 '빳는'의 음성 실현형으로서 '빠지는'의 방언형이다. '빠지다'에서 / ㅣ /의 탈락에 의해 '빳다'로 재구조화된 것인데, 진도 등 전남의 남부 지역어에서 이러한 재구조화된 어형이 흔히 찾아진다.

79) '어치게'는 '어떻게'의 방언형. 지역에 따라 '어찌게' 등으로도 쓰인다.

80) '훑다'는 '훑다'의 뜻이지만, 일반적으로 '타작하다'의 뜻으로 쓰인다. 그것은 탈곡기가 나오기 이전에 벼훑이를 사용하여 손으로 벼를 훑었기 때문이다. 벼훑이를 사용하던 시절의 의미가 탈곡기와 같은 기계가 나온 뒤에도 그대로 이어져 사용된 결과로 해석된다.

81) '이게'는 '이삭'의 방언형. '이삭'의 '이'는 '입쌀'의 '이'와 어원적으로 관계가 있고, '삭'은 벼의 낟알이 달린 부분을 가리켰던 말로 추정된다. 진도 지역에서는 '이게' 외에 '이가지'가 쓰이기도 하는데, 전남의 다른 지역형 '모게' 또

는 '모가지'를 고려하면 '이게', '이가지'는 각각 '모게'와 '모가지'에 유추된 형
태로 보인다.

82) '시얀'은 '세한'(歲寒)으로서 겨울을 가리킨다.

83) '일찌가니'는 '일찌감치'의 방언형.

84) '홀른데'는 '훑는데'의 방언형.

85) '쉴:참'은 곁두리의 방언형.

86) '나락동'은 '볏단'의 뜻. 중앙어에서 '동'은 굵게 묶어서 한 덩어리로 만든 묶
음을 말하며, 전남 지역에서는 흔히 콩을 묶은 단위를 '콩동'이라고 표현한
다. 그러나 벼의 경우는 '단'이나 '뭇'을 쓰며 '동'을 쓰지 않는 것이 보통인데,
여기에서는 벼의 경우에 '동'이 쓰인 것이 특이하다.

87) 여기서 '홀테'는 '그네' 즉 벼를 훑는 데 쓰던 농기구를 말한다. 그네는 길고
두툼한 나무의 앞뒤에 네 개의 다리를 달아 떠받치게 하고 몸에 빗살처럼
날이 촘촘한 쇠틀을 끼운 것이다.

88) '요마나'는 '요만큼'의 뜻. '마나'는 '만큼'에 대응하는 방언형이다. 아마도 '만'
에 모음 'ㅏ'가 결합되어 형태가 길어진 것으로 보인다.

89) '가작찌'는 '가지'의 뜻으로 보인다.

90) 여기서는 그네의 살을 가리킨다.

91) '세:다구'는 '사이'의 방언형. '사이'의 축약형 '세'에 접미사 '-다구'가 결합한
것이다. 접미사 '-다구'는 '근성'을 의미하는 방언 '악다구'나 '깡다구'에서도 확
인된다.

92) '족탁기'는 발로 밟으면서 벼를 탈곡하는 기계식 탈곡기를 가리킨다.

93) '딘늠시롱'은 현재형 '딘는다'에서 재구조화 된 어간 '딘는-'의 활용형이다.

94) '겨웅기'는 [경웅기]에서 첫 모음 /ㅇ/이 이화 작용에 의해 탈락된 것이다.

95) '덕썩'은 '멍석'의 방언형.

96) '도굿데'는 '절굿공이'의 방언형.

97) '징아에도'는 '징하게도'에서 /ㅎ/과 /ㄱ/이 탈락된 것.

98) 일반적으로 전남 방언에서는 '밖' 대신 '바깥'의 변이형인 '베깥'을 사용한다.

99) '치'는 '키'의 방언형.

100) '야튼'은 '하여튼'의 방언형.

101) '넹가놓다'는 '남겨놓다'의 방언형. 전남의 다른 지역에서는 '남기다'에 대해
'넹기다'를 쓰지만 진도 지역은 '넹구다'를 쓰는 것으로 보인다.

102) '눕이'는 '넓이'의 방언형.

103) 못줄에 일정한 간격을 표시하기 위해 만들어 놓은 빨간색 표지를 가리킨다. 다른 지역에서는 '고동'이라고도 한다.

104) '-음시다'는 '-겠습니다'의 뜻. 약속을 나타내는 어미로 '-으마', '-음세' 외에 진도 지역어에는 '-음시다'가 있어 상대높임에 따른 체계적 균형을 이루고 있다. 이 세 어미가 모두 기원으로 형태 '음'을 공유하는 것이 특징이다.

105) '그제'는 '그때'의 의미이지만 여기서는 '아직'의 뜻.

106) '스다'는 '서다'의 방언형.

107) '시:다'는 '세우다'의 방언형.

108) '치네다'는 '치우다'의 방언형.

109) '상토'는 좋은 논을 가리킨다.

110) '바까지다'는 '바뀌어지다'의 방언형.

111) '여까장'은 '여기까지'의 뜻. '여기'의 방언형 '여그'는 조사 '-다가' 앞에서는 '역다가'처럼 '역'으로 실현된다. 조사 '-까장'의 앞에서도 '역'으로 실현되어 '역까장'으로 줄어들되, 실제 발음은 /ㄱ/이 탈락되어 '여까장'으로 실현된 것이다.

112) '성가시다'는 원래 '자꾸 들볶거나 번거롭게 굴어 괴롭고 귀찮다'의 뜻이지만 여기서는 '힘들다'의 뜻.

113) '텃논'은 동네에 바짝 붙어 있는 논을 가리킨다.

114) 오염된 물처럼 간기가 있는 물에서 자라난 곡식을 가리킨다. 이런 곡식은 웃자랄 뿐 아니라 열매도 부실하다.

115) '셈'은 '샘'(泉)이다. 전남의 다른 지역에서는 '세얌'이나 '세:미'와 같은 어형이 있는데, 진도 지역은 중앙어와 동일한 어형을 사용한다.

116) '떼:루다'는 물이 부족한 샘에서 물이 고이는 족족 훑어 퍼내는 것을 가리킨다. 전남의 다른 지역에서는 이러한 의미 영역을 갖는 낱말을 확인하기 어려운데, 아마도 진도 특유의 낱말로 보인다.

117) '반디'는 '군데'의 방언형. '간디'라고도 한다. 중세어 '관디'의 이중모음이 단모음화 된 '간디'의 첫 자음 /ㄱ/이 /ㅂ/으로 바뀐 것이다.

118) '두름박'은 '두레박'의 방언형.

119) '술:'은 항아리 따위의 주둥이의 가장자리 둘레를 가리킨다.

120) '들셈'은 들에 파 놓은 샘을 뜻한다.

121) 마을 이름.

122) '욱엣논'처럼 공간을 나타내는 말이 명사를 수식할 때는 처격조사와 사이시

옷이 결합하여 쓰인다. 예를 들어 아내를 가리키는 말인 '집사람'도 전남 방언에서는 '집엣사람'이라고 말한다.

123) '글하다'는 '그러하다'로서 이것의 부정은 부정사 '안'이 '글'과 '하다' 사이에 와서 '글안하다'로 쓰인다. 여기에 의문형 어미 '-습니까'가 결합한 것이 바로 '글안하겠습니까?'인데, 이것이 축약되어 '글않겠습니꺄'로 나타났다. 여기에서 보듯이 의문형 어미 '-습니까'는 진도 지역에서 '-습니꺄'처럼 이중모음으로 쓰인다.

124) '꽉 차다'는 원래 '일정한 공간에 사람, 사물, 냄새 따위가 더 들어갈 수 없이 가득하게 되는 상태'를 가리키는 말이지만 흔히 '아주 많다'의 뜻으로 쓰이기도 한다. 예를 들어 '그런 것은 여그도 꽉 찼어.'는 그런 것이 여기에도 아주 많다는 뜻이다.

125) '어이서'는 '어디서'에서 /ㄷ/이 탈락된 것. 진도 지역어에서는 모음 사이에서 파열음 /ㄱ/, /ㄷ/, /ㅂ/이나 파찰음 /ㅈ/ 등이 흔히 탈락되어 발음된다.

126) '싱기다'는 '심다'의 방언형.

127) '덩구'는 '흙덩이'를 가리키는데, '덩이'의 방언형이다.

128) '곰베'는 '곰방메'의 방언형. 흙덩이를 깨뜨리거나 씨 뿌린 뒤 흙을 덮는 데에 쓰는 농기구로서 지름이 두 치 남짓하고 길이가 한 자쯤 되는 둥근 나무 토막에 긴 자루를 맞추어 박아 'ㅜ' 자 모양으로 만들었다.

129) '뛰딜다'는 '두드리다' 또는 '두들기다'의 뜻.

130) '지러구'는 '길이'의 방언형. 전남의 다른 지역에서는 '지럭시' 또는 '지럭지'로도 쓰인다.

131) '똘'은 '도랑'의 방언형. 전남의 다른 지역에서는 '또랑'이 쓰이기도 한다.

132) '수리차'는 '수차'(水車) 또는 '무자위'의 방언형.

133) '까장'의 /ㅈ/이 모음 사이에서 탈락하였다.

134) '모가지'는 이삭을 가리키는데, 이삭이 고개 숙인 모양을 마치 사람이나 동물의 목에 빗대어 표현한 것이다. 흔히 '나락 모가지' 등으로 표현한다. 여기서 '모가지'는 '목'의 낮춤말이다.

135) '그러먼이라'의 '그러먼'은 '그럼'으로서 말할 것도 없이 당연하다는 뜻으로 대답할 때 쓰는 말이다. 중앙어에서는 이런 경우 언제나 '그럼'으로 쓰이지만 전남 방언은 보통 '그러먼'으로 쓰인다. 중앙어의 '그럼'도 원래는 '그러면'에서 축약된 것으로 보이는데, 감탄사로 쓰일 때에는 '그럼'으로 형태가 완전히 바뀌었다. 반면 전남 방언은 이런 축약이 완료되지 않아서 '그러먼'과 '그럼'

이 혼용된다.

136) '-더마'은 '-더구먼'에 대응하는 진도 지역의 어미이다. 아마도 기원은 '-더구만'이었을 텐데 형태 '구'의 모음이 탈락되어 '-덩마' 또는 '-덤마'로 쓰이기도 하며 /ㅇ/ 또는 /ㅁ/이 탈락하여 '-더마'로도 쓰인다.

137) '우리게'는 '우리 지방에서는' 정도로 해석된다.

138) '맘:물'은 마지막 매는 김매기로서 '마무리'의 방언형.

139) '만하다'는 '많다'의 방언형. 전남 방언은 중앙어와 달리 'ㄴ하-'가 'ㄴㅎ'으로 축약되지 않는다. 그래서 '귀찮다'는 '귀찬하다', '점잖다'는 '점잔하다' 등으로 쓰인다. '만하다'의 경우에도 마찬가지이다.

140) '두락'(斗落)은 '마지기'의 뜻.

141) '원'은 둑을 뜻함.

142) '-단 말이제'는 '-단마제' 등으로 축약되어 쓰이기도 하는데, '-지 않고'와 같은 뜻을 갖는다.

143) '뻘'은 '개펄'의 방언형.

144) '포도시'는 '겨우'의 방언형. 옛말 'ㅂㄷ시'는 중부 방언에서 '빠듯이', 전라도 방언에서는 '포도시'로 분화되었다. 전남에서는 지역에 따라 '포로시'로 쓰이기도 한다.

145) '닳다'는 형태적으로 중앙어 '닿다'의 대응형이지만 그 의미는 다르다. '닿다'는 두 물체가 서로 맞붙은 상태를 가리키지만 '닳다'는 손으로 만지는 것을 가리키기 때문이다.

146) '서:숙'은 '조'의 방언형.

147) '마디'는 '마다'의 방언형.

148) '보릿가실'은 보리 수확의 뜻이다.

149) '모카'는 '목화'이다. 일반적으로 전남 방언에서 목화는 '미영'으로 표현되는데, 이 제보자는 '모카'라는 중앙어 어형을 사용하고 있다. 아마도 표준어의 영향으로 '미영'과 '모카'의 두 어형을 혼용하고 있는 것으로 보인다.

150) '금'은 '값'을 뜻한다. 그래서 '나락금'은 '벼값', '쌀금'은 '쌀값'을 뜻한다. 그러나 명사에 따라 '금'을 사용하지 않는 경우가 있다. 예를 들어서 물을 사용하고 내는 돈인 '물값'을 '물금'으로 말하지는 않기 때문이다.

151) '사가도 안하고'는 '사가지도 않고'에 대응하는데 이처럼 전남 방언은 부정 구문에서 조사 '도'나 '들', '든' 등이 결합할 때 어미 '-지'가 없이 쓰이는 것이 보통이다. 그리고 용언의 줄기에 부정의 조동사 '안하다'가 직접 결합할 때는

어미 '-지'보다는 '-기'를 사용한다. 그 결과 '가지 안한다'로 말하지 않고 '가기를 안한다'처럼 말하는 것이 보통이다.

152) '아니띰자?'는 '아닙디까?'의 뜻이다. '아닙디꺄 → 아닙디짜 → 아닙딘짜 → 아니띰짜'처럼 구개음화와 /ㄴ/ 첨가의 변화를 겪은 것으로 보인다. '-꺄'처럼 음절 끝에서 구개음화를 겪은 것이 이 지역어의 특징인데, 이러한 구개음화는 진도에서도 일부 지역에서만 일어난다.

153) '-음시롱'은 '-으면서'의 방언형.

154) '담다'는 '담그다'의 방언형. 장이나 김치 등을 담그는 것을 전남 지역에서는 '담다'라고 표현한다.

155) '미영베'는 '무명'을 가리킨다.

156) '네나'는 '일정한 시간 동안 애를 써서'라는 의미를 내포한다. 따라서 '네나'는 '일정한 시간 동안'을 뜻하는 중앙어 '내내'와 '애를 써서'라는 의미를 갖는 중앙어 '일껏'이 합해진 의미를 갖는다. '네나' 외에 '네동'이라고도 한다. '네나'는 그밖에 '네나 마찬가지여'라는 예에서처럼 '결국'의 의미로 쓰이기도 한다.

157) '토:비'는 '퇴비'의 방언형.

158) '넹구다'는 '남기다'의 방언형. 전남의 북부에서는 '넹기다'라고 한다.

159) '디리다'는 바람의 힘으로 검불 따위를 날려 없애는 동작을 가리킨다.

160) '알따구'는 '알맹이' 즉 죽정이가 섞이지 않는 알곡을 말한다.

161) '도:구통'은 '절구통'의 방언형.

162) '도:구틀'은 '도구떼'의 잘못된 발음.

163) '아적찌'는 '아침까지' 즉 '아침밥 먹기 전까지'의 뜻이다. '아적'이 '아침'이므로 '찌'는 '까지'의 의미인 셈이다.

164) '지르다'는 중앙어에서 팔다리나 막대기 따위를 내뻗치어 대상물을 힘껏 건드리는 것을 의미하는데, 여기서는 절굿공이를 내려찍는 동작을 가리킨다.

165) '찍다'는 '찧다'의 방언형.

166) '날키다'는 '날리다'의 방언형.

167) 외부의 힘에 의해 떨어지거나 떼지는 것은 중앙어에서 '벗겨지다'라고 하는데 전남 방언에서는 '벗어지다'와 '벗겨지다'(대체로 '빗게지다'로 발음한다)를 혼용한다.

168) 여기서 '사납다'는 어떤 일을 하기 힘들다는 뜻으로 쓰였다. 이런 경우 대체로 '-기'처럼 동사의 명사형이 앞에 와서 '-기 사납다' 형식으로 쓰인다.

169) '머시락 합디다'는 '뭐라고 합디다'의 뜻인데, 지칭할 말이 생각나지 않아 부

정사 '머'를 사용한 경우이다.

170) '돈사다'는 돈을 받고 팔다는 뜻.

171) '쪽바로'는 '똑바로'의 뜻.

172) '서툴다'는 진도 지역어에서 규칙적인 활용을 한다.

173) '꼬그랑꼬그랑'은 논 두둑의 높이가 고르지 않음을 나타낸다.

174) '기술께'는 '기술'에 조사 '게'가 결합된 것이다. 이 '게'는 기원적으로 '그곳에'
의 의미를 갖는 '그어긔'에서 온 것이다. 현대 중앙어에서 이 '게'는 '에게'처
럼 '에'와 어울려 쓰이지만 인칭대명사 '내', '제', '네' 등에는 '게'로 쓰이기도
한다. 이처럼 중앙어의 경우 '에게'나 인칭대명사에 쓰이는 '게'는 모두 유정
물에 쓰이는 것인데, 진도 지역어의 '게'는 '기술'처럼 무정물 명사에 쓰였다.
이러한 용법은 '게'의 옛 용법을 그대로 이은 것으로 보인다. 기원을 고려하
면 '기술께'는 '기술 거기에'로 해석되지만 보다 자연스러운 해석은 '기술에'
정도가 될 것이다. 따라서 조사 '게'는 중앙어 '에'에 대응한다고 할 수 있는
데, 그러나 '게'는 대체로 '매이다'와 같은 동사와 어울려 쓰이는 점에서 중앙
어 '에'의 분포와 차이를 보인다.

175) '메이다'는 중앙어 '매이다'이다. 어떤 일이나 상태 따위가 무엇에 의존하는
것을 나타낼 때 중앙어는 흔히 '달리다'를 쓰지만 전남 방언은 '매이다'를 쓰
는 것이 다르다. 이는 근본적으로 '달다'와 '매다'가 유사한 의미를 갖기 때문
이다.

176) '짱짱하다'는 '팽팽하다, 단단하다'의 뜻.

177) '찰찰이'는 '찰랑찰랑하게'의 방언형. 중앙어에서 '찰찰'은 적은 액체가 조금
씩 넘쳐흐르는 것을 가리키지만 '찰랑찰랑'은 가득 찬 물 따위가 잔물결을
이루며 넘칠 듯 자꾸 흔들리는 소리, 또는 그 모양을 나타낸다. 즉 '찰랑찰랑'
은 넘칠 정도의 액체일 뿐 결코 넘치는 것을 나타내지 않는 것이다. 이것은
어근 '찰'에 붙은 접미사 '랑' 때문이다. 그런데 진도 지역어의 '찰찰이'는 이
러한 접미사가 없이 넘칠 정도로 가득한 모양을 나타내는 점에서 차이가 있
다. 또한 '찰찰이'는 액체뿐 아니라 절구통에 넣는 보리처럼 고체에도 쓰일
수 있는 점이 특징이다.

178) '한:나'는 '가득'의 뜻.

179) '낭중'은 '나중'의 방언형. 전남의 다른 지역에서는 '난중'이라고도 한다.

180) '쇠떼기'는 '쇠'의 낮춤말. 접미사 '-떼기'는 '귀떼기' 등에서 확인된다.

181) '베르또'는 영어 벨트(belt)의 일본식 발음.

182) '똥방에'는 발동기에 걸어서 보리를 찧는 기계식 정미기를 가리킨다.

183) '깡끄다'는 '깎다'의 방언형.

184) '속에가'는 '속'에 처격조사 '에'와 주격조사 '가'가 함께 결합된 것이지만 그 뜻은 중앙어의 '속이'에 대응시킬 수 있다. 왜냐하면 '속'처럼 공간을 나타내는 명사는 흔히 처격 조사 '에'와 결합해서 쓰이는 것이 전남 방언의 특징이기 때문이다. 그래서 이런 공간 명사의 주격형은 '밑에가', '욱에가', '옆에가' 처럼 쓰이는 것이다.

185) '메똑'은 '맷돌'의 방언형.

186) '느무께'는 '쌀겨'의 방언형. 전남의 북부 지역에서는 '누까'라고도 한다. 중앙어에는 '체로 쳐서 밀가루를 뇌고 남은 찌꺼기'를 '노개'라 하고, 메밀을 갈아 가루를 체에 쳐내고 남은 속껍질을 '나깨'라 한다. 이처럼 '깨'는 체로 쳐내고 남은 찌꺼기나 껍질을 가리키는 것인데, 진도 지역어의 '느무께'의 '께'는 쌀을 찧을 때 나오는 가장 고운 속겨를 가리키는 점에서 차이가 있다.

187) '껍떡'은 '껍질'의 방언형. 전남의 다른 지역에서는 '껍딱'으로도 쓰인다. 여기서 '껍떡나락'은 벼의 껍질을 가리킨다.

188) '여물'은 여문 낟알을 가리키는데, 동사 '여물다'의 어간이 명사로 굳어진 것으로 추정된다.

189) '여물뜰다'는 '여물 들다'로서 '낟알이 여물다'의 뜻이다.

190) '머단노믄'은 '뭐 하는 놈은'이다. '여물들라고 머단노믄'은 '알이 여물려고 뭐 하는 것은'일 텐데 여기서 '뭐 하는 것은'은 콩이 여물기 직전의 모양이나 상태를 포괄적으로 표현하기 위해 '뭐'라는 부정사를 사용한 것이다. 이처럼 진도 지역어에서는 모호하거나 포괄적인 것을 나타낼 때 부정사 '뭐'를 쓰는 일이 흔하다.

191) '끄실르다'는 '그을리다'의 방언형.

192) '우장'은 여기서 '도롱이'를 가리킨다. 도롱이는 짚, 띠 따위로 엮어 허리나 어깨에 걸쳐 두르는 비옷을 말하는데, 예전에 주로 농촌에서 일할 때 비가 오면 사용하던 것으로 안쪽은 엮고 겉은 줄거리로 드리워 끝이 너털너털하게 만든다.

193) '뜸'은 짚, 띠, 부들 따위로 거적처럼 엮어 만든 물건으로서 비, 바람, 볕을 막는 데 쓰인다.

194) '반:침'은 '마루'의 방언형. 전남의 다른 지역에서는 '말레'나 '물레' 등을 쓰지만 유독 진도 지역에서는 '반침'이라는 특유의 낱말을 사용한다. '반침'의 '반'

은 板일 가능성이 있는데 '침'의 어원은 명확하지 않다.

195) '들치다'는 비가 안으로 들어오는 것을 가리킨다. 중앙어에서는 빛이나 비가 들어올 때 단순히 '들다'라고 하지만, 전남 방언은 빛의 경우 '들다'라 하고, 비는 '들치다'라 한다. '들치다'의 '치'는 '들-'에 결합된 강세접미사로 보인다.

196) '서:숙'은 '조'의 방언형.

197) '장삼'은 껍질만 많고 낟알은 없는 곡식.

198) '찰지다'는 '차지다'의 방언형.

199) '귀밀'은 '귀물(貴物)'의 방언형.

200) '꺼시로'는 '것으로'이다. 따라서 '귀미리 꺼시로'는 '귀물의 것으로'일 텐데, '귀물처럼', '귀물과 같이'와 같은 뜻이다.

201) '부깜자'는 '북감자'로서 감자를 가리킨다. 아마도 중국에서 들어온 탓에 '북감자'라고 했을 것이다. '하지감자'라고도 한다. 한편 전남 방언에서 '감자'는 고구마를 가리킨다.

202) '솔차니'는 기원적으로 '수월하지 안하다'에서 온 것으로서 '꽤' 또는 '상당히'의 뜻을 나타낸다.

203) 잡초의 하나.

204) '날캄하다'는 '날카롭다'의 방언형.

205) '간잔주롬하다'는 '가늘고 곧다'의 뜻.

206) '막가지'는 '기다란 막대기'를 가리킨다.

207) '끈타발'은 '끄나풀'의 방언형.

208) '이가지'는 '이삭'의 방언형. 아마도 '이삭'과 '모가지'의 혼태에 의한 결과로 보인다.

209) '목나무'는 커다란 나무 막대기를 가리킨다.

210) '암:마네도'는 '암만해도'로서 '아무래도'의 뜻.

211) '도리깨어시'는 '도리깨장부'의 방언형.

212) '살짝하게'는 '살짝'과 같은 뜻이다. '살짝하게'보다는 '살짝하니'로 쓰이는 수가 많다.

213) '모질다'는 '모지라지게 하다'의 뜻.

214) '췌이~'는 '키'의 방언형. 전남의 서부 지역은 '치', 동부 지역에서 '쳉이'로 분화되어 쓰이므로, 진도 지역은 '치'가 사용될 것으로 예상된다. 실제 이 제보자의 발화에서 '치'가 쓰이는 것이 확인된 바 있는데, 여기서는 동부형인 '쳉이'의 변이형 '췌이'가 쓰이고 있다. 구술 발화 자료만을 본다면 이 제보자는

‘치’와 ‘췌이’를 혼용하고 있다고 하겠다.

215) ‘유드기도’는 ‘유독(惟獨)’의 방언형. ‘유드기’는 ‘유독’에 형태 ‘이’가 결합된 ‘유독이’에서 변이된 것인데 여기에 조사 ‘도’가 결합되었다.

216) ‘폿’은 ‘팥’의 방언형.

217) ‘만하다’는 ‘많다’의 방언형.

218) ‘마람’은 ‘이엉’의 방언형.

219) ‘외로도’의 ‘외’는 外로서 여기서는 外地의 의미로 쓰였다.

220) ‘베눌’은 ‘가리’의 방언형으로서, 단으로 묶은 곡식이나 장작 따위를 차곡차곡 쌓은 더미를 가리킨다.

221) 가리를 ‘쌓는’ 것을 전남 지역에서는 ‘누른다’고 표현한다.

222) ‘까끔’은 ‘가끔’의 방언형.

223) ‘점;드록’은 ‘저물도록’의 뜻.

224) ‘그’는 삼인칭 대명사로서 사물을 가리킨다. 사물을 가리키는 ‘그’는 중앙어의 경우 ‘그도 저도 아니다’와 같은 관용적인 형식에서 주로 나타나는데, 여기에서는 ‘-도 없으면’과 같은 구성에서 쓰였다. ‘그것’이 쓰일 자리에 ‘그’가 쓰인 특별한 경우라 하겠다.

225) ‘뒤리다’는 ‘검불 따위를 바람에 날려 없애다’의 뜻. ‘디리다’라고도 한다.

226) ‘아님짜’는 ‘아닙니꺄’에서 구개음화와 ‘니’의 탈락을 겪어 생긴 어형이다.

227) ‘체’는 ‘키’의 방언형. 진도에서는 ‘체’ 외에 ‘치’, ‘췌이’ 등이 함께 쓰인다.

228) 고유명사.

229) ‘야;깐’은 ‘약간’이지만 중앙어와 달리 ‘웬만큼’의 뜻으로 쓰인다.

230) ‘검나게’는 양이 많거나 정도가 매우 심한 모양을 뜻함. ‘겁나다’에서 발달한 부사이다.

231) ‘다웁다’는 표준어 ‘-답-’과 달리 여기서는 접미사가 아닌 형용사로 쓰였다.

232) ‘눓다’는 ‘누르다’의 방언형.

233) ‘폴다’는 ‘팔다’의 방언형.

234) ‘고네기’는 ‘항아리’의 방언형.

235) ‘지상’은 항아리의 일종. 주둥이의 둘레인 전이 꼿꼿하게 생겼다.

236) ‘반절’은 ‘절반’의 방언형.

237) ‘닙쌀’은 뉘가 섞인 쌀을 가리킨다.

238) ‘펭야’는 ‘결국, 내나’와 같은 뜻의 말이다. ‘펭상’이라고도 한다.

239) ‘메꼬리’는 ‘먹둥구미’ 또는 ‘먹서리’를 가리킨다.

240) ‘술:’은 항아리 주둥이의 가장자리 둘레 즉 전을 가리킨다.

241) ‘오굿하다’는 안으로 약간 들어간 모양을 나타낸다. 형용사 ‘옥다’의 어간 ‘옥’에 접미사 ‘-웃-’이 결합한 것이다.

242) ‘빤닥빤닥하다’는 ‘반짝반짝하다’의 방언형.

243) ‘차두’는 ‘자루’의 방언형.

244) ‘까양은 ‘까장’에서 /ㅈ/이 탈락된 뒤 반모음 /y/가 첨가된 것이다.

245) ‘세네끼’는 ‘새끼’(繩)의 방언형.

246) ‘제금나다’는 ‘분가하다’의 뜻. ‘제금’은 ‘제각기’를 뜻했던 중세어 ‘저여곰’에서 온 것이다.

247) ‘모냐는 ‘몬자’에서 /ㅈ/이 탈락한 것으로서 ‘먼저’의 방언형.

248) ‘보지란하다’는 ‘부지런하다’의 방언형.

249) ‘지역’은 ‘지녁’의 /ㄴ/이 탈락한 것으로서 ‘저녁’의 방언형.

250) ‘것이’의 /ㅅ/은 전남에서도 지역에 따라 탈락의 정도가 다르다. 북부는 /ㅅ/이 유지되는 경향이 우세하지만 남부는 탈락되는 경향이 더 우세하다.

251) ‘방석’은 둥글게 생긴 멍석을 가리킨다. 둥글기 때문에 ‘도리방석’이라고도 한다.

252) ‘도리도리하다’는 ‘넓게 펼쳐진 것이 동글동글하다’의 뜻.

253) ‘압전’은 ‘이전’과 같은 뜻으로서 ‘앞과 ‘前’이 결합한 것이다. 같은 뜻의 고유어와 한자어가 결합할 경우, ‘한자어 + 고유어’ 형식을 취하는 것이 일반적인데 ‘역전앞’이나 ‘처갓집’과 같은 것이 그러한 예이다. 이것은 한자어에 대한 언중의 인식이 불명확하기 때문에 이를 해소하기 위해 고유어를 결합한 것으로 설명되는 현상인데, ‘압전’은 이런 순서와 반대되어 흥미롭다.

254) ‘화염’은 천일염의 하나이나, 햇볕 대신 불을 때어 소금을 만드는 점이 다르다.

255) ‘철람하다’는 ‘철나무하다’에서 변이된 것으로서 겨울에 쓸 땔나무를 준비하기 위해 나무하러 가는 것을 가리킨다.

256) ‘바닥’은 ‘바다’의 방언형. 중세어 ‘바닿’ 참조.

257) ‘자국’은 함께 일하는 조(組)를 가리킨다.

258) ‘서:니’는 사람 ‘셋’을 가리킨다. ‘두:니’, ‘서:니’, ‘너:니’로 쓰이며 다섯은 ‘다섯이’라고 한다. 여섯은 ‘여서니’ 또는 ‘여섯이’이며 일곱 이상은 ‘일곱이’, ‘야달이’, ‘아홉이’, ‘열이’ 등으로 쓴다.

259) ‘다:먼’은 ‘다만’의 방언형.

260) ‘갱변’은 ‘갯가’의 뜻.

261) ‘물메기’는 ‘물막이’로서 둑을 가리킨다.

262) ‘알라’는 ‘조차, 까지’의 뜻으로 쓰이는 조사.

263) ‘꿀:다’는 ‘꼬다’의 방언형.

264) ‘아척’은 ‘아침’의 방언형. ‘아칙’이라고도 한다.

265) ‘달:쎄’는 ‘억새’의 방언형.

266) ‘억딸’은 ‘억새’의 방언형.

267) ‘솔’은 ‘소나무’를 가리킨다.

268) ‘솔나무’는 ‘소나무’의 방언형.

269) ‘훼’는 ‘회’로서 ‘무채’를 가리킨다.

270) ‘그나제나’는 ‘그나저나’의 방언형.

271) ‘가짜네’는 ‘같잔헤’로서 ‘같지 않고’의 뜻. 어미 ‘-어’가 ‘-고’로 교체되지 않은
    옛 형식이다.

272) ‘닳다’는 여기서는 저장해 둔 무의 양이 줄어드는 것을 가리킨다. 전남의 다
    른 지역에서는 ‘굻다’라고도 한다.

273) ‘임석’은 ‘음식’의 방언형. 이에 따라 군것질용 음식을 흔히 ‘군임석’이라고
    한다.

274) ‘운이 달다’는 ‘여럿이 함께 행동을 하다’의 뜻.

275) ‘동베추’는 ‘봄동’을 가리킨다.

276) ‘잘잘하다’는 ‘자잘하다’의 방언형.

277) ‘썩후다’는 ‘썩히다’의 방언형.

278) 고구마 따위를 저장하기 위해 방안에 설치한 통.

279) 중앙어에서 ‘심란하다’는 ‘마음이 어수선하다’의 뜻이지만, 전남 방언에서는
    마음뿐만 아니라 물건이 정돈되지 않고 어수선하게 널려 있는 상태를 가리
    키기도 한다. 여기서는 후자의 뜻이다.

280) 여기서 ‘굵다’는 ‘크다’의 뜻으로 쓰였다.

281) ‘초꽂이’는 표준어에서는 촛대나 등 따위에서, 초를 꽂게 된 장치로서 꼬챙
    이 끝처럼 뾰족하게 하거나 두겁처럼 만들어서 초를 박게 하는데, 여기서는
    이와 달리 ‘호롱’을 가리킨다.

282) ‘쩨깐하다’는 ‘조그마하다’의 방언형.

283) ‘붉다’는 ‘밝다’의 방언형.

284) ‘뀌:다’는 ‘꿰다’의 방언형.

285) ‘있는것입디다’ 앞에 ‘달려’나 ‘매여’가 생략된 것으로 보아야 한다.

286) '구수'는 '구유'의 방언형.

287) '쉬야지'는 '송아지'의 방언형. 전남의 다른 지역에서는 '쇠양치' 등이 쓰이기
도 한다.

288) '취심'은 '추심(推尋)'의 방언형.

289) '어시소'는 '어미소'의 방언형. '어시'는 옛말에서 부모를 사람의 가리키지만
여기서는 동물의 어미를 가리키는 것으로 그 쓰임의 폭이 줄어들었다.

290) '공이'는 '옹이'의 방언형. 지역에 따라 '굉이'라고도 한다.

291) '공이가 앉다'는 '옹이가 생기다' 또는 '못이 박히다'와 같은 뜻이다.

292) '께피'는 '고삐'의 방언형.

293) '알아먹다'는 '알아듣다'의 속된 말.

294) '나머'는 '남짓'의 방언형.

295) '데'는 '것'과 같은 의미를 나타낸다. 표준어의 경우 '데'가 '것'과 같은 뜻을
가질 경우 처격으로 쓰이는 수가 대부분이지만 전남 방언은 이밖에도 '-디를
보면'과 같은 구성에서 '데'가 '것'과 같은 의미로 쓰인다.

296) '날람하다'는 '날카롭다'의 뜻. 전남의 북부 지역에서는 '날캄허다'와 같은 형
도 보인다.

297) '깡끄다'는 '깎다'의 방언형.

298) '끄터리'는 '끝, 끄트머리'의 방언형.

299) '있이'는 '있게'의 뜻이다. 일부의 형용사에 결합하는 접미사 '-이'가 '있-'과
'없-'에도 확대되어 쓰인 경우이다. '잘살다'의 뜻으로 '있이살다', '못살다'의
뜻으로 쓰이는 '없이살다'도 이런 예이다.

300) '야룹다'는 '얇다'의 방언형.

301) '코또리'는 '코뚜레'의 방언형.

302) '-십띤자'는 '-습디까'의 진도 방언형.

303) '-음짜'는 '-습니까'의 진도 방언형.

304) '쩜메다'는 '잡아매다'의 방언형. 중세어 '잡매다'와 같은 것이다.

305) '그라꺼요?'는 형태적으로 '그럴 것이오?'에 대응되는 방언형이지만, 의미상
으로는 '그럽니까?' 정도로 옮길 수 있다.

306) '쑥놈'은 '수컷'이다. 진도 지여에서는 '수-'를 '쑥-'이라 한다.

307) '뿌가리'는 '부사리'의 방언. 『표준국어대사전』에서는 '부사리'를 머리로
잘 받는 버릇이 있는 황소를 가리키는 것으로 뜻풀이가 되어 있다. 그러나
여기서 뿌가리는 단순히 큰 황소를 가리키며 머리로 잘 받는지는 크게 문제

되지 않는다.

308) '빳다'는 '빠지다'의 방언형.

309) '주'는 의존명사 '줄'의 방언형.

310) '어짜디야'는 '어쩌더냐'의 방언형. 어미 '-디야'는 '-더냐'의 방언형이다.

311) '머단'은 '뭐 하는'의 방언형으로서 '-고 머단'은 '-고 등등'의 뜻으로 쓰였다.

312) '담살이'는 아기를 돌보는 업저지나 꼴을 베는 꼴머슴 등을 가리킨다.

313) '실일'은 '어른이 할 수 있는 큰 일'의 뜻이다.

314) '품을 갚다'는 남에게 받은 품을 돌려주기 위하여 상대에게 품을 제공하는
    것을 말한다.

315) '품을 앗다'는 힘든 일을 서로 거들어 주면서 품을 지고 갚고 하는 것을 말
    하며, '품앗이 하다'와 같은 뜻이다.

316) '품을 들다'는 '품을 팔다'의 방언형.

317) '주라'는 '달라'의 방언형.

318) '쉴:참'은 '곁두리'의 방언형.

319) '지역까양'은 '저녁까장'으로서 '저녁까지'의 뜻이다. 여기에서 보듯이 진도
    지역에서는 모음과 반모음 /y/ 사이의 /ㄴ/이나 모음 사이의 /ㅈ/ 등 자음
    이 쉽게 탈락된다.

의생활

예, 지금, 그러며뇨, 이버넨 제가 여쭤보능 거슨 에, 미영에 대한 거드뇨. 미영은 언:제 심:씀니까?

˭ 미영은 오:월딸 시므요?

˭ 한 사:월따른 그, 저 보리 고랑에다 안 심능가?

˭ 아니 그랑께 오:월 따레도 시머.

˭ 오:월따리먼 너무 느쩨.

˭ 어, 사:월따레 싱꺼쏘.

아 아 사월 따리구요, 에. 그 어 어떠케 심:씀니까? 그 아까 마란 먼: 무슨 멀: 농사 뭐 바테다가 다릉 거 헌 뒤:에 심는다고요?

˭ 보리 꼬랑에다

˭ 보리 꼬랑에다가 이케 삼도추로[1] 이 고랑을 타가꼬요, 씨를 이러케 뿌려요.

˭ 뿌리고 인자 발로 함발씩 감시로 이러케 더퍼가지요.

˭ 더퍼.

응, **가지고, 에. 그 다으메 그러면 그 머 인자 그 미영은 인제 시머가꼬 인제 크며는 어떠씀니까? 제가 어릴떼 기여근 고거 저 달짝찌근헤가지고 따무거떤 기여기...

˭ 다 다레라고 다레요.

˭ 다레가 열:지요.

˭ 다레가 열:지요.

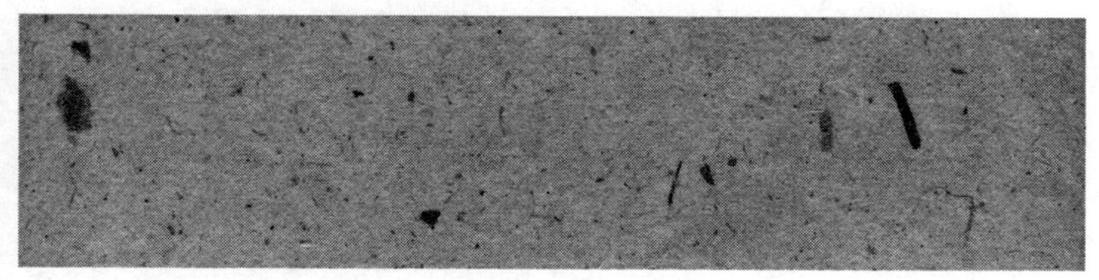

　예, 지금, 그러면요, 이번에 제가 여쭤보는 것은 어, 목화에 대한 것이거든요. 목화는 언제 심습니까?

＝ 목화는 오월달 심으오?

￣ 한 사월은 그, 저 보리 고랑에다 심잖나?

＝ 아니, 그러니까 오월에도 심어.

￣ 오월이면 너무 늦지.

＝ 어, 사월에 심겠소.

　아 아 사월이고요, 예. 그 어떻게 심습니까? 그 아까 말한, 뭔 무슨 뭘 농사 뭐 밭에다가 다른 것 한 뒤에 심는다고요?

￣ 보리 고랑에다가.

＝ 보리 고랑에다가 이렇게 삼도추로 이 고랑을 타 가지고요, 씨를 이렇게 뿌려요.

￣ 뿌리고 이제 발로 한 발씩 가면서 이렇게 덮어 가지요.

＝ 덮어.

　응, **가지고, 예. 그 다음에 그러면 그 뭐 이제 그 목화는 이제 심어 가지고 이제 크면은 어떻습니까? 제가 어릴 때 기억은, 그것이 저 달착지근해 가지고 따먹었던 기억이...

＝ 다래라고, 다래요.

￣ 다래가 열지요.

＝ 다래가 열지요.

- 인자 고노미 여:물뜨러야²⁾ 미영이 뎀니다. 여무리 드러야. 그라이~까 여물 드러분 노믄 몸:무거요. 여무리 안든노미데사 먹찌.

그러니까, 에.

- 그레, 교:수님도 고거 따: 잡쏴봐쏘?

에, 어려쓸 떼 달짝찌근헤써요.

= 그거 마시써요.

에, 그레가지고요?

= 그레가지고 여물들면 인자 한 오 파뤌 따레나 피요? 이저부런네.

- 여무리 완:저니 드러가꼬 인자 하:: 머다면 저 혼자 버러지지라 하::얀 하::야니 버러저 마라자면. 그라면 인자.

고러면 인제 어떠 어떠케 땀:니까, 그거?

= 소이~로 이케 따지요. 소이~로 이케 두 소이~로 폭:폭 자부뎅이문 잘 따저요.

- 쏙:쏙 빠저요.

고러면 딸: 떼는 머 여페다가 머 참니까 바구리를 하나 차 바구리 차?

= 바구리에다 따지요.

- 바구리다 따고 여자드른 압초메³⁾ 이러케 헤:가꼬 초메에다 마이~.

= 예, 압초메 요케 헤:가꼬 여그다 이케 당:꼬 여그다.

인제 그 일리리 소니 소느로 따니까 그리 쉽: 쉽:찌 앙켄네요.

= 그레도 쉬워요 그거 따.

고 거슬 따:능거슨?

= 에.

그레가지구요, 고 미영 따:가지고 그거 헤:가지고 어떠케 합니까? 미영 따: 서는 인제 어떠케?

= 따:가지고 인자 그 미영을 몰레가지고는 인자 또 아서요, 그 노믈.

- 그라이~까 에:저네는 기게가 업:씰떼는 씨아시라고⁴⁾ 이녀기 이써 멩긴

˘ 이제 그것이 여물어야 목화가 됩니다. 여물어야. 그러니까 여물어 버린 것은 못 먹어요. 여물지 않는 것이어야 먹지.

그러니까, 예.

˘ 그래, 교수님도 그거 따서 잡쉈 봤소?

예, 어렸을 때 달착지근했어요.

˝ 그것 맛있어요.

예, 그래 가지고요?

˝ 그래 가지고 여물면 이제 한 오, 팔월에나 피오? 잊어 버렸네.

˘ 완전히 여물어 가지고 이제 뭐하면 저 혼자 벌어져요, 하얀, 하얗게, 벌어져, 말하자면. 그러면 이제.

그러면 이제 어떻게 땁니까? 그것?

˝ 손으로 이렇게 따지요. 손으로 이렇게 두 손으로 쏙쏙 잡아당기면 잘 따져요.

˘ 쏙쏙 빠져요.

그러면 딸 때는 뭐 옆에다 찹니까? 바구니를 하나 차? 바구니 차?

˝ 바구니에다 따지요.

˘ 바구니에다 따고 여자들은 앞치마 이렇게 해 가지고 치마에다 많이.

˝ 예, 앞치마 이렇게 해 가지고 여기에다가 이렇게 담고 여기다.

이제 그 일일이 손으로 따니까 그리 쉽지 않겠네요.

˝ 그래도 쉬워요, 그것 따.

그것을 따는 것은?

˝ 예.

그래 가지고요, 그 목화 따 가지고 그것 해 가지고 어떻게 합니까? 목화를 따서는 이제 어떻게?

˝ 따 가지고 이제 그 목화를 말려 가지고는 이제 또 앗아요 그것을.

˘ 그러니까 예전엔 기계가 없을 때는 씨아라고 자기가 있어 만든 씨아

씨아시라고 고노미로 미영 염:시롱[5] 아서요. 그랑께 한메디로 마레서 미영씨를 게리는 거여, 볼가네[6]. 그레가꼬는 그놈

　＝ 인자 또 소이~로 활로 이케 타요, 고 미영을.

　활로 타요?

　＝ 예, 인자 베를 할랑께 타요. 타가꼬 또 꼬추를 모라가꼬는 인자 미영을 자:찌요.

　￣ 할: 알거씀니까, 할:?

　저는 몰라요.

　＝ 모르지, 화를.

　￣ 하리라고.

　예, 아니 그리미 나중에 이거시 비여이쓸까? 잠까뇨.

　￣ 이:전 베 짜는데고.

　＝ 베짜는 디구만. 아::따.

　￣ 베짜기 저네가 이쓸꺼인데?

　물레가 이쓸 거신데요이~? 요 나중에 제 다 여쭤볼 껌니다, 요 그림보면서.

　￣ 아 저기도 마:닌네. 하리 어찌게 셍겐능가니 네가 갈차줍시다. 데를 이케 꼬부장::아이~[7] 요케 멩기라써. 요러케 꼬부장아이~ 인자 그 딱 여그를 뜨겁게 헤가꼬 좀 휘여써라 요로케. 휘여서 주를 딱: 요러케 메:서 인자 몰레. 파:쌍[8] 몰라지면 노꾸늘 여그다 쩸:메가꼬 요케 자바뎅임서 인자 딱 쩸:미요.. 그라먼

　이게 쏘:는 활처럼 셍겐네요?

　￣ 예, 활처럼 이케 셍게써.

　아 그레서 화리구나.

　￣ 고노믈 요러케 뎅인 노믈 잡꼬는 그거뿌고

　＝ 꼭뚜마리

　￣ 꼭뚜마리라 하제. 미영을 요러케 데:고는 톡톡톡 그라먼 그 끄니 탁

라고, 그것으로 목화 넣으면서 앗아요. 그러니까 한마디로 말해서 목화씨를 가리는 거야. 발라내. 그래 가지고는 그것.

＝ 이제 또 손으로 활로 이렇게 타요, 그 목화를.

활로 타요?

＝ 예, 이제 베를 하려니까 타요. 타 가지고 또 고치를 말아 가지고는 이제 무명을 잣지요.

¯ 활 알겠습니까, 활?

저는 몰라요.

＝ 모르지, 활을.

¯ 활이라고.

예, 아니 그림이 나중에 이것이 비어 있을까? 잠깐요.

¯ 이전 베 짜는 데고.

＝ 베 짜는 데구먼. 아따

¯ 베 짜기 전에 있을 것인데?

물레가 있을 것인데요? 나중에 제가 다 여쭤 볼 것입니다, 이 그림 보면서.

¯ 아, 저기도 많이 있네. 활이 어떻게 생겼는고 하니 내가 가르쳐 주겠소. 대를 이렇게 구부정하게 이렇게 만들었어. 이렇게 구부정하게 이제 그 딱 여기를 뜨겁게 해 가지고 좀 휘었어요, 이렇게. 휘어서 줄을 딱 이렇게 매서 이제 말려. 바싹 말려지면 노끈을 여기에 잡아매어서 이렇게 잡아당기면서 이제 딱 잡아매요. 그러면

이것이 쏘는 활처럼 생겼네요?

¯ 예, 활처럼 이렇게 생겼어.

아, 그래서 활이구나.

¯ 그것을 이렇게 당기는 것을 잡고는, 그것보고

＝ 꼭지마리.

¯ 꼭지마리라고 하지. 목화를 이렇게 대고는 톡 톡 톡 그러면 그 끈이 탁

탁 티며 타지거드이랑. 알:게쏘? 그랑께 한메디로 마레서 활: 쏘:는데 요
러케 자부뎅에가꼬 노는 그 탁 쎙기는[9] 먼: 기우니로 안 나가요?

▔ 그라데끼 마라자먼 꼭뚜마리가꼬 미영을 아슨 노믈 두고 탁 탁 탁 치
먼 텍텍 튀여서 이노미

▭ 곱::께 타저요.

▔ 곱::께 타지요, 마라자먼. 이:저네는 그러케 타써요. 그레가꼬 인자 고
노믈 인자 몰:치요[10], 고추라고 이러케 질쭉:가니. 그레가꼬는 미영을 이
러케 안능거야, 그레써라. 그랑께 그 타능 걸 할 안 바찌요?

예, 모 빠.

▔ 모 빠씰 꺼요.

▭ 모:빠찌요, 그랄 떼는.

▔ 그랑께 그 쏘:는 활가치로 셍게썬는데 쏘:는 화른 요 손잠는데가 요케
오구데[11] 안 드러가쏘? 여그서는 그케 멩길쑤도업:꼬 그랑께 이케 삥:: 돌
려데야고 이찌라, 그랑께 잡꼬 탁탁 타능거.

꼭뚜마리는?

▭ 꼭뚜마리 요 잠능거 쬐:까너니

▔ 데마까짐니다.[12]

▭ 데마까지요.

응, 예, 그러케. 응, 글쎄요이~. 활로 타고 그 다으메 인제 고거슬.

▭ 고추를 모라가지고 인자 고추 가꼬 인자 물레에서 인자 이 자:찌라.
시:를 뻬:요. 물레를 돌리면서 시를 뻬:요 잉.

▔ 돌리면서.

아, 시:를 뻬:요이~. 에, 그레가지구요? 시:를 만들먼 나중에 인제 고놈 가지
고는 실:로도 쓰고.

▭ 실:로 인자 세로 또 자사야 데제. 그거슨 처징게 실:로는 모:써요.

아, 그레요? 자슨 실 가지고는 그 다음땅게는 멈:니까, 실 자사가지고는?

탁 튀면서 타지거든요. 알겠소? 그러니까 한 마디로 말해서 활 쏘는데 이
렇게 잡아당겨 가지고 놓는 그 탁 켕기는 무슨 기운으로 나가잖소?

˝ 그렇듯이 말하자면 꼭지마리 가지고 목화를 앗은 것을 두고 탁 탁
탁, 치면 톡톡 튀어서 이것이.

˝ 곱게 타져요.

˝ 곱게 타지요, 말하자면. 이전에는 그렇게 탔어요. 그래 가지고 이제
그것을 이제 말지요, 고치라고 이렇게 길쭉하게. 그래 가지고는 목화를
이렇게 앗는 것이야, 그랬어요. 그러니까 그 타는 것 활 안 봤지요?

예, 못 봐.

˝ 못 봤을 거요.

˝ 못 봤지요, 그럴 때는.

˝ 그러니까 쏘는 활같이 생겼었는데 쏘는 활은 이 손 잡는 곳이 이렇게
오목하게 들어갔잖소? 여기서는 그렇게 만들 수도 없고 그러니까 이렇게
빙 돌려 되어 가지고 있지요, 그러니까 잡고 탁탁 타는 것.

꼭지마리는?

˝ 꼭지마리 이 잡는 것 조그맣게.

˝ 대나무 막대기입니다.

˝ 대나무 막대기요.

응, 예, 그렇게. 응, 글쎄요. 활로 타고 그 다음에 이제 그것을.

˝ 고치를 말아 가지고 이제 고치 가지고 이제 물레에서 이제 잣지요.
실을 빼요. 물레를 돌리면서 실을 빼요?

˝ 돌리면서.

아, 실을 빼요. 예, 그래 가지고요? 실을 만들면 나중에 이제 그것 가지고는
실로도 쓰고.

˝ 실로 이제 새로 또 자아야 되지. 그것은 처지니까 실로는 못 써요.

아, 그래요? 자은 실 가지고는 그 다음 단계는 무엇입니까, 실 자아 가지고는?

= 그 다:메는 아이고 그 요러케 뽐능거시 머:시요? 점부 여:가꼬 잔뜩[13]
오레데야서 이저부런네.

‾ 가마니써, 아이고 그 그 머:시드라? 그 미영쭈를 요만써:가니 미영쭈
를 하거드뇨. 그라이‾까 질: 처:메 미영 자실람시로 집: 지벌 요케 껍떠글
뻬:요. 껍떠글 뻬:가꼬 그 가라기라고 쇠로 뎅거세다 이러케 찔러. 그레가
꼬 인자 거:그다 자사서 마라자먼 올레.

= 아이고 그거슬.

‾ 시:를

= 이베서 벵벵돈:디 모르건네.

‾ 요마나 요마나이‾ 자 자사요. 그레가꼬는 그거뿌고 머:시라 가냐?

= 그거슨 다 이저부러서 모:르거쏘, 저.

‾ 인자 그 데마까지를 가락 뻰: 구녀게다 쏙:쏙 질러. 그레가꼬 열께를
조르르라이‾ 찔러꺼드뇨. 그레가꼬 인자 함:반디로[14] 모테서 인자.

= 고무레 고무레 고무레 고무레

‾ 응 고무레 그거시.

고무레가 머:에요?

= 고무레가 그 저저 미영뚜[15] 찌르능 거시에요. 열께를 찌리 찌리능 거시여.

열:께를 찔러.

= 열께를 찔레가꼬 이케 뽀바요, 이케.

아 열:께를 하페서 하나로?

= 예, 하나로 이케 뽀바요,

‾ 하나.

합처지는구뇨, 열:께가.

= 이케 열께를 합처지지요.

‾ 요러케 이꼬, 요러케 이꼬, 요러케 이써. 그라먼 인자 여가 구녀기 뚜
러저써, 여가. 요러케 찌르고 요러케 찌르고 요러케 찌르고 요러케 찌르

＝ 그 다음에는 아이고 그 이렇게 뽑는 것이 무엇이오? 전부 넣어 가지고 너무 오래 되어서 잊어 버렸네.

¯ 가만히 있어, 아이고 그 그 뭐더라? 그 무명 줄을 이만씩 하게 무명 줄을 하거든요. 그러니까 제일 처음에 무명 자려면서 짚, 짚을 이렇게 껍질을 빼요. 껍질을 빼서 그 가락이라고 쇠로 된 것에다가 이렇게 찔러. 그래 가지고 이제 거기에다가 자아서 말하자면 올려.

＝ 아이고 그것을.

¯ 실을

＝ 입에서 뱅뱅 도는데, 모르겠네.

¯ 이만한, 이만하게 자아요. 그래 가지고는 그것보고 무엇이라고 하냐?

＝ 그것은 다 잊어 버려서 모르겠소, 저.

¯ 이제 그 대나무 막대기를 가락 뺀 구멍에다 쏙쏙 질러. 그래 가지고 열 개를 조르르 찔렀거든요. 그래 가지고 이제 한 군데로 모아서 이제.

＝ 고무래 고무래, 고무래 고무래.

¯ 응, 고무래, 그것이.

고무래가 뭐예요?

＝ 고무래가 그 저 토리 찌르는 것이에요. 열 개를 찌르는 것이야.

열 개를 찔러.

＝ 열 개를 찔러 가지고 이렇게 뽑아요, 이렇게.

아, 열 개를 합쳐서 하나로?

＝ 예, 하나로 이렇게 뽑아요.

¯ 하나.

합쳐지는군요, 열 개가.

＝ 이렇게 열 개를 합쳐지지요.

¯ 이렇게 있고, 이렇게 있고, 이렇게 있어. 그러면 이제 여기에 구멍이 뚫려졌어, 여기에. 이렇게 찌르고, 이렇게 찌르고, 이렇게 찌르고, 이렇게

고 요로케 찔러. 열께를 조르라이~ 찔러. 그레가꼬 인자 요노미 끄니 요케 모테저서[16] 함반디로 이케 뽀부면 열께가 합처저서 안 나오거쏘? 그러케 함니다 마라자면.

　그러지요,잉. 예, 그레요. 뭐 이러케 이러케 헤:서 나오면 그게 시:리되나요, 머 이게 합처징거시 미영시:리 되능거조?

　⁻ 예, 그거 미영시:리라고. 그레가꼬 인자 고노믈 날제.

　⁼ 예, 그노믈 인자 날지라.

　⁻ 마당에다 인자

　⁼ 마당에다가

　⁻ 말뚜글 질러노코 나라.

　난:단마른 무슨 마림니까?

　⁼ 요러케 질::게 인자

　⁻ **.

　와따가따 그러케

　⁼ 예~

　⁻ 와따가따 함시로.

　가마 가머 가머요?

　⁼ 예, 가머.

　⁻ 그 시:를 베께를 할라면 그노미 열뻔 뎅게야 안씨거쏘? 알:거찌라? 그 거뽀고 난다능 거시여 마:라자면. 그 베께를 멩길라면 그란데 데:락 한 베기십께 되능가?

　⁼ 그라꺼요.

　⁻ 베기십께 더 헤야.

　⁼ 베한지가 잔:뜩 오레뎅께.

　⁻ 오레뎅께, 그러케 나라요. 나라가꼬는 그노믈 싸.

　⁼ 인자 고노믈 살마가 가지고 또 몰 몰레가꼬,

찌르고, 이렇게 찔러. 열 개를 조르르 찔러. 그래 가지고 이제 이것이 끈
이 이렇게 모아져서 한 군데로 이렇게 뽑으면 열 개가 합쳐져서 나오잖
겠소? 그렇게 합니다 말하자면.

　그렇지요. 예, 그래요. 뭐 이렇게, 이렇게 해서 나오면 그게 실이 되나요, 뭐
이게 합쳐진 것이 무명실이 되는 거죠?

　ᄀ 예, 그것이 무명실이라고. 그래 가지고 이제 그것을 날지.

　= 예, 그것을 이제 날지요.

　ᄀ 마당에다가 이제.

　= 마당에다가.

　ᄀ 말뚝을 질러 놓고 날아.

　난다는 말은 무슨 말입니까?

　= 이렇게 길게 이제.

　ᄀ **.

　왔다갔다 그렇게.

　= 예.

　ᄀ 왔다갔다 하면서.

　감아, 감아, 감아요?

　= 예, 감아.

　ᄀ 그 실을 백 개를 하려면 그것이 열 번 다녀야 되잖겠소? 알겠지요? 그
것보고 난다는 것이야 말하자면. 그 백 개를 만들려면 그런데 대략 한 백
이십 개 되는가?

　= 그럴 것이오.

　ᄀ 백이십 개 더 해야.

　= 베 한 지가 굉장히 오래 되니까.

　ᄀ 오래 되니까, 그렇게 날아요. 날아 가지고는 그것을 싸.

　= 이제 그것을 삶아 가지고 또 말려 가지고,

- 짜 짜가꼬,

= 짜가꼬 인자 몰레지라.

- 응 소테다 살마가꼬 무레다, 그레가꼬는 방마~이로 돌려서 짜:. 짜가 꼬 몰레. 그레가꼬는 인자 베를 맨:다고 미테다가 인자 수뿌를 이케 이러 노코[17] 여그다 말뚝 두:를 질러노코. 인자 요케 수뿌를 찌오면 풀치레서 이케 몰레, 풀치레서. 그레가꼬 여그서 늘장[18] 강:꼬.

= 이 도투마리 요케 뒤:에서 이케 늘 강:꼬 여그서는 요 아짐마드리 모 도 멤:시로

- 풀치라고. 그람 푸리몰라지면 늘장 가머야지요, 마:라자면. 그레가꼬 인자 베트레 올라가능거여.

베트레올라가서 하능 거뜨른,

- 인자 거그는 인자,

미영베나 삼베나 비스탐니까?

= 예, 그라꺼.

- 아 그러지요.

= 예, 짜능 거슨 비스데요.

- 비스데.

= 그레도 삼베는 안 떠러징께 더 짜기 조:커쓥띠다.

아 미영베는 자꾸 떠러저요?

= 잘 떠러저요.

=1- 인자 어서 말씀 나누씨요 인자 거까장 헤:씨니까.

미영베는 자꾸 좀 야카구뇨이~?

= 예, 야캉께 잘: 떠러저요.

그럼 떠러지면 어떠케 다시 또?

= 떠러지면 인자 인:능 거시 이찌요. 인:능 거시 이쓰면 인자 그거슬 이 케 늘 이서서 짜지요.

￣ 짜 가지고

＝ 짜 가지고 이제 말리지요.

￣ 응, 솥에다 삶아 가지고 물에다, 그래 가지고는 방망이로 돌려서 짜. 짜 가지고 말려. 그래 가지고는 이제 베를 맨다고 밑에다가 이제 숯불을 이렇게 일궈 넣고 여기에 말뚝 둘을 질러 놓고. 이제 이렇게 숯불을 지펴 오면 풀칠해서 이렇게 말려, 풀칠해서. 그리고 여기서 계속 감고,

＝ 이 도투마리 이렇게 뒤에서 이렇게 늘 감고 여기서는 이 아주머니들이 모두 매면서.

￣ 풀칠하고. 그러면 풀이 말라지면 계속 감아야지요, 말하자면. 그래 가지고 이제 베틀에 올라가는 것이야.

베틀에 올라가서 하는 것들은.

￣ 이제 거기는 이제.

무명베나 삼베나 비슷합니까?

＝ 예, 그럴걸.

￣ 아, 그러지요.

＝ 예, 짜는 것은 비슷해요.

￣ 비슷해.

＝ 그래도 삼베는 안 떨어지니까 더 짜기 좋겠습디다.

아, 무명베는 자꾸 떨어져요?

＝ 잘 떨어져요.

＝1￣ 이제 어서 말씀을 나누십시오. 이제 거기까지 했으니까.

무명베는 자꾸 좀 약하군요?

＝ 예, 약하니까 잘 떨어져요.

그럼 떨어지면 어떻게 다시 또?

＝ 떨어지면 이제 잇는 것이 있지요. 잇는 것이 있으면 이제 그것을 이렇게 늘 이어서 짜지요.

그레요이~. 그레요, 그러면 요 미영 그러먼 여기서 할머니는 미영도 헤 짜:
보시고 삼베도 헤써요?

 = 삼베는 우더른 안 짜바써요. 삼베는 이런데서 아네요.

 아 여기 이 동네서 안

 = 예, 아네요.

 그럼 모시 가틍거또 아나시고

 = 예,

 그럼 주로 하능 거시 미영베겐네요?

 = 미영베를 헤:찌요.

 삼베는 그러먼 쩌 마포가틍거 쓸니리 이찌 안씀니까, 그거 점부 사다헤?

 = 예, 사다쓰지요 이런 데는. 곌:떼[19] 이런디는 삼:베 그렁 거슨 안, 아네
요. 이 미영베베끼 아네써요.

 웨 그레쓸까요, 딴디

 = 클쎄요.

 그 이 이 땅이 ** 그 사미 안 나능가?

 = 그랑가 요런 데는 삼베는 일:쩔 아네써요.

 아 그레써요이~? 그러면 이 미영베는 그러먼 궹:장이 마:니 헤:씀니까?

 = 예, 마:니 헤써요, 마::니 하고. 미영도 그러케 마:니 아주 자:꼬 미영
을 자슴스러. 인자 우리 어머니 우리 성님네들 우리 우게가 성님들 두:부
니, 나: 우리 어머님 인자 게, 게:시는데 점:부 바메 바메도 그케 물레를
로코 함::방 놔:두고 미영을 자스먼 어머니미 가 자거라 그레야 자지, 자
람말 아나면 모:짜요. 그거시 씨집싸립띠다. 그레요. 그라면 인자 우리 큰
성 형니미 도라가셔찌마는 초지역~짜미 마:나니까. 물레 아페만 안지면
막 크:떡크떡[20] 자무로먼[21], 우리 어머니미 나를 이케 조아헤 저거 쫌 바라
느그 성이~른 저러케 자미 온다. 그거:시 씨집싸립띠다. 어머니미 가 자
거라 그라면 자고 자람말 아나먼 곌:떼 모:짜요.

　그래요. 그래요, 그러면 이 무명 그러면 여기서 할머니는 무명도 짜 보시고 삼베도 했어요?

■ 삼베는 우리들은 안 짜 봤어요. 삼베는 이런 데서 안 해요.

　아, 여기 이 동네에서 안

■ 예, 안 해요.

　그럼 모시 같은 것도 안 하시고

■ 예.

　그럼 주로 하는 것이 무명베겠네요?

■ 무명베를 했지요.

　삼베는 그러면 저 마포 같은 것 쓸 일이 있잖습니까? 그것 전부 사서 해요?

■ 예, 사서 쓰지요 이런 곳은. 절대 이런 곳은 삼베 그런 것은 안 해요. 이 무명베밖에 안 했어요.

　왜 그랬을까요, 다른 데?

■ 글쎄요.

　그 이 땅이 ** 그 삼이 안 나는가?

■ 그런지 이런 데는 삼베는 전혀 안 했어요.

　아, 그랬어요? 그러면 이 무명베는 그러면 굉장히 많이 했습니까?

■ 예, 많이 했어요, 많이 하고. 무명도 그렇게 많이 아주 잣고 무명을 자으면서. 이제 우리 어머니, 우리 형님들, 우리 위에 형님들 두 분이, 나 우리 어머님 이제 계시는데 전부 밤에, 밤에도 그렇게 물레를 놓고 한 방 놓아 두고 무명을 자으면 어머님이 가서 자거라 그래야 자지, 자라는 말 안 하면 못 자요. 그것이 시집살이입디다. 그래요. 그러면 이제 우리 큰 형, 형님이 돌아가셨지마는 초저녁 잠이 많으니까, 물레 앞에만 앉으면 막 꾸벅꾸벅 졸리면, 우리 어머님이 나를 이렇게 좋아해. 저것 좀 봐라 너희 형님이 저렇게 잠이 온다. 그것이 시집살이입디다. 어머님이 가서 자거라 그러면 자고, 자라는 말 안 하면 절대 못 자요.

그레 이제 한 일량 이쓰니까 아 그거 항꺼버네 이라면 쫌 더 나 나:껜네요?

= 예,

덜 피고나고?

= 그라지요.

이 저네 어떤데는 보니까 삼베도 그러케 푸마 푸마시는 아니지만 이러케 항 꺼 모여서 모여서 하더라구요.

= 이: 미영베도 우덜또 점:부 푸마사서 미영도 자사써요. 점:부 인자.

아 그러셔써요? 그러면 그 미영 자스며는 물레를 가꼬뎅김니까?

= 가꼬뎅기지요. 그 지비로 가꼬와서 자:꼬 또 물레 가꼬와서 그지비 또 노무집까 또 자:꼬. 그라면 얼른 데야요.

그러지요이~. 그러먼 그 떼 머: 그렁 거슬 머:라고 불러씀니까, 이러케 이양 며 싸라미 푸마시에서 짱거슬 보고 무슨, 그런?

= 푸마시라고 인자 그라고

푸마시라고

= 예, 푸마:서서 미영 잔:는다고 그레찌요.

다른 마:른 업:써꾸요이~? 그 다:메 그럼 베트레는, 머 삼베나 모시는 업:쓰 니까 놔:두고요. 베트레도 그 여러가지 이르미 이써요이~.

= 예,

머 머시 기영나세요, 베틀? 아까 베틀 이써찌요. 베트리, 우:게가 지금 베트 리잔씀니까?

= 네.

예, 머: 머:머가.

= 이렁 거 베트레가 잉에가 여그 요거시 잉엥가 잉에고. 이 손 자붕 거 슨 보두집. 또 이케 찌르는 거슨 북:. 이거슨 설따리라 하냐 설따리. 요 발 끼:능거슨 발치기라고 인자 그레요.

발치기요?

그래 이제 한 일 양이 있으니까 아 그거 한꺼번에 일하면 좀 더 낫겠네요?

= 예.

덜 피곤하고?

= 그렇지요.

이전에 어떤 데는 보니까 삼베도 그렇게 품앗이는 아니지만 이렇게 모여서 모여서 하더라구요.

= 이 무명베도 우리들도 전부 품앗이해서 무명도 자았어요. 전부 이제.

아, 그러셨어요? 그러면 그 무명 자으면은 물레를 가지고 다닙니까?

= 가지고 다니지요. 그 집으로 가져와서 잣고 또 물레 가져와서 그 집이 또 남의 집에서 잣고. 그러면 얼른 돼어요.

그렇지요. 그러면 그때 뭐 그런 것을 뭐라고 불렀습니까, 그렇게 그냥 몇 사람이 품앗이해서 짜는 것을 보고 무슨, 그런?

= 품앗이라고 이제 그러고.

품앗이라고.

= 예, 품 앗아서 무명 잣는다고 그랬지요.

다른 말은 없었고요? 그 다음에 그러면 베틀에는, 뭐 삼베나 모시는 없으니까 놔두고요. 베틀에도 그 여러가지 이름이 있어요.

= 예.

뭐, 뭐가 기억나세요, 베틀? 아까 베틀 있었지요. 베틀이, 위가 지금 베틀이 잖습니까?

= 예.

예, 뭐 무엇 무엇이?

= 이런 것 베틀에 잉아가 여기 이것이 잉안가? 잉아고. 이 손 잡는 것은 바디집. 또 이렇게 찌르는 것은 북. 이것은 설다리라고 하냐? 설다리. 이 발 끼우는 것은 '발치기'라고 이제 그래요.

발치기요?

= 예.

요 발 이러케는 요 발

= 끈 끄서따 요케 머:데따 하능거~이 발치기고. 여러가지요, 이거시 아주. 부기 이꼬 보두집 잉에 여러가지가 이써요.

그러먼 고로케 인제 미 저 미영베 베짤: 때는 건: 베를 짤 때는 그 항꺼버네 모여서 할 쑨 업짜나요, 베틀 하나

= 그라지요. 인자 이역~찌비서 한:자 이거슨 베는 짜지요.

혼자 하지요이~.

= 여자드른 베짜기가 첼:: 넵니다[22], 아주.

주로 언:제 그먼 바메 짬니까?

= 아:니요, 나제.

나제 짜지요?

= 바쁜 사람드른 바메도 짜 짜요, 이 불 써노코.

그럼 농사이른 언:제 아 그뗀 아나겐네요, 베짤 때?

= 아이~, 베짤때는 시야네[23] 하지요.

아 겨우레 함니까?

= 예, 겨우레 이일 다헤:노코 농사일 다헤:노코.

시야네요?

= 예.

근데 그거 하다가 또 밥떼 되머는 또 밥 쭌비하고.

= 예, 그라:니까 여러이 그런떼는 모여서 인자 성님드라고 살:먼 베짜는 사라믄 하:나고[24] 짜고 또 바바는 사라믄 바바고 그레요. 지금마~이로[25] 이케 두늘그이~ 살:자네 그런떼는 여러:이 안 사라쓰닌자?

그러겐네요이~. 그리고 인제 누구가 베를 짤:꺼싱가 그먼 아무레도 쫌 베 솜씨가 다르자나요?

= 우더리 솜씨가 조:아써요.

▪ 예.

이거 발, 이렇게는 이 발.

▪ 끈 끌었다 이렇게 뭐 했다 하는 것이 '발치기'고 여러가지요, 이것이 아주. 북이 있고 바디집, 잉아, 여러 가지가 있어요.

그러면 그렇게 이제 저 무명베 베 짤 때는 그것은 베를 짤 때는 그 한꺼번에 모여서 할 수는 없잖아요, 베틀 하나.

▪ 그렇지요 이제 자기 집에서 혼자 이것은 베는 짜지요.

혼자 하지요.

▪ 여자들은 베 짜기가 제일 힘듭니다. 아주.

주로 언제, 그러면 밤에 짭니까?

▪ 아니요, 낮에.

낮에 짜지요?

▪ 바쁜 사람들은 밤에도 짜요, 불 켜 놓고.

그럼 농사 일은 언제, 아 그 때는 안 하겠네요, 베 짤 때?

▪ 아니, 베 짤 때는 겨울에 하지요.

아, 겨울에 합니까?

▪ 예, 겨울에 이 일 다 해 놓고, 농사일 다 해 놓고.

응, 겨울에요?

▪ 예.

그런데 그것 하다가 또 밥 때 되면 또 밥 준비하고.

▪ 예, 그러니까 여럿이 그런 때는 모여서 이제 형님들하고 살면 베짜는 사람은 계속 짜고 또 밥 하는 사람은 밥 하고 그래요. 지금처럼 이렇게 두 늙은이 살지 않고 그런 때는 여럿이 살았잖습니까?

그러겠네요. 그리고 이제 누가 베를 짤 것인가 그러면 아무래도 좀 베 솜씨가 다르잖아요?

▪ 우리들이 솜씨가 좋았어요.

그니까 잘 짜:는 사람 한 **** 그러고.

﹦ 그랑께 우리 어머니미 어찌 신난[26] 당시~이라나서 네가 고야리서 인자 요:리 인자 게가지고 완는데 괴:기라야[27] 니:가 베짜라 인자 그레요. 베짜기가 그러:케 심드러요. 우더른 모미 이케 야가니까 베는 이케 잘 짜는데. 인자 점:두룩 베짜고 나오면 기양 히칠히칠[28] 자빠저, 잔:뜩 심등께. 그란:데 베를 하루 항:가레썩[29] 끄너요 그러케 잘 짜써.

하루 하루 얼마씩요?

﹦ 함피를 짜요.

어,야 데다나네.

﹦ 그라이~까 인자 그 베도 짜도 인자 드물게[30] 짜고 텍테가이[31] 짜고 조:케짜면 인자 우리 어머니미 어::찌 시난 당시니라 이 이거시 이러트면 베다 그라면 이 이케 이케 보아요, 잘짠능가 모:짠능가 그거슬 그거슬 볼라고. 그라면 인자 우리 성니미 쩌: 딴 부라게서 오센는데 인자 아이고 우리 고야리네가[32] 베를 정 정:말 잘 짠다 그라고 어::쩨 칭차늘하면 우리 성니미 미야납띠다. 우리 성니믄 베를 드물게 짱:께. 그랑께 나보고 항:상 베를 짜라가요. 아이고 어::찌 허리 아프고 막 심들고 그라면 그레도 인자 할 쑤 업씨 이케 시기는데 어찌게 하거쏘? 짜고 그라는디. 인자 우리 성니믄 우리 부아테서[33] 온 우리 간:[34] 베가 드물게 짱께 모 씨거따 그람시로. 아:이 나보고만 늘 짜라고면 인자, 나는 아:이고 저녀게 잠스러 힘드러서 죽거따고 막 하요.

베 짤: 때 그러케 힘들먼 노레도 부르고 그러 그러잔씀니까?

﹦ 노레 부를 쎄:가 업:써요. 아::, 짜면 기양 그란데 인자 세 세각씰[35] 때 인자 무늘 여러노코 그런 떼미 보미라나서 신나느로 짱께는 기양 거 부기 쩌: 거 마당에께양 뛰여가드람마리요. 아::따 기양 나뿌다기 삗:게집띠다. 이부기 기양 쩌: 마당께까양[36] 뛰여가써라. 이거슬 오메 오메 어쩨사 쓰꼬[37] 그러고는 신나게 짜:다보니까. 참, 엔:나리요.

엔:나리지요.

그러니까 잘 짜는 사람 한 **** 그러고.

＝ 그러니까 우리 어머님이 어찌 솜씨가 좋은 당신이기 때문에 내가 고야리에서 이제 이리 이제 그래 가지고 왔는데 괴길아야 네가 베 짜라 이제 그래요. 베 짜기가 그렇게 힘들어요. 우리들은 몸이 이렇게 약하니까 베는 이렇게 잘 짜는데. 이제 저물도록 베 짜고 나오면 그냥 어칠비칠 넘어져, 아주 힘드니까. 그런데 베를 하루 한 가래씩 끊어요. 그렇게 잘 짰어.

하루 하루 얼마씩요?

＝ 한 필을 짜요.

어, 야 대단하네.

＝ 그러니까 이제 그 베도 짜도 이제 성기게 짜고 특특하게 짜고 좋게 짜면 이제 우리 어머님이 어찌 솜씨가 좋은 당신이라 이것이 이를테면 베다 그러면 이렇게 이렇게 봐요, 잘 짰는지 못 짰는지 그것을 그것을 보려고. 그러면 이제 우리 형님이 저 다른 부락에서 오셨는데 이제 아이고 우리 고야리네가 베를 정말 잘 짠다 그렇게 어찌나 칭찬을 하면 우리 형님이 미안합디다. 우리 형님은 베를 성기게 짜니까. 그러니까 나보고 항상 베를 짜라고 하오. 아이고 어찌 허리 아프고 막 힘들고 그러면 그래도 이제 할 수 없이 이렇게 시키는데 어떻게 하겠소? 짜고 그러는데. 이제 우리 형님은 우리 부앝에서 온 우리 걔는 베가 성기게 짜니까 못 쓰겠다 그러면서. 아, 나보고만 늘 짜라고 하면 이제, 나는 아이고 저녁에 자면서 힘들어서 죽겠다고 막 하오.

베 짤 때 그렇게 힘들면 노래도 부르고 그러잖습니까?

＝ 노래 부를 틈이 없어요. 아, 짜면 그냥 그런데 이제 새색시일 때 이제 문을 열어 놓고 그럴 때는 봄이, 봄이기 때문에 신나게 짜니까 그냥 거북이 거 마당에까지 그냥 뛰어가더란 말이오. 아따 그냥 낮바닥이 빨개집디다. 이 북이 그냥 저 마당에까지 튀어갔어요. 이것을 아이고 아이고 어떻게 해야 될까 그러고는. 신나게 짜다 보니까. 참 옛날이오.

옛날이지요.

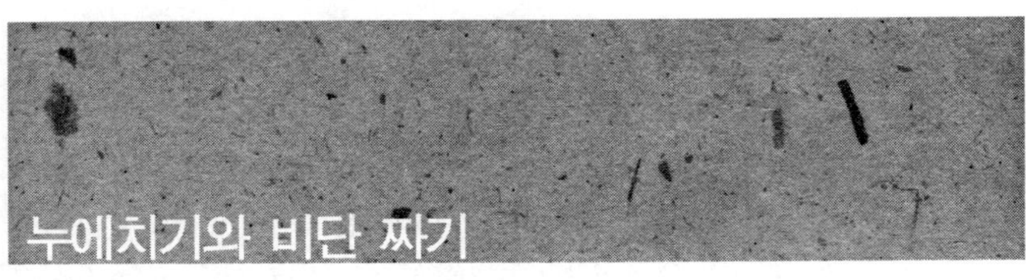

여기서 누에 가틍 거또 치셔써요?

= 뉘에요? 뉘에는 앙키워써요, 우더른. 이런 데 뉘에 키는 사람 더러 이써요, 이끼는. 그란디 우리는 앙키워써.

그러니까 구체저그로 어떠케 그러케해서 명주 베를 짜:는지를 잘 모:르시겐네요?

= 예:: 몰:라요. 이런 데는 명주베 안 짜요. 뉘에만 키워쩨. 멩주베는 안 업:써요. 이 하능 거시 미영베베끼 이런 데는 아네써.

예, 그레요이~.

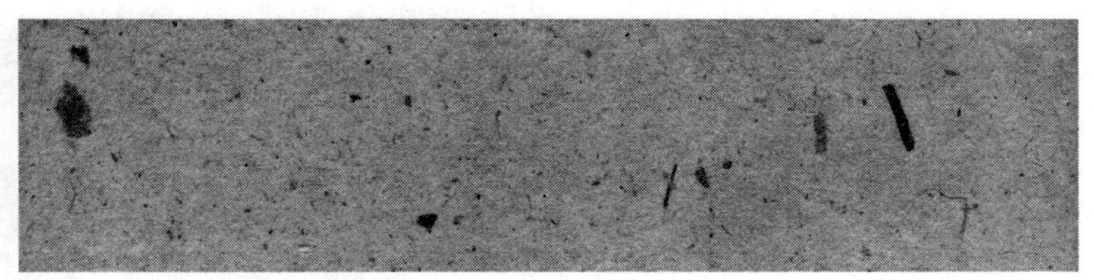

여기서 누에 같은 것도 치셨어요?

＝ 누에요? 누에는 안 키웠어요, 우리들은. 이런 데 누에 키우는 사람 더러 있어요, 있기는. 그런데 우리는 안 키웠어.

그러니까 구체적으로 어떻게, 그렇게 해서 명주베를 짜는지를 잘 모르시겠네요?

＝ 예, 몰라요. 이런 데는 명주베 안 짜요. 누에만 키웠지. 명주베는 없어요. 이 하는 것이 무명베밖에 이런 데는 안 했어.

예, 그래요.

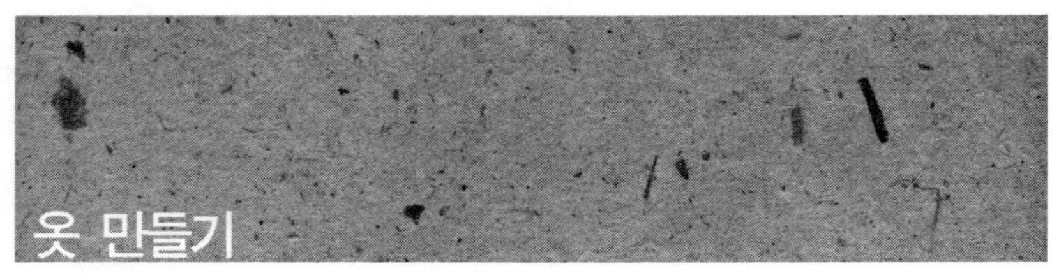

　그러며는 그러며는 엔:나레는 지금 지금 겨론하셔가지고 그건 그 시저레 인제 옫 데:게 지베서 짇 지:짜나요이~. 어디 가서 사입꺼나 그런 치는 아나찌요?

= 밤:나[38] 이 미영베 옫만 이버찌요. 그런 떼는 미영베 옫.

　겨우레 겨우른 어떼요, 겨우른?

= 겨우레도 미영베 옫 입꼬 인자 소케[39] 노아서 그 인자 저 소:미로 소케 노아가꼬 모도 바지 돔방에[40] 해서 헤:입꼬 그레찌요.

　여르메느뇨?

= 여르멘도 헤껍떼기로[41] 그 저 미영베로 헤:입꼬.

　미영베로만?

= 예,

　지그미이~까 오시 조:코 그라지 그런 떼는 멘:: 미영베 오시요.

= 게론 헤:가꼬 옴시로도 팜:나[42] 미영베만 모도 한:농 헤:가꼬 그레찌요.

　그레요? 그러면 그 떼 임는 오뜨른 어떤 오뜨리 이써씀니까?

= 그떼요?

　예, 요새 에:를 드러서 남자 오시다 그러면 어떤 오뜨리.

= 남자 오슨 바지 돔방아.

　바지 돔방아?

= 바지 돔방아 이우게.

　위 우게 오시예요?

= 돔방에 인자 우게 임는 거뽀고 돔방에라가요.

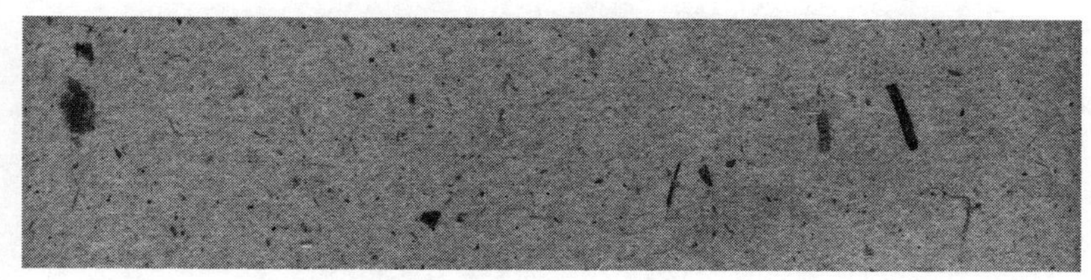

  그러면은 옛날에는 지금 지금 결혼하셔 가지고 그건 그 시절에 옷 대개 집에서 짓잖아요? 어디 가서 사 입거나 그렇지는 않았지요?

= 밤낮 이 무명베 옷만 입었지요. 그럴 때는 무명베 옷.

겨울에, 겨울은 어때요, 겨울은?

= 겨울에도 무명옷 입고 이제 솜 놓아서 그 이제 저 솜으로 솜 놓아 가지고 모두 바지 남자저고리 해서 입고 그랬지요.

여름에는요?

= 여름에도 홑껍질로 그 저 무명베로 해 입고.

무명베로만?

= 예.

지금이니까 옷이 좋고 그렇지 그런 때는 맨 무명베 옷이오.

= 결혼해 가지고 오면서도 밤낮 무명베만 모두 한 농 해 가지고 그랬지요.

그래요? 그러면 그 때 입는 옷들은 어떤 옷들이 있었습니까?

= 그때요?

예, 요새 예를 들어서 남자옷이다 그러면 어떤 옷들이?

= 남자옷은 바지 '돔방아'(저고리).

바지 '돔방아'?

= 바지 '돔방아' 이 위에.

위, 윗옷이에요?

= '돔방에' 이제 위에 입는 걸 보고 '돔방에'라 하오.

그레요 나 처음 드러보는

 = 아레는 바지, 고케 후루마기도[43] 베로 그런 뗀 헤:찌요.

후루마기요이~?

 = 그런데 베를 아::주 가늘게 조:케 하면 그러:케 조아요. 보기가 조아요, 아주.

여자들 옫 임는 오슨 어떵 거뜨리 이씀니까?

 = 여자들 온 임는 거슨 다 엔:날 오슨 고장이 고장이 아레 고장이도 이꼬 속:꼳 적쌈 초마[44] 그케 이찌요.

초마. 그 다메 우:에 임능 거슨?

 = 위에 임는 노믄 적쌈.

아 적싸미라고 그럼니까? 적싸믄 그거시 여르메.

 = 예, 여르메 임는 거시오.

겨우레는 적싸미라고 아남니까? 겨 겨우레는 머:라 그럼니까?

 = 겨우레는 저고리 인자 또 우게 또 헤: 입찌요.

그러지요이~.

 = 베로.

적싸믄 여름 여르메

 = 여르메 임능거시 적싸미고요.

적싸마고 저고리는 그러먼 어터케 다름니까?

 = 에?

적싸마고 저고리는 어떠케 다라요 달라요?

 = 인자 적싸믄 헤껍떡[45].

적싸믄 에 헤껍떡.

 = 이 저고리는 두:껍떡[46] 헤:가꼬 소:믈 거그다 놔:요.

아::그러씀니까? 그러케 잘 다르구뇨이~. 그 다:메 글쎄 요렁 거뜨리 아이들 아이드리 설랄 가튼 떼 임 임는 오또 이찌요?

그래요? 나 처음 들어 보는

＝ 아래는 바지, 그렇게. 두루마기도 베로 그럴 때는 했지요.

두루마기요?

＝ 그런데 베를 아주 가늘게 좋게 하면 그렇게 좋아요. 보기가 좋아요, 아주.

여자들 옷 입는 옷은 어떤 것들이 있습니까?

＝ 여자들 옷 입는 것은 다 옛날 옷은 고쟁이, 고쟁이 아래 고쟁이도 있고 속곳, 적삼, 치마 그렇게 있지요.

치마. 그 다음에 위에 입는 것은?

＝ 위에 입는 것은 적삼.

아, 적삼이라고 그럽니까? 적삼은 그것이 여름에.

＝ 예, 여름에 입는 것이오.

겨울에는 적삼이라고 안 합니까? 겨울에는 뭐라고 그럽니까?

＝ 겨울에는 저고리 이제 또 위에 또 해 입지요.

그렇지요.

＝ 베로.

적삼은 여름, 여름에.

＝ 여름에 입는 것이 적삼이고요.

적삼하고 저고리는 그러면 어떻게 다릅니까?

＝ 예?

적삼하고 저고리는 어떻게 달라요, 달라요?

＝ 이제 적삼은 홑껍질.

적삼은 홑껍질.

＝ 이 저고리는 겹껍질 해 가지고 솜을 거기에 놓아요.

아, 그렇습니까? 그렇게 잘 다르군요. 그 다음에 글쎄 이런 것들이 아이들, 아이들이 설날 같은 때 입, 입는 옷도 있지요?

= 예.

여러가지 세깔로뎅거 그렁거 머:라고 그때 불러써요 그렁거?

= 그렁거슨 아이드리 임능거슨 그런떼는 모도 거멍물드려서요 이 거멍물드려서 모도 아레는 거멍바지 이피고 우게는 또 먼: 미영베다먼[47] 고운물 드려가꼬 이페요, 돔방에.

아 돔방에를요? 그다:메 오슨 그럼 만들면 무슨 뽀니 이씀니까 아니면 그냥?

= 기양 소이~로 하지요.

소니로요? 데:충 어떠케 아 그냥?

= 소이~로 기양 우리 시어머니미 어:찌게 시난지 그렁거 잘 비여요. 잘 비여서 이케 주먼 우더른 만들기만 헤요.

인자 그 가위질 하는 고걸 자레야 될텐데요?

= 가위지를 그러케 자레써요.

응 시어머니미, 예.

= 우더른 시지볼 떼 암::무 그렁거또 몰:란는데 시집 와서 이렁거 점:부 우리 어머니만테 베:써.

그다:메 인제 그러면 인제 바느지른 마:니 하셔껜네요?

= 고라지요. 바느지를 밤::세 하고 이 설:들면[48] 날세도롱 막 바느지를 헤:써요.

아 오 그때 세온

= 오슬 그러케 만들라고. 이 보신도 점::부 소이~로 주어서 시능께 점:부 보신도 줍:꼬[49] 소이~로.

그 바느지를 할 때는 여러가지가 피료하자나요? 바늘도 피료하고 실:도 피료하고.

= 예, 실:도 피료하고 아주 피료항 거시 마:나요.

머:가 머:가 또 또 이씀니까?

= 에?

" 예.

여러가지 색깔로 된 것 그런 것 뭐라고 그 때 불렀어요, 그런 걸?

" 그런 것은 아이들이 입는 것은 그런 때는 모두 검은 물 들여서요, 이 검은 물 들여서 모두 아래는 검은 바지 입히고 위에는 또 무슨 무명베라면 고운 물 들여 가지고 입혀요, 저고리.

아, 저고리를요? 그 다음에 옷은 그럼 만들면 무슨 본이 있습니까? 아니면 그냥?

" 그냥 손으로 하지요.

손으로요? 대충 어떻게 그냥?

" 손으로 그냥 우리 시어머님이 어떻게 솜씨가 좋으신지 그런 것 잘 베어요. 잘 베어서 이렇게 주면 우리들은 만들기만 해요.

이제 그 가위질 하는 그것을 잘 해야 될텐데요?

" 가위질을 그렇게 잘했어요.

응, 시어머님이, 예.

" 우리들은 시집올 때 아무 그런 것도 몰랐는데 시집와서 이런 거 전부 우리 어머님한테 배웠어.

그 다음에 이제 그러면 이제 바느질은 많이 하셨겠네요?

" 그렇지요. 바느질을 밤새도록 하고 설 되면 날이 새도록 막 바느질을 했어요.

아, 오 그 때 새 옷.

" 옷을 그렇게 만들려고. 이 버선도 전부 손으로 기워서 신으니까 전부 버선도 깁고 손으로.

그 바느질을 할 때는 여러가지가 필요하잖아요? 바늘도 필요하고, 실도 필요하고.

" 예~, 실도 필요하고 아주 필요한 것이 많아요.

뭐가, 뭐가 또 있습니까?

" 예?

바느지랄 때 피료항거 소네다가 끼:능거또 이꼬.

＝ 골:무도 이꼬 골:무 이써야지요.

거 짤르능 거또 이꼬. 머에요? 베 오, 오깜 짤라야 되 짜르기도 하자나요?

＝ 예, 가위로 짜르지요.

가위로 짜르고. 그 다:메 제봉트른 언:제 기게로 하능거슨 언:제나 나온

＝ 제봉::트른 이 그레도 미영베 하자 떠러지자마자 제봉트른 나와써요. 그레도 미영베도 제봉틀도 헤:쓸꺼시오.

아 그레써요? 그러먼 그 바늘 가틍거 실: 가틍거 바 저 골무가틍거슨 한군데 다 딱 그르세다 너어둠니까?

＝ 바늘쌍지라고[50] 쩌:가 저그저 바늘쌍지 그:제까장 이쏘 우리는.

여그 바늘쌍지요?

＝ 예, 바늘쌍지요, 저거시.

거기다 점:부 모아가꼬 헤야지. 아::, 그걸 바늘쌍지라고 그럼니까? 아::따 오레뎅거 인네.

＝ 오레 뎅 거시야요.

바느질 하는 방버비 여러가지가 이써요. 그러니까 이러케 머 띠염띠염 이러케 꼬메는거또[51] 이꼬.

＝ 예, 드물게 하는 놈도 이꼬. 바구 바끼 바구먼 방는다 하능 거슨 아주 베:게 하능 거시오. 그라고 드문드문 하능 거슨 막 두문두문 줍:꼬.

그거슨 머라고? 그건 머:라 함니까 방는다 아나고 머:라 함니까?

＝ 드물드물앙게[52] 한다고 그라지,

한다고 그러지요. 그리고 또 바느지라는 방버비 또 방능거 말고 또 어떵 거 뜨리 이씀니까? 이러케 돌리능거

＝ 돌리능거슨 업:찌요.

끋끋 마무리를 이러케

＝ 마무리를 요케 인자 홀:메처서[53] 인자 띠:지요.

바느질할 때 필요한 것 손에다가 끼우는 것도 있고.

＝ 골무도 있고, 골무 있어야지요.

거 자르는 것도 있고. 뭐예요? 베 옷감 잘라야 돼, 자르기도 하잖아요?

＝ 예, 가위로 자르지요.

가위로 자르고. 그 다음에 재봉틀은 언제 기계로 하는 것은 언제나 나온

＝ 재봉틀은 이 그래도 무명베 하자 떨어지자마자 재봉틀은 나왔어요. 그래도 무명베도 재봉틀도 했을 것이오.

아, 그랬어요? 그러면 그 바늘 같은 것, 실 같은 것, 저 골무 같은 것은 한 군데에다가 딱 그릇에다 넣어 둡니까?

＝ 반짇그릇이라고 저기에 저기 저 반짇그릇 지금까지 있소 우리는.

여기 반짇그릇이요?

＝ 예, 반짇그릇이오 저것이.

거기에 전부 모아 가지고 해야지. 아, 그걸 반짇그릇이라고 그럽니까? 아따 오래된 것 있네.

＝ 오래된 것이에요.

바느질하는 방법이 여러가지가 있어요. 그러니까 이렇게 뭐 띄엄띄엄 이렇게 꿰매는 것도 있고.

＝ 예, 성기게 하는 것도 있고. 박으면 박는다 하는 것은 아주 배게 하는 것이오. 그리고 성기게 하는 것은 드문드문 깁고.

그것은 뭐라고. 그건 뭐라고 합니까? 박는다 안 하고 뭐라고 합니까?

＝ 드문드문하게 한다고 그러지.

한다고 그러지요. 그리고 또 바느질하는 방법이 또 박는 거 말고 또 어떤 것들이 있습니까? 이렇게 돌리는 거.

＝ 돌리는 것은 없지요.

끝끝 마무리를 이렇게.

＝ 마무리를 이렇게 이제 홀쳐매서 이제 떼지요.

홀메치는 거스로 예. 그 다으메 소:게다 먼 느:코 이러케 여러번 와따가따 하능 거또 이짜나요? 그거슨 머라고 어떠케 말?

＝ 소:게다 여코 이 자쪼그로 이러케 요케 머:다지요.

그레요이~? 그 다:메 인제 빨레:하는 방법 빨레 지금하고 다르지 안씀니까? 그때는 어:디 가서 빨레하셔써요?

＝ 빨레 네:까에가 하지요. 이런 우리 소포는[54] 네:까가 업씅께 저 세:메 가서 하지요.

세:메가서요?

＝ 우리 동:네는 무리 지그미 이케 무리 흐나제 우들 게로네서마네도 어::찌[55] 무리 귀에쏘.

＝ 그렌는데 떼:라서[56] 이케 빨레를 하니 아주 기양 징::하게 힘드러쏘.

예, (5초) 그러면 거기가 머 무슨 저기가 이씀니까? 돌 가틍 그 저 방멩이질 할 쑤 인는, 다 만드러놔

＝ 예, 돌 돌 이찌요. 그런 떼는 방메~이로 막 뚜드러서 빨레를 안 하요?

그러지요이~.

＝ 인자 이 베오싱께 막 뚜드러도 그러케 안 떠러지고.

고 비누는 그떼는 어떠케 떼를 빠:지게 헐라면 머:스로 헤씀니까?

＝ 비누도 그런 떼는 업:찌요. 그랑께 인자 젬:무리라고 인자 젬:물 막 이지비서 망 네레서 미낀미끼나게[57] 제로 이케 소테서 네려서 막 헤:찌요. 젬:무리라고 그라면 미낀미끼나이~ 그 노미 떼가 잘 저요.

그레요.

＝ 예.

젬:무른 어:떠케 만든담니까?

＝ 인자 시리에다가 그 제를 당:꼬 소테다 이케 부를 여:요. 그라면 그 미트로 무리네리믄 그 무리 이케 미낀미끼네.

그 제는 그러면 불 타고 멀: 테워가지고 나믄 제에요?

홀쳐매는 것으로 예. 그 다음에 속에 뭘 넣고 이렇게 여러 번 왔다갔다 하는 것도 있잖아요? 그것은 뭐라고 어떻게 말

＝ 속에 넣고 이 자로 이렇게 이렇게 뭐 하지요.

그래요? 그 다음에 이제 빨래하는 방법, 빨래 지금하고 다르지 않습니까? 그 때는 어디 가서 빨래하셨어요?

＝ 빨래, 냇가에서 하지요. 이런 우리 소포는 냇가가 없으니까 저 샘에 가서 하지요.

샘에 가서요?

＝ 우리 동네는 물이 지금이 이렇게 물이 흔하지 우리들 결혼할 때만 해도 어찌나 물이 귀했소. 그랬는데 물이 고이는 족족 훑어서 이렇게 빨래를 하면 아주 그냥 징그럽게 힘들었소.

예, 그러면 거기에 뭐 무슨 저기가 있습니까? 돌 같은 그 저 방망이질 할 수 있는, 다 만들어놔.

＝ 예, 돌 돌 있지요. 그런 때는 방망이를 막 두드려서 빨래를 하잖아요?

그렇지요.

＝ 이제 이 베옷이니까 막 두드려도 그렇게 안 떨어지고.

그 비누는 그 때는 어떻게 때를 빠지게 하려면 무엇으로 했습니까?

＝ 비누도 그런 때는 없지요. 그러니까 이제 잿물이라고 이제 잿물 막 이 짚에서 막 내려서 미끌미끌하게 재로 이렇게 솥에서 내려서 막 했지요. 잿물이라고 그러면 미끌미끌하게 그것이 때가 잘 져요.

그래요.

＝ 예.

잿물은 어떻게 만든답니까?

＝ 이제 시루에다가 그 재를 담고 솥에다 이렇게 불을 넣어요. 그러면 그 밑으로 물이 내리면 그 물이 이렇게 미끌미끌해.

그 재는 그러면 불 타고 뭘 태워 가지고 남은 재예요?

" 에.

집 집 까통거 테웅거?

" 그거 테웅거슬 이케 바터요.

그거시 엔:나레 비누가 비누네요이~. 빨:레 말리면 근데 어:떠케 손지람니까?

" 빨레만 몰리믄 인자 푸를하믄 이케 손질 잘::헤가지고 볼바가꼬 또 이 어디서 뚜들지요, 막. 그 머시냐 그거시 방마~이로 빨레또게서 막 뚜들지요. 메끼라게⁵⁸⁾.

그다:메 그 지금 가트면 세탁쏘에서 다룬다고 데룬다고나 그러는데 엔:나레는 지베서

" 그런 떼는 인자 그케 뚜드러가꼬 잘: 만드러가꼬 온 만드러가꼬 이 손 데루가⁵⁹⁾ 이찌요. 손:데루로 이케 거그다 부를 다머가꼬 요케 데리요, 오슬.

그거는 혼자 하기가 힘들지 안씀니까?

" 두:리 하지요. 한자는⁶⁰⁾ 모:데요. 자버주는 사라미꼬 데리는 사라미꼬. 예, 그레 그레야 되자나요이~? 손데루로.

" 그랑께 그렁거또 인자 잘:하는 사라미꼬 모:다는 사라미꼬. 인자 오슬 입꼬 나가믄 저 지븐 메느리가 시난 사람네 오시다 이케 모도 헤:요. 그라고 또 몬:닙꼬 나가는 사라믄 또 모:단다고 숭보고 모도 그레요.

그러니까 그 집 그 그 지바네 여자드리 솜씨가 인냐.

" 예:: 솜씨가 인는 지바니다 그라고 모도 입꼬 나가면 이 후루마기도 입꼬 나가면 아: 이러케 시나게 조:케 헤입꼬 나와따고 그라고 그레요. 우덜또 늘거씅께 그라제 절머서는 시네쏘마는.

시 시네딴 마른 무슨 마림니까?

" 자레딴 소리지요.

손 인제 데 손떼루로 데루기도 하지마는 요 동전가틍 거슨 데루질 아나 데루질 아나자나요?

= 예.

짚, 짚 같은 것 태운 것?

= 그거 태운 것을 이렇게 받아요.

그것이 옛날 비누네요. 빨래 말리면 그런데 어떻게 손질합니까?

= 빨래만 말리면 이제 풀을 하면 이렇게 손질 잘 해가지고 밟아 가지고
또 이 어디서 두들기지요, 막. 그 뭐냐 그것이 방망이로 빨랫돌에서 막
두들기지요. 매끈하게.

그 다음에 그 지금 같으면 세탁소에서 다린다고 다린다거나 그러는데 옛날
에는 집에서.

= 그런 때는 이제 그렇게 두들겨 가지고 잘 만들어 가지고 옷 만들어
가지고 이 손다리미가 있지요. 손다리미로 이렇게 거기에 불을 담아서 이
렇게 다려요, 옷을.

그것은 혼자 하기가 힘들지 않습니까?

= 둘이 하지요. 혼자는 못해요. 잡아 주는 사람이 있고, 다리는 사람이 있고.

예, 그래 그래야 되잖아요? 손다리미로.

= 그러니까 그런 것도 이제 잘하는 사람이 있고, 못하는 사람이 있고. 이제
옷을 입고 나가면 저 집은 며느리가 솜씨가 좋은 사람네 옷이다 이렇게
모두 해요. 그리고 또 못 입고 나가는 사람은 또 못한다고 흉보고 모두 그래요.

그러니까 그 집 그 집안의 여자들이 솜씨가 있느냐.

= 예, 솜씨가 있는 집안이다 그러고 모두 입고 나가면 이 두루마기도
입고 나가면 아 이렇게 솜씨가 좋게 좋게 해입고 나왔다고 그래요. 우리
들도 늙었으니까 그렇지 젊어서는 '신했소'(솜씨가 좋았소)마는.

'신했다'는 말은 무슨 말입니까?

= 잘했다는 소리지요.

손 이제 손다리미로 다리기도 하지만 이 동정 같은 것은 다리미질 안 하 다
리미질 안 하잖아요?

= 동전도[61] 데루지요.

그건 따로 따로 머 멀:로 하지요, 동정?

= 동정 그런떼 달 떼는 인:두라고 또 이써요. 또 따로 쫍짱언[62] 인:두가 이씅께, 그 인두를 이케 미러서 데레.

그러지요이~. 응 그거저거 인두로 헤:써요이~. 그 다:으메 인제 미영베는 점부 하얀데 섹 무를 드리기도 하지요?

= 예, 거멍물 디레요.

거멍무리요? 거멍물 어:디서 어씀니까?

= 거멍물 장시가 인자 오지요 인자.

아 물장 물깜 장수가 온다?

= 에 와요, 그라먼 인자 이 아부진네드른 점:부 인자 거멍 바지를 물디리서 저 노인드른 흐:가게[63] 이 하시고. 이 절믄 분들 모도 꺼:만 바지를 물디레서 헤:요. 그라고 또 갈:무리라고[64] 이써요, 노:라이~. 갈:물디리서 또 헤:입꼬.

갈:무리요? 그거 뭐요?

= 갈:무리라고 이써요. 그 무리 따로 이써요. 갈:물.

그거또 파라요, 그 물까를?

= 아:니요, 갈:무른 저 사네서 케:먼 그거시 이써요.

아, 사네서 머머 푸링가보구마뇨, 풀 푸레서 만드러요?

= 아이~ 풀 아이~고. 이 저 칭:마이~로 케:믄 그 뿌루가[65] 인는데 그거슬 데리먼 그케 노:라이~ 우러나요.

갈:물 갈:무리요. 고론 시그로 혹씨 고런 푸리나 머: 가지고 물깜 드리능거 또 다릉거 이씀니까?

= 다릉거슨

빨간섹 무를 드린다거나 무슨.

= 아이 인자 베:에는 그렁거슨 업:써요. 베:에는 빨간물 그렁거 안디레요.

그레요? 꺼멍물 아니먼 그 갈:물정도?

＝ 동정도 다리지요.

그건 따로 따로 뭐 뭘로 하지요, 동정?

＝ 동정 그런 데 달 때는 인두라고 또 있어요. 또 따로 좁다란 인두가 있으니까. 그 인두를 이렇게 밀어서 다려.

그렇지요. 응, 그거 저거 인두로 했어요. 그 다음에 이제 무명베는 전부 하얀데 물을 들이기도 하지요?

＝ 예, 검정물 들여요.

검정물이요? 검정물 어디서 얻습니까?

＝ 검정물 장수가 이제 오지요 이제.

아, 물감, 물감 장수가 온다?

＝ 예, 와요. 그러면 이제 이 아버지들은 전부 검정 바지를 물들여서 저 노인들은 하얗게 하시고. 이 젊은 분들 모두 검은 바지를 물들여서 해요. 그리고 또 갈물이라고 있어요, 노랗게. 갈물 들여서 또 해입고.

갈물이요? 그게 뭐예요?

＝ 갈물이라고 있어요. 그 물이 따로 있어요. 갈물.

그것도 팔아요, 그 물감을?

＝ 아니요, 갈물은 저 산에서 캐면 그것이 있어요.

아, 산에서 뭐 풀인가 보구먼요, 풀에서 만들어요?

＝ 아니, 풀 아니고. 이 저 칡처럼 캐면 그 뿌리가 있는데 그것을 다리면 노랗게 우러나요.

갈물, 갈물이요. 그런 식으로 혹시 그런 풀이나 뭐 가지고 물감 들이는 것 또 다른 것 있습니까?

＝ 다른 것은

빨간색 물을 들인다거나 무슨.

＝ 아니, 이제 베에는 그런 것은 없어요. 베에는 빨간물 그런 것 안 들여요.

그래요? 검정물 아니면 그 갈물 정도?

= 예,

꺼멍무른 떼가 안타니까 조케꾸마뇨. 힌세기야 머 쪼꾸마네도 떼타니까. 그러면 그 미영베는 하야먼 조차나요 하야먼?

= 하야먼 조:치요.

그 어떠케 하:야케 만듬니까, 무슨 표벡쩨가 인나요, 머가?

= 하:얀 인자 베짜먼 놀짝찌근하지요⁽⁶⁶⁾. 그란디 인자 그런떼는 점::부 베를 소테서 살마가지고 점::부 쩌: 이러트먼 메:뚱⁽⁶⁷⁾ 모도 그런데다 막 질::게 이케 열:먼 하:야이~ 바라저요. 베찌먼 이 보메 보메 인자 이케 하:야이~ 요케 열:먼 하:야이~ 바라저요⁽⁶⁸⁾. 그라:제.

헤벼츨 쬐 따로 물까믈 하거나 그러지는 앙쿠요?

= 그라제. 기양 헤부믄 노:레라 이 베가. 기양 그랑께는 베발 인자 베짜:가꼬 바리능거시 이:리고 푸다베서⁽⁶⁹⁾ 그 놈 다 뚜드능거시 이:리고 아::주 엔:날 산:닐 셍가가먼 누니 깜마깜막하요⁽⁷⁰⁾.

니까 지금 가트먼 다 가:게에서 사서 할꺼슬 지베서 다 하니까 힘들지요?

= 예.

요세는 밥또 지베서 안 헤멍는 그런 세상인데.

= 그라지라.

다림지른 세:탁쏘 오슨

= 예,

응 이러케 다

= 그라지.

그거슬 한 지베서 다: 헤:쓰니.

= 지금 타 테어난 사람드른 다 펴난 세상을 사는데 우드른 인자 다: 늘 거가꼬 인자

˝ 예.

검정물은 때가 안 타니까 좋겠구먼요. 흰색이야 뭐 조금만 해도 때 타니까. 그러면 그 무명베는 희면 좋잖아요, 희면?

˝ 희면 좋지요.

그 어떻게 하얗게 만듭니까, 무슨 표백제가 있나요, 뭐가?

˝ 하얀, 이제 베 짜면 누르스름하지요. 그런데 이제 그런 때는 전부 베를 솥에서 삶아 가지고 전부 저 묏등 모두 그런 데다가 막 길게 이렇게 널면 하얗게 바래져요. 베 찌면 이 봄에, 봄에 이제 이렇게 하얗게, 이렇게 널면 하얗게 바래져요. 그러지.

햇볕을 쬐 따로 물감을 하거나 그러지는 않고요?

˝ 그러지. 그냥 해 버리면 노래요, 이 베가. 그냥 그러니까 베 발 이제 베 짜 가지고 바래는 것이 일이고, 푸새해서 그것 다 두들기는 것이 일이고, 아주 옛날 살았던 일 생각하면 눈앞이 아득해요.

그러니까 지금 같으면 다 가게에서 사서 할 것을 집에서 다 하니까 힘들지요?

˝ 예.

요새는 밥도 집에서 안 해먹는 그런 세상인데.

˝ 그렇지요.

다림질은 세탁소 옷은

˝ 예.

응 이렇게 다.

˝ 그렇지.

그것을 한 집에서 했으니.

˝ 지금 태어난 사람들은 다 편한 세상을 사는데 우리들은 이제 다 늙어가지고 이제.

■ 주석

1) '삼도추'는 밭고랑을 타는 농기구.
2) '여물 들다'는 '곡식의 알맹이가 여물다'의 뜻. 여기서 '여물'은 '곡식의 여문 열매'를 가리킨다.
3) '초메'는 '치마'의 방언형. 중세어 '쵸마' 참조.
4) '씨앗이'는 '씨아'의 방언형.
5) '옇다'는 '넣다'의 방연형. '-음시롱'은 '-으면서'의 방언형. 따라서 '염시롱'은 '넣으면서'의 뜻.
6) '볼그다'는 '바르다'의 방언형으로서, 껍질을 벗겨 속에 들어 있는 알맹이를 집어내는 것을 가리킨다.
7) '꼬부장하니'는 '구부정하게'의 뜻.
8) '파싹'은 '바싹'의 방언형.
9) '쎙기다'는 '켕기다'의 방언형으로서 '단단하고 팽팽하게 되다'의 뜻이다.
10) '몷다'는 '말다'의 방언형.
11) '오구데'는 '오목하게'의 뜻.
12) '막가지'는 '막대기'의 뜻.
13) '잔뜩'은 정도가 심한 모양을 나타낸다. 표준어에서 '잔뜩'은 동사 또는 존재를 나타내는 형용사를 수식하지만 진도 지역어에서는 '잔뜩 오래 되다'처럼 존재와 무관한 형용사를 수식할 수 있는 점이 다르다.
14) '반디'는 '군데'의 방언형.
15) '미영뚜'는 물레에서 자은 실을 감아 놓은 것으로서 '토리'의 방언형.
16) '모트다'는 '모이다'의 뜻. 따라서 '모테지다'는 '모아지다'의 뜻이다.
17) '일우다'는 '일구다'의 방언형.
18) '늘장'은 '늘상'의 방언형인데 여기서는 '계속'의 뜻.
19) '결데'는 '절대'의 방언형으로서 구개음화와 반대 방향의 변화가 일어났다.
20) '크떡크떡'은 '끄덕끄덕'의 방언형.
21) '자무롭다'는 '졸립다'의 방언형. 전남의 북부 지역에서는 '잠오다'가 일반적인데, 진도 지역은 '잠'에 접미사 '-롭-'이 결합한 형이 쓰인다.
22) '되:다'는 '힘들다'의 방언형. 중앙어에서도 '되다'는 '일이 힘에 벅차다'의 뜻

을 가져 '일이 되면 쉬면서 해라'와 같은 경우에 쓰일 수 있다. 그런데 전남
방언은 '되다'의 주어로서 사람이 올 수 있는 점이 다르다. 그래서 '아이고,
되다'와 같이 자신도 모르게 나오는 말은 '아이고, 힘들다'와 같은 뜻을 갖는
것이다. 마찬가지로 '몸이 되다'는 '몸이 힘들거나 피곤하다'의 뜻이다.

23) '시얀'은 '세한'(歲寒)으로서 '겨울'의 뜻.

24) '한하고'는 '限하고'로서 '끝없이, 계속'의 뜻.

25) '마이로'는 '처럼'의 뜻을 갖는 조사.

26) '신하다'는 '솜씨가 좋다'의 뜻. 진도 지역의 독특한 낱말로 보인다.

27) '괴길아'는 고야리에서 시집온 며느리를 부르는 호칭.

28) '히칠히칠'은 '어칠비칠'의 방언으로서 비틀거리는 모양을 가리킨다.

29) '가레'는 베 한 팔에 해당하는 양. 중앙어에서 '가래'는 토막 낸 떡이나 엿 따
위를 세는 단위인데 길게 늘인 것이라는 공통성 때문에 베를 세는 단위로도
쓰인 것으로 추정된다.

30) '드물다'는 공간의 사이가 좁지 아니하고 어느 정도 떨어져 있는 것을 가리
킨다.

31) '텍텍하다'는 '특특하다'의 방언형으로서 피륙 따위의 바탕이 촘촘하고 조금
두꺼운 상태를 가리킨다.

32) '고야리네'는 고야리에서 시집온 여자를 부르는 말. 택호의 한 가지다. 진도
처럼 전남의 서남해 섬지역은 택호로서 접미사 '-네'를 사용하여 '-떡'(宅)을
쓰는 육지와 차이를 보인다.

33) '부알'은 지명.

34) '간:'의 '가:'는 '개'의 방언형.

35) '새각시'는 '새색시'의 방언형.

36) '까양'은 '까지'의 방언형. '까장'의 /ㅈ/이 탈락한 것으로 보인다.

37) '어쩨야 쓰꼬'는 '어째야 될까'의 뜻. 이 방언에서도 부분적으로 의문사가 있
을 때 설명의문의 어미 '-으꼬'가 쓰인다.

38) '밤나'는 '밤낮'의 /ㅈ/이 탈락한 형이다. '밤과 낮을 가리지 않고 늘'과 같은
부사로 쓰일 경우에만 /ㅈ/이 탈락되고, '밤과 낮'이라는 명사로 쓰일 때에는
/ㅈ/의 탈락이 일어나지 않아 '밤낮'(또는 '밤낫')으로 쓰인다.

39) '소케'는 '솜'의 방언형.

40) '돔방에'는 남자의 저고리를 뜻함.

41) '헤껍데기'는 '홑껍질'의 방언형.

42) '팜:나'는 '밤낮'의 방언형. '밤과 낮을 가리지 않고 늘'과 같은 부사적 용법으로만 쓰인다.

43) '후루마기'는 '두루마기'의 방언형.

44) '초마'는 '치마'의 방언형.

45) '헤껍덕'은 '홑 껍질'의 방언형.

46) '두:껍덕'은 껍질이 겹으로 된 것을 가리킨다.

47) 지정사에 서술법 어미 '-다'가 결합한 '-이다'는 내포문에서 '-이라'로 실현되는 것이 표준어법이지만 이 지역어에서는 '-다면'으로 나타난다. 이것은 '-라〉-다'의 변화가 내포문에까지 확대되었기 때문이다.

48) '설 들다'는 '설 되다'의 뜻.

49) '쥽:다'는 '깁다'의 방언형.

50) '바늘상지'의 '상지'는 '상자'의 방언형이다. 따라서 '바늘상지'는 '반짇그릇'을 가리킨다.

51) '꼬메다'는 '꿰매다'의 방언형.

52) '드물드물'은 '드문드문'의 방언형.

53) '홀메치다'에서 '홀메'는 '고'의 방언형이므로 '홀메치다'는 '고를 만들어 매다'의 뜻이다. 즉 표준어의 '홀쳐매다'에 대응한다. '홀메치다'는 '홀메를 치다'로도 쓰일 수 있다.

54) '소포'는 진도군 지산면 소포리를 가리킨다.

55) '어찌'는 여기서 '아주'나 '굉장히'의 뜻으로 쓰였다.

56) '떼:루다'는 물이 부족한 샘에 물이 고이는 족족 훑어 퍼내는 것을 가리키는 말로서 진도 지역의 독특한 낱말이다.

57) '미낀미낀하다'는 '미끈미끈하다'의 방언형.

58) '메낄하다'는 '매끈하다'의 방언형.

59) '데루'는 '다리미'의 방언형.

60) '한자'는 '혼자'의 방언형.

61) '동전'은 '동정'의 방언형.

62) '쫍짱하다'는 '좁다랗다'의 뜻.

63) '흑:하다'는 '하얗다'의 방언형.

64) '갈물'은 떡갈나무 껍질에서 얻는 검붉은 물감을 말한다.

65) '뿌루'는 '뿌리'의 방언형.

66) '놀짝지근하다'는 '노르스름하다'의 뜻. '-짝지근하-'와 같은 접미사류는 중앙

어에서 '달짝지근하다' 등에 나타나는데, 전남 방언은 맛에 관한 형용사뿐 아니라 색채의 형용사에도 쓰인다는 사실이 특이하다. 전남 방언에서 '-짝지근하-'를 포함하는 형용사로는 '꺼림칙하다'의 의미로 쓰이는 '껄쩍지근허다' 등을 더 들 수 있을 것이다.

67) '메똥'은 '묏등'의 방언형. '묏등'은 무덤의 윗부분을 가리킨다.

68) '바라다'는 '바래다'의 방언형으로서 빛깔을 하얗게 만드는 것을 뜻한다.

69) '푸답'은 '푸새'의 방언형. 옷에 풀을 먹이는 일을 가리킨다.

70) '깜막깜막하다'는 '까마득하다'의 뜻으로서 '눈이 깜막깜막하다'는 눈이 아득한 상태를 가리킨다.

식생활

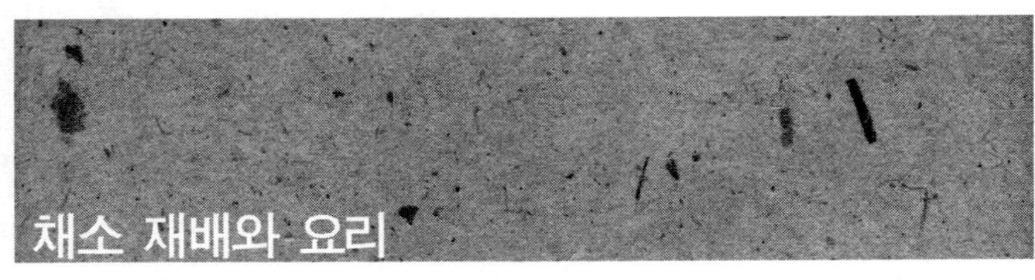

그 다으메 요거또 머 할머니가 하실 쑤 인는 일잉거 간네요. 바테서 체:소드리 만차나요?

= 예.

먼: 체소드리 이씀니까?

= 체:소요? 주로 베:추지요.

베:추이꼬 또

= 시금추도[1] 심:꼬. 그 다으메.

그거슨 그 게절별로 보까요? 보메 게절별로 보먼 더 나껜네요. 보메는 어떤 거 심:씀니까 숭굼니까?

= 보메:는 시금추. 또 마늘::도 인자 마느른 시야네 노치요. 베:추는 삔: 주로 베:추 시금:초 간 그렁거시 이써요.

간 체소들 어떠케 길러서 먹씀니까, **** 시금추가틍 거슨 그러먼 어떠케 저기는 그냥 시고 숭거노머는 그데로 지가 자라 자람니까, 그냥?

= 시금추를 인자 쩌 장에 가서 시금추를 사머는 그 장시가 그랍띠다. 아짐마 시금추 씨를 무레다 살짝 당가따가 건제서 허치먼[2] 기양 나요 그 라고 예, 그란다우[3] 그라고 인자. 당가따가 이케 헙 허버서 이케 하믄 기 양 납:띠다.

시금추는 그냥 보통 저기를 헤:먹찌요?

= 예.

머레 머레 멀: 헤먹씀니까? 좀 시금추 어떠케 헤서 먹찌요?

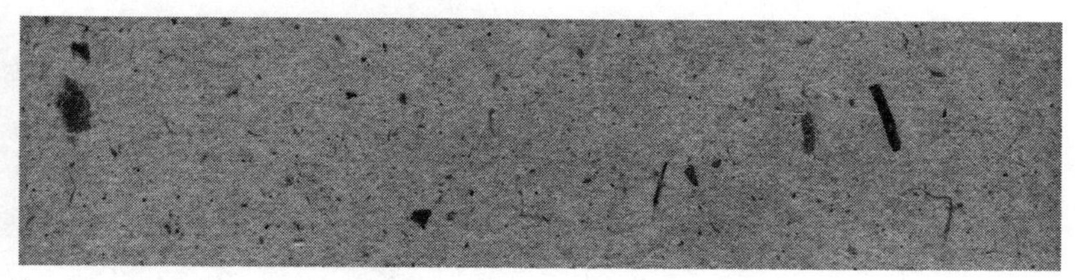

  그 다음에 이것도 뭐 할머니가 하실 수 있는 일인 것 같네요. 밭에서 채소들이 많잖아요?

  = 예.

  무슨 채소들이 있습니까?

  = 채소요? 주로 배추지요.

  배추 있고 또?

  = 시금치도 심고. 그 다음에.

  그것은 그 계절별로 볼까요? 봄에 계절별로 보면 더 낫겠네요. 봄에는 어떤 걸 심습니까?

  = 봄에는 시금치. 또 마늘도 이제 마늘은 겨울에 놓지요. 배추는 주로 배추, 시금치, 갓 그런 것이 있어요.

  갓 채소들 어떻게 길러서 먹습니까, *****? 시금치 같은 것은 그러면 어떻게 저기는 그냥 심어 놓으면은 그대로 제가 자랍니까, 그냥?

  = 시금치를 이제 저 장에 가서 시금치를 사면은 그 장수가 그럽디다. "아주머니 시금치 씨를 물에다 살짝 담궜다가 건져서 흩뜨리면 그냥 나요." 그러고 "예, 그런대요?" 그러고 이제. 담갔다가 이렇게 허벼서 이렇게 하면 그냥 납디다.

  시금치는 그냥 보통 저기를 해먹지요?

  = 예.

  뭘 해먹습니까? 좀 시금치 어떻게 해서 먹지요?

= 시금초 노무를 주로 마이~ 헤:머꼬요.

그러치요. 노물 노물 마니 헤:먹찌요이~.

= 국또 끼리고 시금추는 마신능거십띠다.

예, 그러치요이~ 에. 이 요 진도::나 여그 소포에서만 특뻐라게 다른 지방에서는 엄:는 체:소가 이씀니까?

= 여그요? 다른:: 체:소 업:찌요.

비스타지요?

= 예: 다 양: 파가 이 우리 동네 질: 마이~ 시머요.

파가요?

= 그런데 오레 그러:케 비쌉띠다.

그니까요 고 데파가 쩌그 여기 데파를 마니 심찌요?

= 예, 데파요.

저 광주가서 보니까 쪽파가 비싸더라구요.

= 데파가 그러:케 한 마지기에 벡 삼심마눤까장 헤:따[4]. 그러케 올 처으미로 그케 비싼는데 우드른 힘등께 기양 안싱겨부러써[5].

여기 집찜마다

= 아들레드리[6] 결:떼[7] 인자 농사도 지:찌마라가고 그란데 저 어르니 저케 시미 인자 쪼깐 나먼능가 저케한다게도 나는 결:떼 농사 안지꺼싱께 당신 한자 지:씨요 나는 그라요.

이 거:이 이 동네는 집찜마다 팔 팔

= 예, 다:: 시머요. 이 우들가치 이케 늘근 사람드리나 안시므까 절믄 사람드른 집:찜마당 다: 시머써.

쌀:보다 훨:씬 난:네요, 나락뽀다.

= 예, 워:너이~[8] 나:찌요. 오레 파 마이~ 시믄 사라믄 아주 도:늘 검::나게 헤따고 모도 그레싸.

열:마지기만 헤:쓰먼 돈 천마눠니상

＝ 시금치 나물을 주로 많이 해먹고요.

그렇지요. 나물, 나물 많이 해먹지요.

＝ 국도 끓이고 시금치는 맛있는 것입디다.

예, 그렇지요. 이 여기 진도나 여기 소포에서만 특별하게 다른 지방에서는 없는 채소가 있습니까?

＝ 여기요? 다른 채소 없지요.

비슷하지요?

＝ 예, 다 파가 이 우리 동네 제일 많이 심어요.

파가요?

＝ 그런데 올해 그렇게 비쌉디다.

그러니까요. 그 대파가 저기 여기 대파를 많이 심지요?

＝ 예, 대파요.

저 광주 가서 보니까 쪽파가 비싸더라고요.

＝ 대파가 그렇게 한 마지기에 백삼십 만원까지 했다오. 그렇게 올 처음으로 그렇게 비쌌는데 우리들은 힘들어서 그냥 안 심어 버렸어.

여기 집집마다.

＝ 아들네들이 절대 이제 농사도 짓지 말라고 하고 그러는데 저 어른이 저렇게 힘이 이제 조금 남았는지 저렇게 한다고 해도 나는 절대 농사 안 지을 것이니까 당신 혼자 지으시오 나는 그러오.

이 거의 이 동네는 집집마다 파를

＝ 예, 다 심어요. 이 우리들같이 이렇게 늙은 사람들이나 안 심을까 젊은 사람들은 집집마다 다 심었어.

쌀보다 훨씬 낫네요, 벼보다.

＝ 예, 훨씬 낫지요. 오래 파 많이 심은 사람은 아주 돈을 엄청나게 했다고 모두 그래 쌓아.

열 마지기만 했으면 돈 천만원 이상.

＝ 예.

근데 그거시 항상 그레야 되는데 또 어떠케.

＝ 그거시 장:녀네는 아주 죽써부런는디 장:녀네 히:가꼬 우리도 그양 폴도 모다고 쩌:그 조아베서 기양 싸디싸게 가저가뜨라.

베:추가 이짜나요이~ 엔:나레는 여 고 저네는 그 미테 이러케 뿌리 인는 데가요 또 머거떵거 가테요.

＝ 머:시요?

베:추요 미테 그 뿌리 달링 거 그 머:라갑니까, 여기서는?

＝ 베:추 뜽걸. 베:추 뜽:컬.

아 뜽커리라고 그레요?

＝ 그 깡까서⁹⁾ 다: 쩌머꼬 그레찌요.

그러지요이~.

＝ 셍이로도¹⁰⁾ 머꼬.

＝ 엔:나레는

엔:나레는 그레찌요.

＝ 예.

요세는?

＝ 요세는 먼: 그렁거 업:써요.

에, 베:추뜽커리라고 그러구뇨? 그리고 예, 베:추 그 아:네 아:네 인능거 노:랑거 그렁거 머:라 그럼니까?

＝ 속: 소:기라고 하지요.

베:추소:기라

＝ 에. 베:추 소:기 마이~ 드러따고 그라지요, 속:뜨러씨먼.

그 다으메 무수 가지고는 여러가지껄 만들지요?

＝ 여::러가지 만들지요.

먼: 먼: 함니까 반차는? 어떤 거뜨를 만듬니까?

" 예.

그런데 그것이 항상 그래야 하는데 또 어떻게.

" 그것이 작년에는 아주 죽쒀 버렸는데 작년에 해 가지고 우리도 그냥 팔지도 못하고 저기 조합에서 그냥 싸디싸게 가져갔더래요.

배추가 있잖아요, 옛날에는 여기 전에는 그 밑에 이렇게 뿌리 있는 데를 먹었던 것 같아요.

" 무엇이오?

배추요, 밑에 그 뿌리 달린 것은 그 뭐라고 합니까, 여기서는?

" 배추 등걸. 배추 등걸.

아, 등걸이라고 그래요?

" 그 깎아서 다 쪄서 먹고 그랬지요.

그렇지요.

" 날로도 먹고.

" 옛날에는.

옛날에는 그랬지요.

" 예.

요새는?

" 요새는 무슨 그런 것 없어요.

예, 배추 등걸이라고 그러군요? 그리고 예, 배추 그 안에 있는 것 노란 것 그런 것 뭐라고 합니까?

" 속, 속이라고 하지요.

배추 속이라.

" 예. 배추 속이 많이 들었다고 그러지요, 속 들었으면.

그 다음에 무 가지고는 여러 가지 것을 만들지요?

" 여러 가지 만들지요.

무엇 무엇 합니까, 반찬은? 어떤 것들을 만듭니까?

= 싱건지[11] 만들고 훼: 만들고. 또 쩌: 지:쫑[12] 만들고. 아주 여러:가지 만드라요.

훼:라능 거슨 머에요, 훼:가?

= 훼:는 그 무침 그 초 치고 그거시 훼:에요.

무수를 써러가지고?

= 예, 써:러 잘자라니 써:러가지고.

초를 처요?

= 초칭 그거시.

아 거기다 머 다릉거 안너도?

= 예, 그렁 인자 양니믈 잘:헤사 마시찌요, 그거또.

아 그건 훼:라 그러구뇨? 지 지:쪼근 지:쪼근?

= 지:쪼근 깍떼기가 지:쪽.

깍떼기가 ******* 그럼 훼:는 아마 체: 무우체:정도 되게꾸만, 잘게, 잘게 써는 사람 *****잘게.

= 예, 잘자라니 썰죠.

아아아 그 훼:라 그러구뇨? 근데 무 무시도 또 말리기도 하지요?

= 말레:가지고 이 깍떼기 다므먼 더 마시찌요. 그라고 몰 몰레가지고 또 땅글 이 저세다도 헤:도 그케 마시꼬 그레요.

무시도 저 씨바들란 무시도 무수도 이짜나요?

= 예.

그거 머:라 한:줄 알아요?

= 여그다가 인자 시머노믄 씨를 바찌요.

그 무수는 무슨 무슨 머라:함니까 이르미?

= 씨를?

아니 그 씨바들란 무수

= 씨 바들란 무수. 종자: 반는다고 그라지요.

" 물김치 만들고, 회 만들고. 또 저 깍두기 만들고. 아주 여러 가지 만들어요.

회라는 것은 뭐예요, 회가?

" 회는 그 무침 그 초 치고 그것이 회예요.

무를 썰어 가지고?

" 예, 썰어. 자잘하게 썰어 가지고.

초를 쳐요?

" 초 친 그것이.

아, 거기에 다른 것 안 넣어도?

" 예, 그런 이제 양념을 잘 해야 맛있지요, 그것도.

아, 그건 회라고 그러군요? 지, 지쪽은, 지쪽은?

" 지쪽은 깍두기가 지쪽.

깍두기 *****. 그럼 회는 아마 채, 무채 정도 되겠구만, 잘게, 잘게 써는 사람 ****** 잘게.

" 예, 자잘하게 썰죠.

아아아, 그 회라 그러는군요? 근데 무도 또 말리기도 하지요?

" 말려 가지고 이 깍두기 담그면 더 맛있지요. 그리고 말려 가지고 또 다른 것 이 것에다가도 해도 그렇게 맛있고 그래요.

무도 저 씨 받으려는 무도 무도 있잖아요?

" 예.

그걸 뭐라고 하는 줄 알아요?

" 여기다가 이제 심어 놓으면 씨를 받지요.

그 무는, 뭐라고 합니까 이름이?

" 씨를?

아니, 그 씨 받으려는 무.

" 씨 받으려는 무. 종자 받는다고 그러지요.

아 따로 이르미 업:꼬?

＝ 예,

어, 장다리 무수라등가요?

＝ 예.

＝ 그건 말고 씨: 반는 무수라고 여런 데 시므면

예, 그레요이~. 그 다으메 (6초) 그렁 거뜨리구요이~

아, 따로 이름이 없고?

＝ 예.

어, 장다리무라든가요?

＝ 예. 그것 말고 씨 받는 무라고 이런 데 심으면.

예, 그래요. 그 다음에 그런 것들이고요.

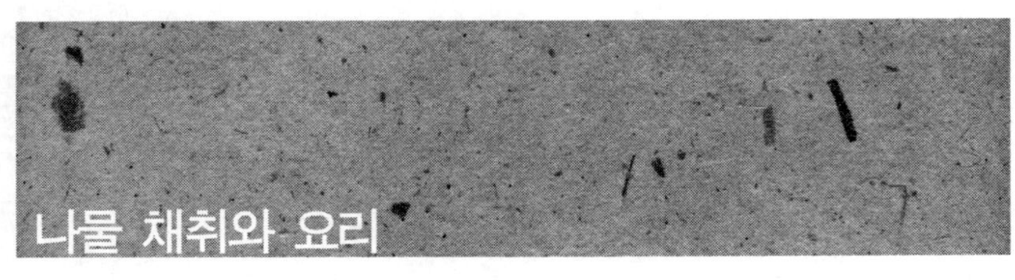

요: 지방에서 막 요 사니나 드:레 나가가지고 노물도 케고 그러시죠? 저 엔:
나레 그러셔쪼?

˭ 예. 엔:날

어떤 노물드리 이써씀니까 켄 저기 이써씀?

˭ 그런 떼는 푼나무리라고 푼노물 이꼬. 또 보리 시므면 또 노무 보리
벤:데서 이케 케:고 그레요.

그 그런 노물 이름드른 어떤 노물드리 이씀니까 푼노물 말고.

˭ 푼노므라고 넹:이, 나세라고[13] 그거시 이런데는 넹:이보고 나세라게
요.

에 나세.

˭ 나세 이꼬. 푼노무리 이꼬 보리 고케.

그지요이~. 응 그러면 나세가틍 거슨 보메 케게찌요?

˭ 예, 보메 케:지요.

또 푼노무르뇨?

˭ 푼노물 요세 요세도 케:요.

아 그러씀니까? 푼노무리라는 게 어떠케 셍견나요, 푼노무이랑 게?

˭ 푼노무리란 이 바테 지스미[14] 푼노무리 이써요.

바테 지스미요? ** 가운데?

˭ 예.

그렁거또 다 그러먼 반차늘 헤멍는다 그 말쓰미지요?

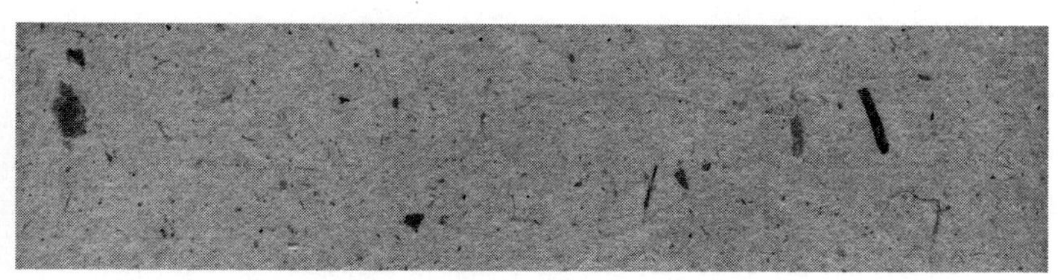

이 지방에서 막 이 산이나 들에 나가서 나물도 캐고 그러시죠? 저 옛날에 그러셨죠?

＝ 예. 옛날.

어떤 나물들이 있었습니까? 캔 적이 있었습?

＝ 그런 때는 풋나물이라고 풋나물 있고. 또 보리 심으면 또 남의 보리 벤 데서 이렇게 캐고 그래요.

그 그런 나물 이름들은 어떤 나물들이 있습니까, 풋나물 말고.

＝ 풋나물하고 냉이, '나세'라고 그것이 이런 데서는 냉이보고 '나세'라고 해요.

예, 냉이.

＝ 냉이 있고. 풋나물이 있고 보리 그렇게.

그렇지요. 그러면 냉이 같은 것은 봄에 캐겠지요?

＝ 예, 봄에 캐지요.

또 풋나물은요?

＝ 풋나물 요새 요새도 캐요.

아, 그렇습니까? 풋나물이라는 게 어떻게 생겼나요, 풋나물이란 것?

풋나물이라고 이 밭에 김이 풋나물이 있어요.

밭에 김이오? ** 가운데?

＝ 예.

그런 것도 다 그러면 반찬을 해먹는다 그 말씀이지요?

꞊ 예: 다: 헤:먹찌요.

그럼 그런 나물드를 켈떼는 머:스로 켐니까?

꞊ 이 칼로 케:지요. 칼로 인자 바구림 가꼬가서.

엔:나레는 그 노물켈떼 혼자 안다니고 여:러사람 가치다니고 그레찌요?

꞊ 예, 여:러 사람 다녀찌요.

어디 머 먼:데까지 가보신 적또 이쓰세요?

꞊ 예?

먼:데까지 가보신

꞊ 예, 먼:데 주로 바테 먼:데가양 가서 막 케:고 또 쥐인네가[15] 인자 보리 켄다고 막 쪼차와요. 보리 시믄 사라미 인자 노물

너물 케러 완는데

꞊ 예, 그레가지고 인자 바구리도 막 뻬:서서[16] 부사불고 그레요. 보리 보리 켄:다고.

보리 보리도 그 겨우레는 보리꾹또 끄려머그면 겐찬하기는 한데요?

꞊ 예, 마시써요, 보리.

그런데

꞊ 지금은 이런 데는 보리도 앙가라요, 겯:떼.

글쎄 그러신다더마뇨이~.

＝ 예, 다 해먹지요.

그럼 그런 나물들을 캘 때는 무엇으로 캡니까?

＝ 이 칼로 캐지요. 칼로 이제 바구니 가져가서.

옛날에는 그 나물 캘 때 혼자 안 다니고 여러 사람 같이 다니고 그랬지요?

＝ 예, 여러 사람 다녔지요.

어디 뭐 먼 데까지 가 보신 적도 있으세요?

＝ 예?

먼 데까지 가 보신

＝ 예, 먼 데 주로 밭에 먼 데까지 가서 막 캐고. 또 주인이 이제 보리 캔다고 막 쫓아 와요. 보리 심은 사람이 이제 나물

나물 캐러 왔는데

＝ 예, 그래서 이제 바구니도 막 빼앗아서 부어 버리고 그래요. 보리, 보리 캔다고.

보리, 보리도 그 겨울에는 보리국도 끓여 먹으면 괜찮기는 한대요?

＝ 예, 맛있어요, 보리.

그런데.

＝ 지금은 이런 데는 보리도 안 갈아요, 절대.

글쎄, 그러신다더구먼요.

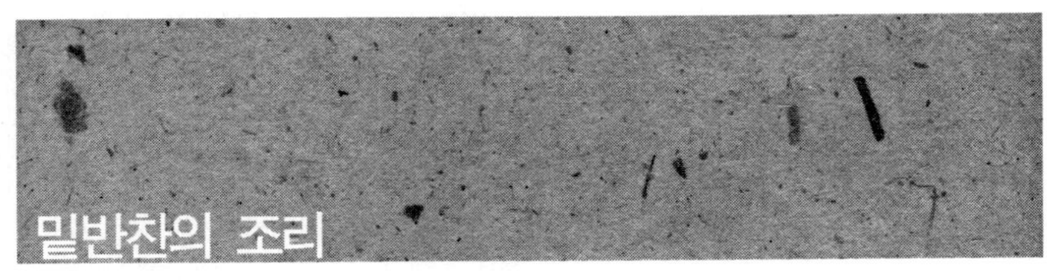

그다으메 (8초) 까 엔:나레는 머 특뼈리 반찬헤:머글 만냥거뜰 만:치아느니까 그런 너물드를 마:니 헤.

= 예, 반찬도 돈:도 업:꼬도 인자 그런 떼는 먼: 반찬 이써쏘? 업:쩨.

그러면 주로 여기서 헤:멍는 음식뜨른 어떵 거시여씀니까? 주로 바비 북쪽 사람드른 국쑤도 마:니 헤:머꼬 그러지마는 여기는 주로 바블 마:니

= 여그는 바블 마:이~ 주로 마:이~ 헤:요.

국쑤가틍거 헤먹?

= 예, 국쑤 간:간: 헤:먹쩨 마:이~는 아네머거요.

예, 그리고 인제 미빤차느로 오레 두고 멍는 반찬 이찌 안씀니까? 고렁거슨 어떤 거뜨를 주로 헤:잡쑤셔써요, 미빤차니라 그러먼?

= 주로 김치가 미빤차니지요.

김치하구요.

= 김치하고. 깍떼기 다무먼 또 깍떼기도 오레두고 먹꼬 그거이 미빤차니지요.

그바께 무슨 예, 저 저슬 담:는다등가.

= 예, 이런데는 저슬 잘 안다무요. 기양 장사오먼 사가지고 기양 이 짐장만 하제.

= 다머노키는[17] 아네요.

저슬 안 당가요?

= 예.

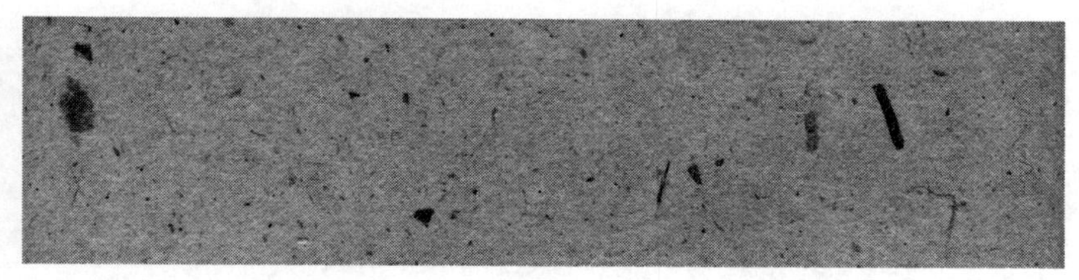

그 다음에 그러니까 옛날에는 뭐 특별히 반찬해 먹을 만한 것들 많지 않으니까 그런 나물들을 많이 해.

= 예, 반찬도 돈도 없고 그럴 때는 무슨 반찬 있었소? 없지.

그러면 주로 여기서 해먹는 음식들은 어떤 것이었습니까? 주로 밥이 북쪽 사람들은 국수도 많이 해먹고 그렇지만 여기는 주로 밥을 많이.

= 여기는 밥을 많이, 주로 많이 해요.

국수 같은 것 해먹

= 예, 국수 간간이 해먹지 많이는 안 해먹어요.

예, 그리고 이제 밑반찬으로 오래 두고 먹는 반찬 있지 않습니까? 그런 것은 어떤 것들을 주로 해서 잡수셨어요, 밑반찬이라 그러면?

= 주로 김치가 밑반찬이지요.

김치하고요.

= 김치하고. 깍두기 담그면 또 깍두기도 오래 두고 먹고 그것이 밑반찬이지요.

그밖에 다른 예, 젓을 담근다든가.

= 예, 이런 데는 젓을 잘 안 담가요. 그냥 장수 오면 사 가지고 그냥 이 김장만 하지.

= 담가 놓지는 않아요.

젓을 안 담가요?

= 예.

어, 머 바닫 가까운덴데 웨: 저슬 안당굴까요?

= 바닥 가꽈도 그런 저시 업:써요, 이런데는. 쩌:그서 드로제.

글쎄요이~. 그 다으메 그러면 셍선가틍 거또 지난버네 다 사잡쑤신다고 그레쪼이~?

= 예, 다: 장에 가서 사오지요.

엔:날 엔:날부터 그레씀니까? 엔:나레는 장에가 아니면 사람드리 이러케 도라다님니까? 장 고 셍선가틍 거 사러 사라고 도라다니고 그레써써요?

= 도라다니는 사람도 더러 이써요, 여그도. 여그도 와요. 그레도 장에가사 이영 마음데로 조은놈 사고 그레요.

김장: 가틍거 할 때는 여러가지 김치를 당구는데 그냥 베:추김치말고 또 다릉 김치 당구싱거 이쓰세요?

= 이런 데는 베:추짐치를 주로 마:이~ 다머요. 딴 갇또 담:끼는 담:는데 이 베:추짐치를 마이~ 다머요. 그라고 깍떼기 이케 국:께 짤라서 그케하는 노미 그노미 마시씁떠다. 고런놈 당:꼬. 시꾸 마난 사람드른 마이~썩 헤:요. 그레도 우드른 시꾸가 이케 두:리 사:니까 기양 까끔[18] 헤머꼬.

그 다:메 장:당그는 거슨 쫌 자세하게 말쓰믈 헤주셔 장:

= 장:이요?

장:하고 뒌:장 그걸 어떠케?

= 처뻐네[19] 인자 장: 당길 때는 인자 인자 정월따레 인자 한 보름께나 인자 다물꺼요[20]. 보름 너무먼 이런데는 정월따레 마:이~ 다머요. 그란디 인자 무를 처뻐네 지러다 항아리다 부서가꼬는 소그믈 데야 부서요 거그다가. 한동우 헤:다가 소그믈 두:데 이케 싹 깡:까서 여:요. 인자 그라면 다서 다서 똥우 다무면 메주를 잘자:라면 시:데에서 늘치고[21] 굴:구면 두:데에서 늘치고 그레요. 그레가지고 인자 노아두먼 노::라이[22] 거그서 우러나요. 우러나먼 한 정월 정워레 다무먼 이:월 한 이:월 한 그뭉께나 그 덴:장을 건제요[23]. 건제가지고는 인자 그 장:을 소테다 바타가꼬 막 데리 데리요[24]

어, 뭐 바다 가까운데 왜 젓을 안 담글까요?

▪ 바다 가까워도 그런 것이 없어요, 이런 데는. 저기서 들어오지.

글쎄요. 그 다음에 그러면 생선 같은 것도 지난 번에 다 사서 잡순다고 그러셨죠?

▪ 예, 다 장에 가서 사오지요.

옛날, 옛날부터 그랬습니까? 옛날에는 장이 아니면 사람들이 이렇게 돌아다닙니까? 장, 그 생선 같은 것 사라고 돌아다니고 그랬었어요?

▪ 돌아다니는 사람도 더러 있어요, 여기도. 여기도 와요. 그래도 장에 가야 자기 마음대로 좋은 것 사고 그래요.

김장 같은 것 할 때는 여러가지 김치를 담그는데 그냥 배추김치 말고 또 다른 김치 담그시는 것 있으세요?

▪ 이런 데는 배추김치를 주로 많이 담가요. 딴 갓도 담그기는 담그는데 이 배추김치를 많이 담가요. 그리고 깍두기 이렇게 굵게 잘라서 그렇게 하는 것이 그것이 맛있습디다. 그런 것 담그고. 식구 많은 사람들은 많이씩 해요. 그래도 우리들은 식구가 이렇게 둘이 사니까 그냥 가끔 해먹고.

그 다음에 장 담그는 것을 좀 자세하게 말씀을 해주셔, 장.

▪ 장이요?

장하고 된장, 그걸 어떻게?

▪ 처음에 이제 장 담글 때는 이제 이제 정월에 이제 한 보름께나 이제 담글 거예요. 보름 넘으면 이런 데는 정월에 많이 담가요. 그런데 이제 물을 처음에 길어다 항아리에다 부어 가지고는 소금을 되어 부어요. 거기에다가. 한 동이에다가 소금을 두 되 이렇게 싹 깎아서 넣어요. 이제 그러면 다섯 동이 담그면 메주를 자잘하면 세 되에서 늘리고 굵으면 두 되에서 늘리고 그래요. 그래 가지고 이제 놔 두면 노랗게 거기서 우러나요. 우러나면 한 정월, 정월에 담그면 이월 한 이월 한 그믐께나 그 된장을 건져요. 건져 가지고는 이제 그 장을 솥에다 받아 가지고 막 닳려요,

나무여:서. 나무 인자 장: 데릴라면 나무를 또 헤:야 데레요. 그란데 인자
우리도 장: 데리꺼인데 나무가 쩨:까 인는데 인자. 그레가지고 인자 장:이
우리는 마:~이 인는데 장:을 오레는 쩨:깐 쒀:서 데:게[25] 다물라고 인자 그
렌는데. 장:이 되:게 다무면 마시꼬 누께[26] 다무면 안마시꼬 그레요.

　아 그레서 부를 좀 마:니 떼:가지고 저기 좀 헤:야 되겐네요?

　＝ 예, 인자 마:이~떼:면 간장이 막 시:커메저요. 그라면 인자 두:리 삼:시
로 엄:마나 머꺼쏘마는[27] 우리 아그드리 점:부 가저가니까.

　그러겐네요.

　＝ 예.

　뒌:장으뇨?

　＝ 된:장은 인자 건저서 인자 따둑따둑[28] 다머노면 그러케 마시써요. 인
자 이그먼.

　뒌:장은 아까 그 저 장: 당구기 위에서 너어둔 메주.

　＝ 예, 메주

　고 노물 건저네:가지고.

　＝ 예, 건저네:가지고 인자 저 이 항아리다 또 따둑따둑 다머놔요. 다머
노머는 그러케 마시꼬. 또 된:장이 자:그먼 그 미뛴장하고[29] 메주 쑤어가
꼬는 가라가지고는 거그다 서끄믄 또 그케 마시꼬 그레.

　세로 다시 또

　＝ 예, 콩을 콩을 쒀:가지고 가라가꼬 미뛴장하고 그케 서꺼요 막.

　그러세요이~? 청국짱은 어떠케 당금니까?

　＝ 이런 데는 청국짱 아네요.

　청국짱 아네요?

　＝ 예, 저런 우게는 청국짱을 그러케 마:니 합띠다만 이런 데는

　예, 아 아에 아에 암먹씀니까?

　＝ 예, 이런 데는 청국짱 아네요.

나무를 넣어서. 나무, 이제 장 닳리려면 나무를 또 해야 닳려요. 그런데 이제 우리도 장 닳릴 것인데 나무가 조금 있는데 이제. 그래 가지고 이제 장이 우리는 많이 있는데 장을 올해는 조금 쒀서 진하게 담그려고 이제 그랬는데. 장이 진하게 담그면 맛있고, 묽게 담그면 안 맛있고 그래요.

아, 그래서 불을 좀 많이 때 가지고 저기 좀 해야 되겠네요?

= 예, 이제 많이 때면 간장이 막 시커매져요. 그러면 이제 둘이 살면서 얼마나 먹겠소마는 우리 아이들이 전부 가져가니까.

그렇겠네요.

= 예.

된장은요?

= 장은 이제 건져서 이제 다독다독 담가 놓으면 그렇게 맛있어요. 이제 익으면.

된장은 아까 그 저 장 담그기 위해서 넣어 둔 메주.

= 예, 메주.

그것을 건져 내 가지고.

= 예, 건져 내 가지고 이제 이 항아리에다 또 다독다독 담아 놓아요. 담아 놓으면은 그렇게 맛있고. 또 된장이 적으면 그 밑된장하고 메주 쒀 가지고는 갈아 가지고는 거기에다 섞으면 그렇게 맛있고 그래.

새로 다시 또.

= 예, 콩을 콩을 쒀 가지고 갈아 가지고 밑된장하고 그렇게 섞어요, 막.

그러세요? 청국장은 어떻게 담급니까?

= 이런 데는 청국장 안 해요.

청국장 안 해요?

= 예, 저 위는 청국장을 그렇게 많이 합디다마는 이런 데는

예, 아 아예 안 먹습니까?

= 예, 이런 데는 청국장 안 해요.

그건 상당이 다르네요 청국짱도 아나고. 저깔도 아까 저또 안 다무신다고 그 레써요이~?

＝ 절 장사가 오먼 더러 담:는 사라믄 담:는데 주로 사서 마:이~ 머거요.

예, 담 담:찌는 앙쿠요이~?

＝ 예.

술:도 지베서 만드셔본 저기 이쓰세요?

＝ 예: 만들지요.

어, 예, 엔:나레 만드셔써요?

＝ 지금도 우리는 만드요. 우리 크나드리 그러:케 마껄리를 조아하니까.

그레요?

＝ 올 서:레도 우리 아드리 인자 즈그 크나부지 도라가셔서 인자 와따가 가꼬는.

＝ 너머 바쁭께 어머니 모까거씀니다 그라길레 응 바쁘면 오지 마라 그 렌는데. 크나들 셍가게가꼬 인자 두어:데 당가뜨이~ 그러케 마시씁띠다. 마껄리가 아주 동당주라고[30] 머거보는 사라믄 다 마시따가요. 우리 목포 서 선셍노나는 아드리 마껄리를 안 조아하는데, 어머님 마껄리 이써요 그 레, 응 이따. 그라먼 나 쪼간 싸주시오 그라길레, 응 가꼬가거라[31] 인자 그 렌는디. 마껄리를 안 조아하는데 암:마네도[32] 어따 선:사할랑가 나 그레뜨 이~. 두: 데를 다머줘써요. 그레뜨이~ 마껄리가 그러케 마시씁띠다 그란 디. 항:상 우더른 우리 아들레드리 조:아하니까 밍 멩저리 드로먼 다머요, 마껄리를.

그 어떠케 그 담:는 과:정이 어떠케 됨니까, 수를?

＝ 인자 그 마껄리를 다물라먼 찹쌀로 헤:야 마시써요, 찹쌀로. 찹쌀로 당가따 쩌가지고 이 누루글 무레다 딱 당가놔:따가 인자 그노믈 잘:: 몽굴 게 걸러요, 치로. 잘:: 몽글게 걸러가지고는 인자 술빱 쩌가지고 다:: 쭐 술빠비 시그머는 술랴기라고 또 쩌그 저 가:게서 사가가지고 섹 사까루[33]

그것은 상당히 다르네요. 청국장도 안 하고. 젓갈도 아까 젓도 안 담그신다
고 그랬어요?

▪ 젓갈 장수가 오면 더러 담그는 사람은 담그는데 주로 사서 많이 먹어요.

예, 담그지는 않고요?

▪ 예.

술도 집에서 만드셔 본 적이 있으세요?

▪ 예, 만들지요.

어, 옛날에 만드셨어요?

▪ 지금도 우리는 만드오. 우리 큰아들이 그렇게 막걸리를 좋아하니까.

그래요?

▪ 올 설에도 우리 아들이 이제 저희 큰아버지 돌아가셔서 이제 왔다 가
가지고는.

▪ 너무 바쁘니까 어머니 못 가겠습니다 그러기에 응 바쁘면 오지 마라
그랬는데. 큰아들 생각해 가지고 이제 두어 되 담갔더니 그렇게 맛있습니
다. 막걸리가 아주 동동주라고 먹어 본 사람은 다 맛있다고 해요. 우리
목포에서 선생 노릇하는 아들이 막걸리를 안 좋아하는데 “어머님, 막걸리
있어요?” 그래서 “응, 있다.” “그러면 나 조금 싸 주세요” 그러기에 “응, 가
져가거라” 이제 그랬는데. 막걸리를 안 좋아하는데 아무래도 어디에다가
선물하려나 나 그랬더니. 두 되를 담아 줬어요. 그랬더니 막걸리가 그렇
게 맛있습다 그런데. 항상 우리들은 우리 아들네들이 좋아하니까 명절
이 돌아오면 담가요, 막걸리를.

그 어떻게 그 담는 과정이 어떻게 됩니까, 술을?

▪ 이제 그 막걸리를 담그려면 찹쌀로 해야 맛있어요, 찹쌀로. 찹쌀로 담
갔다가 쪄 가지고 이 누룩을 물에다 딱 담가 놓았다가 이제 그것을 잘 몽
글게 걸러요, 체로. 잘 몽글게 걸러 가지고는 이제 술밥 쪄 가지고 다 술
밥이 식으면은 술약이라고 또 저기 저 가게에서 사 가지고 사카린 조금

쪼깐 치고 그라먼 사그먼 그러케 마시써요, 아주. 그랑께 어머니믄 어:찌게 헤서 이러케 마걸리를 잘 다무시냐고. 우리 메느리드리 오먼 겔차주께 다믈레 그라먼 어머니 잔[34] 겔차주라고만 헤:도 어머니멩킬로[35] 모:땅꺼따고 그레요. 그러케 마시 이써요.

니께 술빠바고 술빠블 쩌가지고 누루가고 서끄지요?

= 누루가고 석짜네 그 누룩 거름 무라고 서꺼요.

아 누루 거른 무라고.

= 예, 동당주는 이케 걸러가꼬 헤야 하지라. 이 찌게기는 다 억찌로 불고.

그레가지고 저기 따드단데다 이러케 놔두 놔두.

= 예, 여그다 놔:두먼 기양 한 사날 되먼 괴야부러요.

그런 후에 저기 말 말긍건만 떠넵니까?

= 인자 조상님네 인자 여그 상 차릴라먼 말근 노믈 인자 뜨지요, 상에 놀:로믈. 그랑께 말근 놈도 그러케 마시써요, 아주.

그리고 그 말근 놈 떠네고 나머지는 다 서꺼서 그냥 마껄리를.

= 거르자네 기양 물 타요.

아 그냥 물 타요?

= 예, 앙:거러요. 이 누루글 걸러서 인자 찌게~이를[36] 디네[37] 불고는.

*** 머:시 업:써요, 그냥 찌꺼기가 안 나와요.

= 에 안 나와요. 이 그라고 동당주는 꼭:: 찹쌀로 헤야 마시쩨 이런 쌀로하면 덜: 마시써.

엔:나레도 그러케 수를 담그셔써요 과:거에도?

= 엔:나레는

모땅그고 모땅그게 헤짜나요, 엔:날.

= 엔:나레는 모도 뒤지러 뎅기고 무성께 모따머머거쪼.

그러치요이~.

치고 그러면 삭으면 그렇게 맛있어요, 아주. 그러니까 어머님은 어떻게 해서 이렇게 막걸리를 잘 담그시냐고. 우리 며느리들이 오면 '가르쳐 줄 게 담글래? 그러면 '어머니 좀 가르쳐 달라'고만 해도 어머니처럼 못 담그 겠다고 그래요. 그렇게 맛이 있어요.

그러니까 술밥하고 술밥을 쪄 가지고 누룩하고 섞지요?

= 누룩하고 섞지 않고 그 누룩 거른 물하고 섞어요.

아, 누룩 거른 물하고.

= 예, 동동주는 이렇게 걸러 가지고 해야 하지요. 이 찌꺼기는 다 엎질 러 버리고.

그래 가지고 저기 따뜻한 데다가 이렇게 놔 두.

= 예, 여기다 놓아 두면 그냥 한 사나흘 되면 괴어 버려요.

그런 후에 맑은 것만 떠 냅니까?

= 이제 조상님네 이제 여기 상 차리려면 맑은 것을 이제 뜨지요, 상에 놓을 것을. 그러니까 맑은 것도 그렇게 맛있어요, 아주.

그리고 그 맑은 것 떠 내고 나머지는 다 섞어서 그냥 막걸리를.

= 거르지 않고 그냥 물 타요.

아, 그냥 물 타요?

= 예, 안 걸러요. 이 누룩을 걸러서 이제 찌꺼기를 버려 버리고는.

*** 무엇이 없어요, 그냥 찌꺼기가 안 나와요.

= 예, 안 나와요. 그리고 동동주는 꼭 찹쌀로 해야 맛있지, 이런 쌀로 하면 덜 맛있어.

옛날에도 그렇게 술을 담그셨어요 과거에도?

= 옛날에는

못 담그고 못 담그게 했잖아요, 옛날.

= 옛날에는 모두 뒤지러 다니고 무서우니까 못 담가 먹었지요.

그렇지요.

＝ 엔:나른 그런 동당주 업:꼬 막 비베서 이 누루가고 막: 서꺼서 다마가
꼬는 치로[38] 막 걸러서 암머거쏘? 그란디 지그믄 그라나고 동당주로 기양
하니까 앙거르고 물타서 기양 머거요.
만든 방버비 다르네요. 예, 주로 이제 식 식쎙활까지 하셔꼬.

= 옛날은 그런 동동주 없고 막 비벼서 이 누룩하고 막 섞어서 담가 가
지고는 체로 막 걸러서 먹었잖소? 그런데 지금은 그렇지 않고 동동주로
그냥 하니까 안 거르고 물 타서 그냥 먹어요.

만드는 방법이 다르네요. 예, 주로 이제 식생활까지 하셨고.

■ 주석

1) '시금추'는 '시금치'의 방언형. '시금초'라고도 한다.

2) '허치다'는 '흩뜨리다'의 방언형.

3) '그란다우?'는 형태적으로 '그런다오?'에 대응하나, 이때의 어미 '-우'는 언제나 내포문 다음에만 나타나는 분포상의 특징이 있다. 기원적으로 어미 '-오'가 '-우'로 변한 것으로 보인다.

4) '혜:따'는 '했다우'로서 이 경우는 '우'가 음성적으로 드러나지 않는다. 어미 '-우'는 음성적으로 분명히 드러나지 않는 경우가 많다. 기원적으로 어미 '-우'가 포함된 높임의 조사 '-이라우'도 진도 지역에서는 '-이라'로 실현되는 것이 보통이다.

5) '싱기다'는 '심다'의 방언형. 이 제보자는 '싱기다'와 '심다'를 혼용하고 있어 이 낱말의 표준화가 어느 정도 진행된 것을 보여 준다.

6) '아들네들이'는 '아들들'이다. 여기서 '네'는 별다른 의미적 기여가 없다.

7) '결:떼'는 '절대'에서 역구개음화가 일어난 결과이다.

8) '워너니'는 '원허니'로서 '훨씬'의 방언형. 중앙어 '워낙'의 뜻으로 전남 방언은 '원캉'과 같은 말이 있는데, '원캉'과 '원허니'의 '원'은 어원이 같은 말로서 심한 정도를 뜻하는 말이었을 것으로 추정된다.

9) '깡끄다'는 '깎다'의 방언형.

10) '셍이로'는 '날로'의 뜻.

11) '싱건지'는 '물김치'의 방언형.

12) '지쪽'은 '깍두기'의 방언형.

13) '나세'는 '냉이'의 방언형.

14) '지슴'은 '김'의 방언형.

15) '주인네'는 '주인'과 같은 말이다. 여기서 '네'는 별다른 의미를 나타내지 못한다.

16) '뺏다'는 '빼앗다'의 방언형. 중앙어에서는 '뺏다'가 '빼앗다'의 준말이지만 전남 방언은 '빼앗다'라는 말을 아예 쓰지 않으므로 '뺏다'로 완전히 재구조화가 일어난 셈이다.

17) '놓기는 안 해요'는 전형적인 전남 방언의 부정 형식이다. 중앙어처럼 어미

‘-지’ 대신 이 방언은 명사형 어미 ‘-기’를 사용하여 ‘-기는 안하다’와 같은 부
정 형식을 쓴다.

18) ‘까끔’은 ‘가끔’의 방언형.

19) ‘첫번에’는 ‘처음에’의 뜻이다.

20) ‘담다’는 김치·술·장·젓갈 따위를 만드는 재료를 버무리거나 물을 부어
서, 익거나 삭도록 그릇에 넣어 두는 것을 가리키며, 표준어 ‘담그다’에 대응
한다.

21) ‘늘치다’는 ‘늘리다’의 방언형.

22) ‘노라이’는 ‘놀하니’의 /ㅎ/과 /ㄴ/이 각각 탈락한 것이다. 부사를 만드는 접
미사 ‘-니’는 ‘하-’ 뒤에만 나타나는 특징을 가지며, 따라서 ‘하니’는 표준어 ‘하
게’에 대응한다.

23) ‘건제다’는 ‘건지다’의 방언형.

24) ‘데리다’는 ‘닳다’의 사역형 ‘닳리다’의 방언형. 여기서 ‘닳다’는 액체 따위가
졸아드는 것을 뜻한다.

25) ‘되다’는 ‘진하다’의 뜻.

26) ‘늙다’는 ‘묽다’의 뜻.

27) ‘먹겠소마는’에서 보듯이 조사 ‘마는’은 어미 ‘-소’ 뒤에 결합되었다. 표준어에
서 ‘마는’이 어미 ‘-다, -냐, -자, -지’ 등에만 붙는 것과는 분포상의 차이가 드
러난다.

28) ‘따둑따둑’은 표준어 ‘다둑다둑’의 방언형으로서 흩어지기 쉬운 물건을 모아
잇따라 가볍게 두드려 누르는 모양을 나타낸다. 표준어에서는 ‘메주를 다독
다독 두드려 반듯하게 만들었다.’처럼 쓰인다. 이 경우는 된장을 항아리에
눌러 담는 모양을 가리킨다.

29) 올해에 새로 쑨 메주와 섞어 새 된장을 만드는 데 쓰이는 옛 된장.

30) ‘동당주’는 ‘동동주’의 방언형.

31) ‘갖고가다’는 ‘가져가다’의 방언형.

32) ‘암:만해도’는 ‘아무리해도’의 방언형.

33) ‘사까루’는 ‘사카린’인데 설탕가루와의 혼태로 인해 ‘사까루’로 그 형태가 바
뀌었다.

34) ‘잔’은 ‘좀’의 방언형.

35) ‘멩킬로’는 ‘처럼’의 뜻을 갖는 조사.

36) ‘찌겡이’는 ‘찌꺼기’의 방언형.

37) '디네다'는 '버리다'의 방언형.
38) '치'는 '체'의 방언형.

거주생활

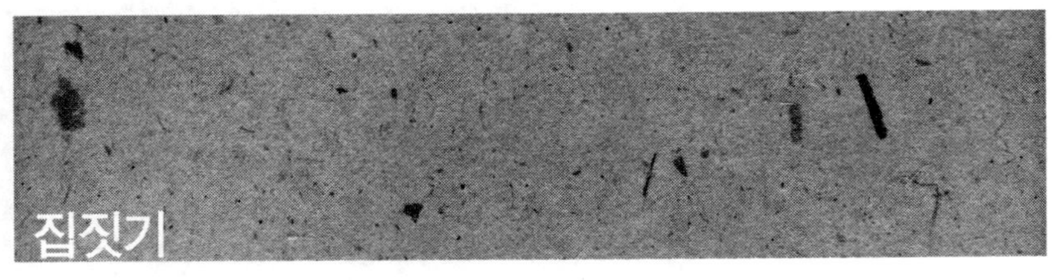

　　나머지 중에서 *** 어디 어디 인능가 집찐능거슨. 그 다:메는 인자 집찌꼬 이런 이야긴데 그거는 하라버니미오셔야 되건네요.

　＝ 네가 오시락 하라[1]?

　아:니 인제 쪼:끔 세:시니까 쪼끔 쉴:참 주시고.

　＝ 예: 인자 술:참[2] 드리거쏘.

　예, 쪼끔 쉬여따가.

　＝ 예.

　예, 이어서 일쩜 늉 거:주:셍활 집찐는 거세데한 말쓰믈 여쭤보게씀니다. 지블 지여보셔써요?

　￣ 지블 우리 볼레 우리 장:영이 목쑤에요. 목수니까 나는 목쑤질 할찌는[3] 몰르는데. 젤: 처쩨 우리 뽀짝[4] 우게 형님네 집 지서서 붕가시기고. 그데미 요집또 우리 형니미 지여써라 우더리. 그라이~까 지그믄 벡똘로 공그리[5] 벡똘로 이러케 싸는데 그런 떼는 웨를[6] 여꺼요 웨. 웨가 흐기로 보르고 이러케 헨는데. 그 다으메는 우리 큰집 몸체 헹낭 다 지여찌요.

　　그러면 인제 구:체저그로 제가 인자 쫌:만 여쭤 보보게씀니다. 우선 터를 어:따가 지을꺼싱가 터를 골라야 되지 안씀니까, 어터케 골라떵가요?

　￣ 다릉거시아이~라 우리 뽀:짝 우게 형님네지븐 다른 헌:집 사서 뜨더 불고 거그다 지:꼬. 우리 큰집또 그저 인는 헌:지블 터가 너룹꼬 자리가 종:께 거그를 사서 지:꼬. 요 지븐 볼레 노니여씀니다. 노니연는데 그런떼 장비 오:꼬[7] 그라이~까 순:저니 바:자기로[8] 저다가 이 지반질떼를 도다써요.

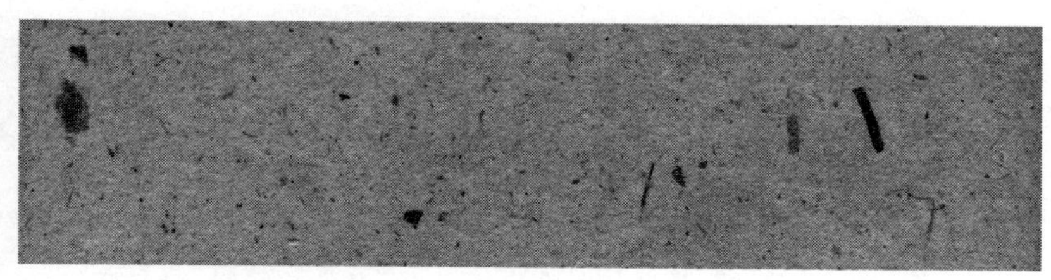

　나머지 중에서 ***, 어디 어디 있는가, 집 짓는 것은. 그 다음에는 이제 집 짓고 이런 이야기인데 그것은 할아버님이 오셔야 되겠네요.

　＝ 내가 오시라고 할까요?

　아니, 이제 조금 3시니까 조금 곁두리 주시고.

　＝ 예, 이제 곁두리 드리겠소.

　예, 조금 쉬었다가.

　＝ 예.

　예, 이어서 1.6 거주생활 집 짓는 것에 대한 말씀을 여쭤 보겠습니다. 집을 지어 보셨어요?

　﹁ 집을 우리 본래 우리 장형이 목수예요, 목수니까 나는 목수질 할 줄은 모르는데. 제일 첫째 우리 바로 위 형님네 집 지어서 분가시키고. 그 다음이 이 집도 우리 형님이 지었어요, 우리들이. 그러니까 지금은 벽돌로 콘크리트 벽돌로 이렇게 쌓는데 그런 때는 외를 엮어요, 외. 외가 흙으로 바르고 이렇게 했는데. 그 다음에는 우리 큰집 몸채 행랑 다 지었지요.

　그러면 이제 구체적으로 제가 이제 조금만 여쭤 보겠습니다. 우선 터를 어디에다가 지을 것인가, 터를 골라야 되지 않습니까, 어떻게 골랐던가요?

　﹁ 다른 것이 아니라 우리 바로 위 형님네 집은 다른 헌 집 사서 뜯어 버리고 거기에다 짓고. 우리 큰집도 그저 있는 헌 집을 터가 넓고 자리가 좋으니까 거기를 사서 짓고. 이 집은 본래 논이었습니다. 논이었는데 그런 때 장비 없고 그러니까 순전히 발채로 져다가 이 집 앉을 데를 돋웠어요.

그 지게 바:자 이씸니꺄? 고노미로 순:저니 일려그로 저다가 지반질떼만 보도:시[9] 도다가꼬 지블 지여씀니다. 그레가꼬 지블 지여서 뒤 단:장이[10] 이끼를하까 짐만 지여노코 네가 구니네 가써찌요, 마라자먼.

그러먼 요 바다글 도다꾸뇨, 땅을 너:가지고.

ᅳ 예, 노니이~까.

흐글 너:가지고.

ᅳ 흐글 너:가꼬 지서찌요.

그러먼 그거슬 무거웅걸로 요로케 좀 다저야 델텐데.

ᅳ 그런데 그런떼는 다지능거또 업:꼬 혹 저다가 도다가꼬, 지추똘. 마라자먼 지둥 설떼에[11] 지둥 설떼는 잔 다구지요[12]. 그레가꼬 인자 도:기로 노코는 도:구게다 지둥을 안 심:니꺄[13] 그러케 합띠다.

그러먼 인제 하나하나 지블 인제 터를 딱: 하시고 그 다으메 기둥이 기둥 설 떼는 더 다짐****

ᅳ 예, 그레가꼬 도:글 노치요 지추또리라고[14].

아 지추돌 도:를 노신다구요?

ᅳ 에 그 지추똘 논능 거슨 흐게가 서먼 나무가 안써거불거씀니꺄? 함메드로 마레서 도:구게 서야 안 썩찌요.

응 그러케 만든다고요이~? 그럼 그런 도:근 어:디서 어떤 도를 쓰나요?

ᅳ 주로 인자 그런 할만한 놈 주서오지요. 저런 데가 사네가 도:기꼬 그라니까 마라자먼.

자여니 인는 돌.

ᅳ 에 자연서기제.

예, 그거 쪼금 어떠케 저 손소늘 봄니까? 더 쫌

ᅳ 그도:글 가따가?

아니 그데로

ᅳ 그데로 데:락 마:이~ 하고 그랍띠다.

그 지게 발채 있잖습니까? 그것으로 순전히 인력으로 져다가 집 앉을 데만 겨우 돋워 가지고 집을 지었습니다. 그래 가지고 집을 지어서 뒤 담장이 있기를 할까, 집만 지어 놓고 내가 군인에 갔었지요.

　그러면 이 바닥을 돋웠군요. 땅을 넣어 가지고.

￣ 예, 논이니까.

흙을 넣어 가지고.

￣ 흙을 넣어 가지고 지었지요.

그러면 그것을 무거운 걸로 이렇게 좀 다져야 될 텐데.

￣ 그런데 그런 때는 다지는 것도 없고 흙 져다가 돋워 가지고, 주춧돌. 말하자면 기둥 세울 때에, 기둥 세울 때는 조금 다지지요. 그래 가지고 이제 돌로 놓고는 돌 위에다 기둥을 세우잖습니까? 그렇게 합디다.

그러면 이제 하나하나 집을 이제 터를 딱 하시고 그 다음에 기둥이 기둥 설 때는 더 다집****.

￣ 예, 그래 가지고 돌을 놓지요, 주춧돌이라고.

아, 주춧돌 돌을 놓으신다고요?

￣ 예, 그 주춧돌 놓는 것은 흙에 세우면 나무가 썩어 버리잖겠습니까? 한 마디로 말해서 돌 위에 서야 안 썩지요.

응, 그렇게 만든다고요? 그럼 그런 돌은 어디서 어떤 돌을 쓰나요?

￣ 주로 이제 그런 할 만한 것 주워 오지요. 저런 데에 산에 돌이 있고 그러니까 말하자면.

자연히 있는 돌.

￣ 예, 자연석이지.

예, 그거 조금 어떻게 저 손을 봅니까? 더 좀.

￣ 그 돌을 가져다가?

아니, 그대로.

￣ 그대로 대략 많이 하고 그럽디다.

나무는 어터케 구헤요?

￣ 나무는 사네서 비여서 깡까서 지:찌요. 마라자먼 목쑤가 큰자구라고 먹쭐 딱 티여가꼬[15] 큰자구로 이러케 까:까서 인자 데:파질[16] 헤:서 그러케 지:찌요.

그럼 나무부터 일리리 다 지금가치 목쩨제소 목쩨소에서 사옹거시 아니라 나무를 베:가지고.

￣ 그런데는 사네서 나무를 사서 비여가꼬 지게로 저네려서 가따가 순저니 까까서 이케 지블 지여쪼. 그라이~까 요세는 지블 지:떠라도 스라브 지블 지:떤지 조립씨글 지:떤지 잠:꽌[17] 지블 진:는데 그런떼는 순:저니 일려기로 까까서 지둥 시여서 웨여끄꼬 이케 지승께 참:말로 히미 마이~ 들지요.

예, 오레걸리구요이~. 그러면 인제 그거슨 일리리 기둥이나 이렁거뜨를 다 만들 다 만들지 안씀니까? 만드러 노코 그걸 맞춤니까?

￣ 에 그러치요.

응 어터케?

￣ 인자 목쑤.

어떤 순:서데로 마춤니까?

￣ 목쑤고 인자 그 네가 목쑤 도편수는 아~잉께 그건 자사이[18] 모르는데. 마:라자먼 자로 제:가꼬 인자 딱 팔로먼 파고 구녀글 뜨를러먼 뜰꼬 이레서 이케 마춥띠다. 그레가꼬는 인자 쎄낄[19] 걸:고 인자 질: 처쩨 지둥 시:고 세낄 걸:고 마라자먼 울:력한다고[20]. 울:력한다고 인자 데:락저기로 바서 이런 동:네서는 아무게네 집 울:력한다고 인자 이라먼 전부 도와줄라고 오지요.

아 그 지둥세우고 이럴 때요?

￣ 쎄낄깜 쎄낄깜 까라노코. 그라면 올라가서 인자 세끼루게 서:시씨라고[21].

나무는 어떻게 구해요?

￣ 나무는 산에서 베어서 깎아서 짓지요. 말하자면 목수가 큰 자귀라고 먹줄 딱 퉁겨 가지고 큰 자귀로 이렇게 깎아서 이제 대패질 해서 그렇게 짓지요.

그럼 나무부터 일일이 다 지금같이 목재소 목재소에서 사온 것이 아니라 나무를 베어 가지고.

￣ 그런 데는 산에서 나무를 사서 베어 가지고 지게로 져내려서 가져다가 순전히 깎아서 이렇게 집을 지었죠. 그러니까 요새는 집을 짓더라도 슬라브 집을 짓든지 조립식을 짓든지 잠깐 집을 짓는데 그런 때는 순전히 인력으로 깎아서 기둥 세워서 외 엮고 이렇게 지으니까 참말로 힘이 많이 들지요.

예, 오래 걸리고요. 그러면 이제 그것은 일일이 기둥이나 이런 것들을 다 만들지 않습니까? 만들어 놓고 그걸 맞춥니까?

￣ 예, 그렇지요.

응, 어떻게?

￣ 이제 목수.

어떤 순서대로 맞춥니까?

￣ 목수고 이제 그 내가 목수 도편수는 아니니까 그건 자세히 모르는데. 말하자면 자로 재어서 이제 딱 팔 것은 파고, 구멍을 뚫을 것은 뚫고 이렇게 해서 이렇게 맞춥디다. 그래 가지고는 이제 서까래 걸고 이제 제일 첫째 기둥 세우고 서까래 걸고 말하자면 울력한다고. 울력한다고 이제 대략적으로 봐서 이런 동네에서는 아무개네 집 울력한다고 이제 이러면 전부 도와 주려고 오지요.

아, 그 기둥 세우고 이럴 때요?

￣ 서까랫감 서까랫감 깔아 놓고. 그러면 올라가서 이제 서까래 위에 '서실'(산자) 쓰라고.

예?

⌐ 서실

서실?

⌐ 에 서시리라고. 인자 여꺼요. 마:라자먼 흐글 암빠께 지붕우게 여꺼가
꼬는 인자.

머:스로 역씀니까?

⌐ 세네끼로 역찌요, 주로, 세네끼로. 세네끼로 여꺼서 인자 싹: 까라노
코는 인자 흐글 올리지요.

그건 동네 싸람드리 다 도와줌니까?

⌐ 에 델쑤이쓰먼 동:네 사람드리 나서 헤:주지요. 그라먼 인자 흐글 요
마써:가이~[22] 몽구라거니 헤:가꼬 인자 떵게주먼[23] 우게서 바다가꼬는 인
자 주먼 쩌:우게 인는 사라미 노코는 싹 보르고 보르고. 그러케 헤:가꼬는
인자 마라믈 지비로 마람 녀꼬 그레가꼬는 인자 바로 이:지요. 비 안세게,
**. 이여노코는 그데미는 인자 목쑤가 중지를[24] 낀:다고 나무를 인자 이케
이케 끼여서 노먼 인자 웨를 역찌요.

벼게 벼게다가 나무를 중간 중간.

⌐ 예, 중간 중간 데:.

가로로 데:요?

⌐ 에 그라먼 인자 웨를 역찌요.

웨는 데나무로.

⌐ 데나무로 여끄먼 조:치요. 그란데 데나무가 인자 귀:하고 그라먼 사네
서도 간장지로만나[25] 쩌다가도 여꼬. 인자 이런 나무 뻐게서도[26] 간장지로
마니 헤:서 여끼도 하고. 데나무가 조:치요. 그랑께 주로 데나무도 마:이~ 드
러가고 에:저네 인자 헤이빨[27] 하다가 인자 모:씨게 덴놈 헐가비로 사다가
뻐게서 인자 여기도 하고 그레가꼬는 인자 베글 보르지요, 베글. 홍니게
가꼬 흐글 멘흐글 이기면 기양 버:러저 부러요. 그라니까 인자 거그다가

예?

¯ '서실'.

'서실'?

¯ 예, '서실'이라고. 이제 엮어요. 말하자면 흙이 안 빠지게 지붕 위에 엮어 가지고는 이제.

무엇으로 엮습니까?

¯ 새끼로 엮지요, 주로 새끼로. 새끼로 엮어서 이제 싹 깔아 놓고는 이제 흙을 올리지요.

그건 동네 사람들이 다 도와 줍니까?

¯ 예, 될 수 있으면 동네 사람들이 나서서 해 주지요. 그러면 이제 흙을 요만큼씩하게 몽글게 해 가지고 이제 던져 주면 위에서 받아 가지고는 이제 주면 저 위에 있는 사람이 놓고는 싹 바르고 바르고. 그렇게 해 가지고는 이제 이엉을 짚으로 이엉 엮고 그래 가지고는 이제 바로 이지요. 비 안 새게, **. 이어 놓고는 그 다음에는 이제 목수가 '중지'를 끼운다고 나무를 이제 이렇게 이렇게 끼워서 놓으면 이제 외를 엮지요.

벽에, 벽에다가 나무를 중간 중간.

¯ 예, 중간 중간 대.

가로로 대요?

¯ 예, 그러면 이제 외를 엮지요.

외는 대나무로.

¯ 대나무로 엮으면 좋지요. 그런데 대나무가 이제 귀하고 그러면 산에서도 가늘고 곧은 것 막 쪄다가도 엮고. 이제 이런 나무 뻐개서도 가늘고 곧게 해서 엮기도 하고. 대나무가 좋지요. 그러니까 주로 대나무도 많이 들어가고 예전에 이제 김발 하다가 이제 못 쓰게 된 것 헐값으로 사다가 뻐개서 이제 엮기도 하고 그래 가지고는 이제 벽을 바르지요, 벽을. 흙 이겨 가지고 흙을 맨 흙을 이기면 그냥 벌어져 버려요. 그러니까 이제

지비나 그렁 거슬 써:러서 서꺼가꼬 인자 이게서 인자 보르지요. 그레가
꼬 인자 처으메 보른 놈 함삐짝[28] 볼라노믄 그노미 어 정 어느정 몰라사
그 너메로 보르게 됩니다. 하루에는 양:짝 모:뽈라요. 그러나거쏘이~? 이
쪽 볼라노믄 저쪼게서 ** 떠러저불지요. 그랑께 어느정 몰라사 보르지요.
그레가꼬는 볼라가꼬는 다시 인자 제:치리라고 노느글 파다가 인자 얼메
이~로[29] 처서 몽굴게 처서 인자 수사[30] 몽:근 걸 여:코는 이게서는 인자
제:치리라고 고오께 딱 보르지요, 마라자먼. 그레가꼬 거그다 인자 종우
보릅니다.

그레요이~. 그러면 바다게다 요 저기 방빠다근 어떠케 노땀.

˜ 예, 방빠다근 그런 떼는 뭐 보일라가 이씨꺼요 머:시 이씨꺼시요?[31]
그렁거슨 저:녀엄꼬 부어글 할라이~까 방또글[32] 놔야지요. 방또기 납짜:간
야룬[33] 도:기 어디가 이런데가 이씀니까? 데:락쩌기로바서 우리동네서는
쩌: 닥써미라고[34] 그거슨 서:메서 나니까 사오기도 하고. 야 먼:데서 그
도:글 사오는데. 마:라자먼 항간치[35] 항간치에 엄:마 이케 주고 사옴니다.
사다가 인자 고노믈 가따노코는 그 이:라는 사라미 이써요, 기술짜가. 그
사람 데려다 인자 노치요, 마라자먼. 딱: 반바나이~ 미테다 인자 독: 궤:고
인자 땅: 노코는 우게는 인자 흐기로 딱 바르지요. 그라고 인자 부어게다
자 부사글[36] 불뗄떼를 숟 걸고 땅 멩기라요. 그레가꼬는 인자 거그다 부
를여:먼 소테껕[37] 끌:코 여그 방 따숩꼬 그러치요.

근데 그 방 이 돌 이르미 머라고 그레씀니까 논 돌?

˜ 아 도 도:기요?

예, 그거뽀고 머:라그럼니까?

˜ 그거뽀고 방:도기라고 그라지요. 방 방 논는 도:기라고 방:똑.

아 방또기라고 그러. 그거 논능 거시 잘놔야 되자나요이~?

˜ 그러치요, 그랑께 기술짜가 노찌요. 구녀겁:씨 잘:놔사 흑또 암빠꼬
그러치 앙커써요? 그라고 인자 미테 괴능거또 제데로 괴아야.

거기에다가 짚이나 그런 것을 썰어서 섞어 가지고 이제 이겨서 이제 바르지요. 그래 가지고 이제 처음에 바른 것을 한쪽 발라 놓으면 그것이 어느 정도 말라야 그 너머로 바르게 됩니다. 하루에는 양쪽 못 발라요. 그렇잖겠소? 이쪽 발라 놓으면 저쪽에서 ** 떨어져 버리지요. 그러니까 어느 정도 말라야 바르지요. 그래 가지고는 발라가지고는 다시 이제 재칠이라고 논흙을 파다가 이제 어레미로 쳐서 곱게 쳐서 이제 수사 몽근 것 넣고는 이겨서는 이제 재칠이라고 곱게 딱 바르지요, 말하자면. 그래 가지고 거기에다 이제 종이 바릅니다.

그래요. 그러면 바닥에다 저기 방바닥은 어떻게 놓답.

￣ 예, 방바닥은 그런 때는 뭐 보일러가 있겠소, 뭐가 있겠소? 그런 것은 전혀 없고 부엌을 하려니까 구들장을 놓아야지요. 구들장이 납작한 얇은 돌이 어디에 이런 데에 있습니까? 대략적으로 봐서 우리 동네에서는 저 닭섬이라고 그것은 섬에서 나니까 사 오기도 하고. 야 먼 데서 그 돌을 사 오는데. 말하자면 한 치, 한 치에 얼마, 이렇게 주고 사 옵니다. 사다가 이제 그것을 가져다 놓고는 그 일 하는 사람이 있어요, 기술자가. 그 사람 데려다가 이제 놓지요, 말하자면. 딱 반반하게 밑에다 이제 돌 괴고 이제 딱 놓고는 위에는 이제 흙으로 딱 바르지요. 그리고 이제 부엌에다 이제 아궁이를 불 땔 곳을 솥 걸고 딱 만들어요. 그래 가지고는 이제 거기에다 불을 넣으면 솥엣것 끓고 여기 방 따뜻하고 그러지요.

그런데 그 방, 이 돌 이름이 뭐라고 그랬습니까, 놓는 돌?

￣ 아, 돌이요?

예, 그걸 보고 뭐라고 그럽니까?

￣ 그걸 보고 '방독'이라고 그러지요. 방, 방 놓는 돌이라고, '방독'.

아, '방독'이라고 그러. 그걸 놓는 것이 잘 놓아야 되잖아요?

￣ 그렇지요. 그러니까 기술자가 놓지요. 구멍 없이 잘 놓아야 흙도 안 빠지고 그렇잖겠어요? 그리고 이제 밑에 괴는 것도 제대로 괴어야.

그 괴:능걸 머라고 고거또 이르미 이씀니까?

‾ 그거뽀고 괴:또기라[38] 하냐 어짜냐.

게또기라고요?

‾ 에 괸:다고. 그런데 그걸 잘롸야 여그서 부럴려면 부리 싹: 드러가고 방도 따숩꼬 델쑤이쓰면 예:저네는 불려면 방이 따쑤와야 안쓰거씀니꺄? 불려:도 방이 안 따쑤먼 큰 이:리지라 시얀 살:라먼.

그러지요.

‾ 순저니 그라이~까 시방은 보일라를 딱 조절헤:노믄 저혼자 십칠또면 십칠또로 헤:노으면 방이 따수아저가꼬 십팔또가 데먼 저 혼자 꺼저따가 인자 바메 쫌 한 시가니나 데먼 인자 도:쑤가 네레가면 저 혼자 또 사라나고 그라나요? 에:저네는 지여게 불 함번 녀면 아침까장 어짤 쑤 업씨 그데로 사라야 뎀니다. 바메 가서 불련는 사라믄 업:꼬

그러치.

‾ 그러치 앙커써요?

그러네요. 여그 인제 요 마루는 어터케 깔지요, 마루 까능거.

‾ 에, 반:치미라[39] 하지요.

아 여기는 반:치미라 그러지요.

‾ 예, 반:침믄 그 사투링가 어짱가 모르거씀니다마는 그거시 마루라고 도 하고 반:치미라고도아고 그러씀니다. 응 저 목쑤가 노치요, 저건. 마: 라자먼 딱: 나무 판자 써다가[40] 데:파로 까까서 저 노치요.

여기에 요고는 천장 아님니까?

‾ 예, 천장이요.

천장은 어터케 그냥 멀: 판자로 이러케 만들 막.

‾ 아 지그 현:제로 바서는.

엔:나레, 엔:날가트먼.

‾ 엔:나레는 가꾸먹[41] 이러케 반자라고[42], 반자라고 가꾸먹 이케 졸:졸

그 괴는 것을 뭐라고 그것도 이름이 있습니까?

⌐ 그걸 보고 굄돌이라고 하냐 어쩌냐?

굄돌이라고요? ˙   .

⌐ 예, 괸다고. 그런데 그걸 잘 놓아야 여기서 불을 넣으면 불이 싹 들어
가고 방도 따뜻하고 될 수 있으면 예전에는 불 넣으면 방이 따뜻해야 되잖
겠습니까? 불을 넣어도 방이 따뜻하지 않으면 큰일이지요, 겨울 살려면.

그렇지요.

⌐ 순전히 그러니까 지금은 보일러를 딱 조절해 놓으면 저 혼자 17도면
17도로 해 놓으면 방이 따뜻해져 가지고 18도가 되면 저 혼자 꺼졌다가
이제 밤에 좀 한 시간이나 되면 이제 도수가 내려가면 저 혼자 또 살아나
고 그러잖아요? 예전에는 저녁에 불 한 번 넣으면 아침까지 어쩔 수 없이
그대로 살아야 됩니다. 밤에 가서 불 넣는 사람은 없고.

그렇지.

⌐ 그렇지 않겠어요?

그러네요. 여기 이제 이 마루는 어떻게 깔지요, 마루 까는 것?

⌐ 예, '반침'이라 하지요.

아, 여기는 '반침'이라 그러지요.

⌐ 예, '반침'은 그 사투리인지 어쩐지 모르겠습니다마는 그것이 마루라
고도 하고 '반침'이라고도 하고 그렇습니다. 응 저 목수가 놓지요, 저것은.
말하자면 딱 나무판자 켜다가 대패로 깎아서 저 놓지요.

여기에, 이것은 천장 아닙니까?

⌐ 예, 천장이오.

천장은 어떻게, 그냥 뭘 판자로 이렇게 만들 막?

⌐ 아, 지금 현재로 봐서는.

옛날에, 옛날 같으면.

⌐ 옛날에는 각목 이렇게 반자라고, 반자라고 각목 이렇게 졸졸 해서는

헤:가꼬는 종우로 막 바로 헤:써요. 마:라자먼 데:락 종우로 풀치레노먼 쪼간 느러난 페니 이써. 인자 척척한[43] 노믄 그레서 인자 이놈 걸:꼬 저놈 걸:꼬 인자 보루먼 몰라지먼 펭펭헤저라. 그라나띰자[44]? 그레가꼬 종우로만 이케 볼란는데 지금 현:제 이런 천장은 시데가 시데인만쿰 그 가꾸먹 걸:꼬 베니다로 점:부하고 종우 볼라쪼.

  엔:나레 그냥 강목이 예. 인자도이~. 그 다으메 지금 이러케 유리창으로 되이찌 안씀니까? 저네는 창이?

  ˉ 시:살창이라고[45] 하지요.

  시:살창이라 헤찌요?

  ˉ 예, 그거뽀고 시:살창이라에. 목쑤가 짬니다. 그거 짜 문짜는데 이:상[46] 도:니 상당이 마:니 메케요[47]. 나무도 존:놈 가따 써야데고 또 밤:며네 문 널:고[48] 다꼬하는 요거 요거뽀고는 시방 혀:네[49] 장서기라[50] 하지라. 그란데 그 이전 그 시:살창무는 지도리라게써[51] 지도리.

  지도리?

  ˉ 에, 지도리도 성:낭까네서[52] 치여야데는데 그 상당이 비싸라, 치오는데. 인자 순:저니 일려그로 멩기는거다니요? 기게로도 멩기능거아이~고. 그랑께 이상 비싸게 메키지요. 고노믈 질러가꼬 인자 널:고다꼬 하지요.

  집 엔:나레는 데게 지붕은 기와::보다는 그냥 저기여찌요, 마람.

  ˉ 그러치요.

  마람.

  ˉ 돈:인는 사라믄 혹씨 가다가 돈 마이~인는 사라믄 기와이고. 그라나먼 점:부 마람.

  그런 지블 머:라고 부름니까?

  ˉ 초지비라[53] 하지요.

  초지비라 부르지요. 데:부부니 초지비연네요?

  ˉ 에 데:부부니 초지비지요.

종이로 막 바로 했어요. 말하자면 대략 종이로 풀칠해 놓으면 조금 늘어나는 편이 있어. 이제 축축한 것은 그래서 이제 이것 걸고 저것 걸고 이제 바르면 말라지면 팽팽해져요. 그렇잖습디까? 그래 가지고 종이로만 이렇게 발랐는데 지금 현재 이런 천장은 시대가 시대인 만큼 그 각목 걸고 베니야판으로 전부 하고 종이 발랐지요.

옛날에 그냥 각목이 예. 이제도. 그 다음에, 지금 이런 유리창으로 되어 있지 않습니까? 전에는 창이?

¯ 세살창이라고 하지요.

세살창이라고 했지요?

¯ 예, 그것보고 세살창이라고 해. 목수가 짭니다. 문 짜는 데 제법 돈이 상당히 많이 들어요. 나무도 좋은 것 가져다 써야 되고 또 반면에 문 열고 닫고 하는 이거보고는 지금 현재 경첩이라 하지요? 그런데 그 이전 그 세살창문은 돌쩌귀라고 했어, 돌쩌귀.

돌쩌귀?

¯ 예, 돌쩌귀도 대장간에서 쳐야 되는데 그것이 상당히 비싸요, 쳐 오는데. 이제 순전히 인력으로 만드는 것 아니오? 기계로도 만드는 것 아니고 그러니까 제법 비싸게 들지요. 그것을 질러 가지고 이제 열고 닫고 하지요.

집, 옛날에는 대개 지붕은 기와보다는 그냥 저거였지요, 이엉.

¯ 그렇지요.

이엉.

¯ 돈 있는 사람은 혹시 가다가 돈 많이 있는 사람은 기와 이고 그렇지 않으면 전부 이엉.

그런 집을 뭐라고 부릅니까?

¯ '초집'(초가집)이라 하지요.

'초집'이라 부르지요. 대부분이 '초집'이었네요?

¯ 예, 대부분이 '초집'이지요.

근데 인제 돈:좀 인는 사라믄.

⁻ 기아.

기아 기아가 이꼬.

⁻ 단 지붕에 이능거슨 그거빼께 업:써서 에:저네는.

기와 기와는 그거슨 요세는 다 기와로 이등가요 아니면 그 스레트 머 멍:가요 요세는?

⁻ 아 요세:는 스레또로 쪼그로 주로 함부를 싹: 헨는데. 요세는 데:락 우리 동네서 집지스면 스라부집 지:쩨. 그라고 인자 그전 스레또로 한 놈게:시 할라면 그 지아양출 우리집가치 기아 양칠 이:고 그랍띠다.

양처린데 기와 모양으로 되이써요?

⁻ 예, 그러치요, 무누가[54]. 딱 찌게나서, 딱딱 찌게나서 그란디 그거시 아여~에라 아여~. 녹또 안 나고[55]. 그레인자 나도 거:장녀네[56] 사:벵 늑씨빙가 주고 헹:낭까장 헨:는데. 여그 기아가치 셍긴 노미 더 세미 수멩이 쪼:깐 자룹따갑띠다[57]. 쩌그저 골:도단보다[58]. 헹낭에는 골:도다니로 안 지여쏘?

골:도다니요?

⁻ 고랑고랑 인능거. 그라고 여그는 기아 시기로 진는 이거하는데 요노미 더 쪼깐 셍멩이 조깐 자룹다게라 그러나 한 칠씸년 전딘다갑띠다.

칠씸년 데단허네요. 함편생 지붕 일: 이른.

⁻ 그러지요.

업껜네요.

⁻ 근데 요고 헤:농께 조:킨 합띠다, 절:떼 그전 스레또로 헤씰떼는 테레쓰에도 더러 비가 세고 그렌는데 비셀 이:치는 업:써라. 하는데봉께 하여간 비는 절:떼 안세고 또 뿜마 아이~라 이실만 와도 무리네리요, 이실만 와도 무리 네레.

**** 말라이껜네요.

⁻ 에, 미끼럽꼬 어디가 머글떼가 업:꼬 스레또는 상:당하니 먹씀니다.

그런데 이제 돈 좀 있는 사람은.

¯ 기와.

기와, 기와가 있고.

¯ 단, 지붕에 이는 것은 그것밖에 없었어. 예전에는.

기와, 기와는 그것은 요새는 다 기와로 이던가요, 아니면 그 슬레이트 뭔, 뭔가요 요새는?

¯ 아, 요새는 슬레이트 쪽으로 주로 한 벌을 싹 했는데. 요새는 대략 우리 동네서 집 지으면 슬라브집 짓지. 그리고 이제 그전 슬레이트로 한 것 개조하려면 그 기와 양철 우리집같이 기와 양철 이고 그럽디다.

양철인데 기와 모양으로 되어 있어요?

¯ 예, 그렇지요, 무늬가. 딱 찍어 놓아서, 딱딱 찍어 놓아서 그런데 그것이 아연이에요 아연. 녹도 안 슬고. 그래 이제 나도 재작년에 사백육십인가 주고 행랑까지 했는데. 여기 기와같이 생긴 것이 더 수명이 조금 짧다 합디다. 저기 저 '골도단'보다. 행랑에는 골도단으로 지었잖소?

골도단이요?

¯ 고랑고랑 있는 것. 그리고 여기는 기와식으로 짓는 이것 하는데 이것이 더 조금 생명이 조금 짧다고 해요. 그러나 한 70 년 견딘다고 합디다.

70 년, 대단하네요. 한 평생 지붕 일 일은.

¯ 그렇지요.

없겠네요.

¯ 그런데 이것 해 놓으니까 좋긴 합디다. 절대 그전 슬레이트로 했을 때는 테라스에도 더러 비가 새고 그랬는데, 비 샐 이치는 없어요. 하는 것 보니까 하여간 비는 절대 안 새고 또 뿐만 아니라 이슬만 와도 물이 내려요, 이슬만 와도 물이 내려.

**** 말라 있겠네요.

¯ 예, 미끄럽고 어디에 먹을 데가 없고 슬레이트는 상당히 먹습니다.

처:메 비와서는. 얼릉 안 네레요, 머그니까. 인자 다: 머꼬 나문 노미 인자 네리지라 그떼부터.

그러지요이~. 집또 이게 모양하고 크기에 따라서 이르미 다르다고 그러거드뇨. 인제 보통 메카니냐 카네서 그 집 이르미 정헤지잔씀니까?

⌐ 머: 칸쑤로 먼 사:카니먼 사:칸, 오:카니먼 오:칸. 또 밤:며네 거가 요케 기역쏘느로 데야쓰먼 꼭뚜마리찝[59].

꼭뚜마리찝 아, 기역짜로.

⌐ 에, 기역짜로 데야씨먼.

아까 꼭뚜마리는 물레: 쓰던 그거.

⌐ 에 마씀니다.

활 네:다 쓰먼 거 모양이 기역짜로 된 모양이지요?

⌐ 거까장은 고노먼 기역짜로까장 안데얀는데. 요 집 요러케 그 기역짜로 덴노믄 꼭뚜마리찌비라고 데:략 하지요.

아 그러씀니까? 데:게 이쪽 지방은 꼭뚜마리찌비 만:씀니까, 아니면 일짜로 된 지비 만:씀니까?

⌐ 데:락 일짜로 진는지비 만:치요.

그러지요 그러면 일짜로 된 집은 그건 머:라고 부름니까?

⌐ 거까장은 나 모르거쏘.

하하 그레요이~ 에. 그러먼 아주 그 가나나단 사람드리 사:는 집 이짠슴니까? 허수라게된 집 그렁 거슨 머:라고 부르.

⌐ 가나난 지비요?

예. 제데로 머 마루도 업:꼬 그냥 방도 항카니고.

⌐ 아::주 에:저네는 (4초) 우덜알기는 가나난 사라믄 베짜게다[60] 종우도 모:뽀르고 시야네도 이불 가틍거또 업:씨 그케 사라써요. 그레요.

이불도 업:씨요?

⌐ 에, 이불도. 우덜또 암:니다. 멘 찌비 그케 사라따능 거슨.

처음에 비 와서는. 얼른 안 내려요, 먹으니까. 이제 다 먹고 남은 것이 이 제 내리지요, 그 때부터.

그렇죠. 집도 이것이 모양하고 크기에 따라서 이름이 다르다고 그러거든요. 이제 보통 몇 칸이냐 칸에서 그 집 이름이 정해지잖습니까?

˚ 뭐 칸수로 뭐 4칸이면 4칸, 5칸이면 5칸. 또 반면에 거기가 이렇게 기 역자로 되어 있으면 꼭지마리집.

꼭지마리집? 아, 기역자로?

˚ 예, 기역자로 되어 있으면.

아까 꼭지마리는 물레 쓰던 그거?

˚ 예, 맞습니다.

활 내다 쓰면 모양이 기역자로 된 모양이지요?

˚ 거기까지는 그것은 기역자로까지는 안 되었는데. 이 집, 이렇게 그 기역자로 된 것은 꼭지마리집이라고 대략 하지요.

아, 그렇습니까? 대개 이쪽 지방은 꼭지마리집이 많습니까, 아니면 일자로 된 집이 많습니까?

˚ 대략 일자로 지은 집이 많지요.

그러지요, 그러면 일자로 된 집은 그것은 뭐라고 부릅니까?

˚ 거기까지는 나 모르겠소.

하하 그래요. 그러면 아주 그 가난한 사람들이 사는 집 있잖습니까? 허술하 게 된 집 그런 것은 뭐라고 부르?

˚ 가난한 집이요?

예. 제대로 뭐 마루도 없고 그냥 방도 한 칸이고.

˚ 아주 예전에는 우리들 알기는 가난한 사람은 벽에 종이도 못 바르고 겨울에도 이불 같은 것도 없이 그렇게 살았어요. 그래요.

이불도 없이요?

˚ 예, 이불도. 우리들도 압니다. 몇 집이 그렇게 살았다는 것은.

그럼 먼: 더플 꺼또 업:씨요?

⌐ 더플 꺼 업씨 살:지요. 할 쑤 업씽게 그케 살:지요. 안주긍게 살:고. 그란데 그케 달런데먼 또 궨찮항거십떠다.

인자 바다근 그런 장판도 물론 업:꼬 뭐.

⌐ 데:라근 에:저네는 저 지비로 짜서 바다게다 깔고. 그러치 아나먼 저 자리 자리 깔고. 집짜리가 또 따쑵땁떠다 머 집짜리 깔먼.

겨울 참 나기 힘드러쓸텐데.

⌐ 그러치요. 메:찌비 그러케 사라써요. 먼 도:리가 업:씨 그케 살지요. 집또 인제 그 인제 흐그로 지은 집또 이꼬

⌐ 에

뭐 돌:로 지은 집또 이꼬 이러케 저 제료에 따라서 이르미 다르지 안씀니까?

⌐ 그 저네는 주로 흐기로 지:꼬 돌:로 진는 지븐 벨로 업:썬는데. 이 이 중녀네 따라서 인자 돌: 께:다가 경치똘로 이케 지:꼬 그랍떠다.

엔:나레는 데:게는 다.

⌐ 그러치요, 그런떼는 먼 기수리이쏘 히미이쏘, 가줄 히미도 업:찌요.

그러지요이~. 집 지슬때 연장 아까 그 벽 빠를때 흑까틍거 이러케 헤서 께: 끄다게 바를라면 연장이 피료하지 안씀니까?

⌐ 그러치요.

그 어:떤 연장드리 피료해요?

⌐ 그거뽀고 세소니라[61] 하지요, 세손.

세손 세소는 이러케.

⌐ 흑빠르는 세손. 그놈가꼬 또 흑또 바르고 공굴:도 바르고 그거뽀고 세소니라 함니다.

세소니라 하고요이~.

⌐ 에, 그라고 인자 이케 흑 반능거슨 흑빠지라[62] 하고.

흑빠지라 하고요이~? 그런 아까 인제 나:무가틍 거 인자 데:서 이러케 까끌 때

그러면 뭐 덮을 것도 없이요?

⎯ 덮을 것 없이 살지요. 할 수 없으니까 그렇게 살지요. 안 죽으니까 살고. 그런데 그렇게 단련되면 또 괜찮은 것입디다.

이제 바닥은 그런 장판도 물론 없고 뭐.

⎯ 대략은 예전에는 저 짚으로 짜서 바닥에다 깔고. 그렇지 않으면 저 자리, 자리 깔고. 짚자리가 또 따뜻하다고 합디다. 뭐 짚자리 깔면.

겨울 참 나기 힘들었을 텐데.

⎯ 그렇지요. 몇 집이 그렇게 살았어요. 무슨 도리가 없이 그렇게 살지요.

집도 이제 그 이제 흙으로 지은 집도 있고.

⎯ 예.

뭐 돌로 지은 집도 있고 이렇게 저 재료에 따라서 이름이 다르지 않습니까?

그 전에는 주로 흙으로 짓고 돌로 짓는 집은 별로 없었는데. 이 근년에 따라서 이제 돌 깨다가 견칫돌로 이렇게 짓고 그럽디다.

옛날에는 대개 다.

⎯ 그렇지요, 그런 때는 무슨 기술이 있소? 힘이 있소? 가져올 힘도 없지요.

그렇지요. 집 지을 때 연장 아까 그 벽 바를 때 흙 같은 것 이렇게 해서 깨끗하게 바르려면 연장이 필요하지 않습니까?

⎯ 그렇지요.

그 어떤 연장들이 필요해요?

⎯ 그것보고 흙손이라 하지요. 흙손.

흙손, 흙손은 이렇게.

⎯ 흙 바르는 흙손. 그것 가지고 또 흙도 바르고 콘크리트도 바르고 그 것보고 흙손이라고 합니다.

흙손이라 하고요.

⎯ 예, 그리고 이제 이렇게 흙 받는 것은 흙받기라 하고.

흙받기라 하고요? 그런 아까 이제 나무 같은 것 이제 대어서 이렇게 깎을 때

는 머: 가지고 까끈다고?

¯ 에 나무 비능 거슨 짜르능 거슨 톱, 깡:는 거슨 큰짜구라고. 마:라자먼 큰 짜구로 그 짜구가 이케 요마나[63] 너루까 고런 노미로 찌게서 깡까요. 그라고 인자 고노믈 깡:끈노믈 메끼레이[64] 할라먼 데:파로 인자 미기지요, 데:파로. 그라고 인자 구녀글 팔라먼 끌로 파고.

그리고 인제 데:파가퉁거슨 나리 다라지먼 어:터케.

¯ 어 늘짱[65] 다라지먼 가라야지요.

어:따 감니까?

¯ 시뚜레다[66] 가라야지요.

그레요?

¯ 에. 시뚜레서 거친놈 몽근노미 인는데 몽근노메서 그노믈 다 갈:라먼 한:정 업:씨니까[67]. 거친노메서 어느정 가라가꼬 몽근노메서 날리를[68] 바 거야지요, 날리를 몽근노메서.

지베도 여러가지 명칭 부분 명칭이 이써요. 아까 그 기둥 미테 돌: 세운 거슬 무슨 도리라고?

¯ 주추똑.

에, 그렁 거또 이꼬. 그리고 인자 기둥도 이꼬. 또 기둥에 이러케 그 그거 머라고 그럼니까?

¯ 이건 보: 에 보:라고.

보가 이꼬.

¯ 이거 모루[69].

모루요?

¯ 에 이러케 질:게 걸:칭 거슨 모루

아 모루라고, 그 다으메 이 이러케 사라므로치먼 뭐 갈비뼈처럼 이러케 인능 거슨 머:라고 그럼니까?

¯ 어, 세낄.

는 뭘 가지고 깎는다고?

￣ 예, 나무 베는 것은 자르는 것은 톱, 깎는 것은 큰 자귀라고. 말하자면 큰 자귀로 그 자귀가 이렇게 이만큼 넓을까 그런 것으로 찍어서 깎아요. 그리고 이제 그것을 깎은 것을 매끈하게 하려면 대패로 이제 먹이지요, 대패로. 그리고 이제 구멍을 파려면 끌로 파고.

그리고 이제 대패 같은 것은 날이 닳아지면 어떻게?

￣ 어, 늘 닳아지면 갈아야지요.

어디에 갑니까?

￣ 숫돌에다 갈아야지요.

그래요?

￣ 예, 숫돌에서 거친 것 고운 것이 있는데 고운 것에서 그것을 다 갈려면 끝이 없으니까. 거친 것에서 어느 정도 갈아 가지고 고운 것에서 날을 박아야지요, 날을 고운 것에서.

집에도 여러가지 명칭, 부분 명칭이 있어요. 아까 그 기둥 밑에 돌 세운 것을 무슨 돌이라고?

￣ 주춧돌.

예, 그런 것도 있고. 그리고 이제 기둥도 있고. 또 기둥에 이렇게 그 그거 뭐라고 그럽니까?

￣ 이건 보. 예, 보라고.

보가 있고.

￣ 이건 마룻대.

마룻대요?

￣ 예, 이렇게 길게 걸친 것은 마룻대.

아, 마룻대라고? 그 다음에 이 이렇게 사람으로 치면 뭐 갈빗뼈처럼 이렇게 있는 것은 뭐라고 그럽니까?

￣ 어, 서까래.

에?

⁻ 세낄.

세끼리라고 그레요?

⁻ 응 동굴동구:라니 헤서 하능 걸 세낄.

그 인제 세낄가틍 거시 바까트로도 쭝: 나오 나올 쑤가 이찌요, 이러케.

⁻ 나가지요.

에, 가끔 나오지요. 끄테 끄테 인능 거슨 머:락 함니까 끄테 바꼬로 나가가지고.

⁻ 세낄 바께 인능 거시요?

아니 인자 지붕 이여가지고 인자 이러케 바까트로 하여튼 그 지베 여러가지 명칭 부분 명칭드른 어떵거뜨리 인는지 잘 모 셍가게 보세요.

⁻ 그그 세낄 바께는 지시라기지요, 지시락.

지시라깁니까?

⁻ 세낄 바께는 지시락. 그랑께 인자 비 오면 지시랑물 떠러진다고 지시랑물 떠러진다고 그라나요? 마:라자면 그라고 인자 지붕 지베 열:떼는 미트로 연:능거슨 마람. 젤: 가운데 이:능 거슨 용마람.

그러지요이~.

⁻ 그라고 인자 마라자먼 뼁:돌레 안 버시지게 데로 노코 이 쒸세서 쩌:미능거슨 지시락떼[70].

아 지시락떼라. 그 다으메 (7초) 이런 정도 하먼 되게씀니다. 지블 세로 지을 떼 터를 다진다거나 또는 머 들뽀를 올린다거나 이러머는 또 으시근 으시기 이짜나요?

⁻ 으시기 머:요?

그니깐 사:람드리 모여가지고 머 헹사를 허지 안씀니까?

⁻ 아: 헹사?

에.

예?

‾ 서까래.

서까래라고 그래요?

‾ 응, 둥글둥글하게 해서 하는 것을 서까래.

그 이제 서까래 같은 것이 바깥으로도 쭉 나올 수가 있지요, 이렇게?

‾ 나가지요.

예, 가끔 나오지요. 끝에 끝에 있는 것은 뭐라고 합니까, 끝에 밖으로 나가
가지고.

‾ 서까래 밖에 있는 것이오?

아니, 이제 지붕 이어서 이제 이렇게 바깥으로 하여튼 그 집에 여러가지 명
칭들은 어떤 것들이 있는지 잘 생각해 보세요.

‾ 그 서까래 밖에는 기스락이지요, 기스락.

기스락입니까?

‾ 서까래 밖에는 기스락. 그러니까 이제 비 오면 기스락물 떨어진다고
기스락물 떨어진다고 그러잖소? 말하자면 그리고 이제 지붕 짚 해 넣을
때는 밑으로 넣는 것은 이엉. 제일 가운데 이는 것은 용마람.

그렇지요.

‾ 그리고 이제 말하자면 빙 둘러서 안 벗겨지게 대로 놓고 쑤셔서 잡아
매는 것은 기스락대.

아, 기스락대라. 그 다음에 이런 정도 하면 되겠습니다. 집을 새로 지을 때
터를 다진다거나 또는 뭐 들보를 올린다거나 이러면 또 의식, 의식이 있잖아
요?

‾ 의식이 뭐요?

그러니깐 사람들이 모여 가지고 뭐 행사를 하지 않습니까?

‾ 아, 행사?

예.

ˉ 데:락쩌기로 바서 우리는 집 네가 아는 머:시로 바서는 서너 너데체. 우더리 목쑤이른 할 쭐 모릉께 인자 웨를 형님 시기는데로 웨를 여꼬 인자 흑 빠르는 흑또 이기고 인자 이러케 헨:는데. 그 시기라 하능거슨 그 상:냥할 떼 마라자먼 지블 다 지서가꼬 인자 젤: 모루 세낄 걸:기 저네 모루 연질떼 모루에다 그 멘년또라고 쓰 쓰고 그라네씀니꺄? 고건 연질 떼 마라자먼 시글 하드마이~라. 상 차리고 ****.

상:냥할 떼요이~. 그 다으메 에 집찌끼는 이정도로 하게씀니다.

ᅳ 대략적으로 봐서 우리는 집 내가 아는 무엇으로 봐서는 서너 너덧 채. 우리들이 목수 일을 할 줄 모르니까 이제 외를 형님 시키는 대로 외를 엮고 이제 흙 바르는 흙도 이기고 이제 이렇게 했는데. 그 식이라 하는 것은 그 상량할 때, 말하자면 집을 다 지어 가지고 이제 제일 마룻대 서까래 걸기 전에 마룻대 얹을 때 마룻대에다 그 몇 년도라고 쓰고 그러잖았습니까? 그것 얹을 때 말하자면 식을 하더구먼요. 상 차리고 ****.

상량할 때요. 그 다음에 예, 집 짓기는 이 정도로 하겠습니다.

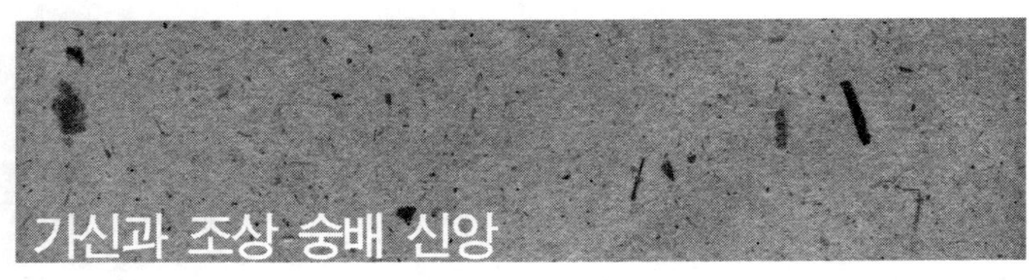</p>

가신과 조상-숭배 신앙

그 다으메 엔:날 사람드른 집 고꼬세가 고 시니 이따고 셍가헤떤 모양이지
요, 시니?

￣ 어:디가 시니 이써요?

그니깐 부어가네도 시니이꼬 다 그러케 미더따 이 마리예요.

￣ 에에에 그레 에.

어:디 어:디 머 그 그런그런.

￣ 그거 이름 다 이저부런는데 가마니써. 마레도[71] 시니이꼬 방에도 시
니이꼬 정제에도[72] 시니이따고 그라는데. 그 멩칭을 이저부러서 셍가기
얼릉 안나요.

에:: 그러면 그 시니이따 그러면 그 그 시난테다가는 어터케 먼?

￣ 명절떼::나 그런 떼는 상 차려노치요.

아, 그러슴니까?

￣ 에. 가마니꺼라 그 그거슨 다 이저부런네. 우더른 간심 안둥께 그런
데에. 반:치메다 상차려노코 부어게다 상차리고 그러지요.

그 다으메 머 소 외양깐 가튼데도 상 차려요?

￣ 웨양까는 자사이 모르거씀니다.

그먼 셈:까에느뇨 세:메.

￣ 에 세:메는 더러 차립띠다.

세:메는 차려요?

￣ 에.

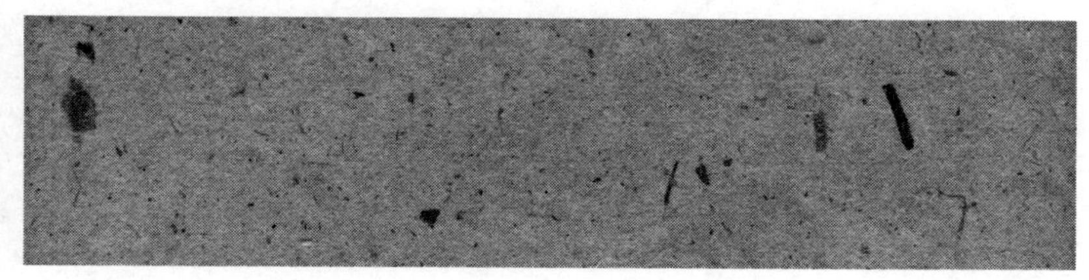

그 다음에 옛날 사람들은 집 곳곳에 그 신이 있다고 생각했던 모양이지요, 신이?

ᐨ 어디에 신이 있어요?

그러니까 부엌 안에도 신이 있고 다 그렇게 믿었다 이 말이에요.

ᐨ 예예예, 그래 예.

어디 어디 뭐 그 그런 그런.

ᐨ 그것 이름 다 잊어 버렸는데, 가만있어. 곡식 등을 넣어 두는 방에도 신이 있고 방에도 신이 있고 부엌에도 신이 있다고 그러는데. 그 명칭을 잊어 버려서 생각이 얼른 안 나오.

예, 그러면 그 신이 있다고 그러면 그 신한테다가는 어떻게 무슨?

ᐨ 명절 때나 그런 때는 상 차려 놓지요.

아, 그렇습니까?

ᐨ 예. 가만 있자, 그 그것은 다 잊어 버렸네. 우리들은 관심 안 두니까, 그런 것에. 마루에다 상 차려 놓고 부엌에다 상 차리고 그러지요.

그 다음에 뭐 소 외양간 같은 데도 상 차려요?

ᐨ 외양간은 자세히 모르겠습니다.

그러면 샘 가에는요, 샘에?

ᐨ 예, 샘에는 더러 차립디다.

샘에는 차려요?

ᐨ 예.

이:들 주로 명절 떼.

￣ 에, 그러치요 멩젤 떼 그람니다.

바블 바블 좀 헤논는다등가이~.

이들, 주로 명절 때.

ㅡ 예, 그렇지요, 명절 때 그럽니다.

밥을, 밥을 좀 해 놓는다든가.

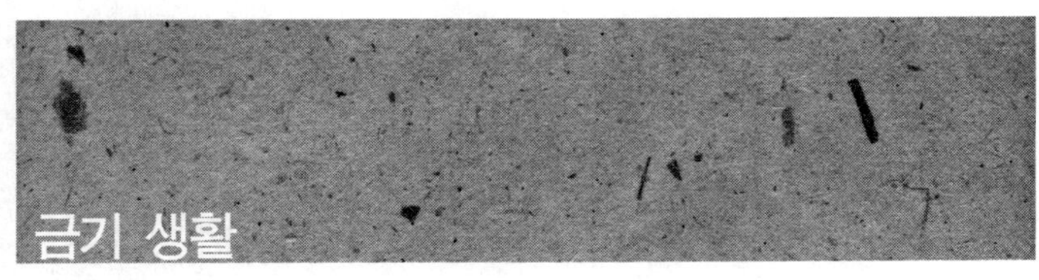

예, 그 다으메. 머 머 하면 안 된다, 이러한 풍소기 이써요. 에:를드러서 머 정초부터 여자가 동:네 바까트로 나가뎅이먼 안 된다 그럼 말도 이꼬 그러지 안씀니까?

⎯ 그렁 거또 이끼는 이꺼쏘마는 기여기 안나요.

기여기 안 나.

⎯ 기여기 안 나. 머 그런데다 관시믈 두거나 어쩨 헤:딴마리제 선셍니미 뜽:업씨[73] 무러봉께 얼릉 여꾸리 칼뿌리를 빨리 디요 어디? 물론 이께찌요.

그러면 에:를 드러서 혼사 겨론시키고 이럴때 여그 인자 쉽:께 셍가할 쑤 인 능건데 머 멀 헤:선 안된다. 어떵거시 이씀니까, 혼사? 에:를드러 이렁거 이찌요, 어디 그 머 상을당한 사라미 나무 혼사찌베 가먼 안된다.

⎯ 글쎄 우더른 그렁거 안 시여반는데.

아 그레요?

⎯ 에, 앙 게레바써,

상 당한 사라믄 나무지베 가면 머 흉한 이리 셍길쑤 이쓰니까.

⎯ 어:짜먼 먼: 기양 이:초가 업:써진다 어짜다 그렁 거 이찌마는 셍가기 나요?

셍가기 안 나시지요이~, 예.

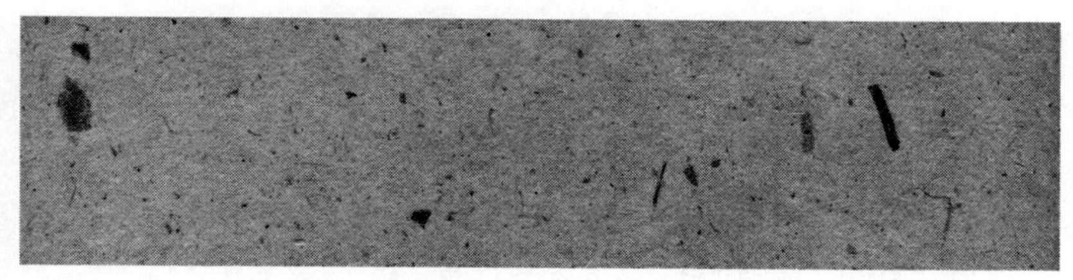

예, 그 다음에. 뭐 뭐 하면 안 된다, 이런 풍속이 있어요. 예를 들어서 뭐 정초부터 여자가 동네 밖으로 나다니면 안 된다 그런 말도 있고 그러지 않습니까?

⎺ 그런 것도 있기는 있겠습니다만 기억이 안 나요.

기억이 안 나.

⎺ 기억이 안 나. 뭐 그런 데에 관심을 두거나 어떻게 했단 말이지 선생님이 갑자기 물어 보니까 얼른 옆구리 **** 빨리 ** 어디? 물론 있겠지요.

그러면 예를 들어서 혼사, 결혼 시키고 이럴 때 여기 이제 쉽게 생각할 수 있는 것인데 뭐, 뭘 해서는 안된다, 어떤 것이 있습니까, 혼사? 예를 들어 이런 것 있지요, 어디 그 뭐 상을 당한 사람이 남의 혼삿집에 가면 안된다.

⎺ 글쎄, 우리들은 그런 것을 안 해 봤는데.

아, 그래요?

⎺ 예, 안 가려 봤어.

상 당한 사람은 남의 집에 가면 뭐 흉한 일이 생길 수 있으니까.

⎺ 어쩌면 뭐 그냥 이치가 없어진다 어떻다 그런 것은 있지마는 생각이 나오?

생각이 안 나시지요. 예.

■ 주석

1) '-으라?'는 '-으랴우?'로서 '-을까요?'처럼 화자의 제안을 나타내는 어미인데, 주어는 언제나 1인칭이다.
2) '술:참'은 '곁두리'의 방언형.
3) '-을 지 모르다'는 '-을 줄 모르다'의 방언 표현이므로 '지'는 '줄'에 대응하는 의존명사인 셈이다.
4) '뽀짝'은 매우 가까이 달라붙어 있는 모양을 나타내는 것으로서 '바싹'이나 '바짝'의 방언형. 다만 '바싹'이나 '바짝'은 '바싹 다가앉다'처럼 바로 뒤에 동사가 이어지지만 이 경우는 '뽀짝 우게'처럼 '위'라는 공간 명사 앞에 쓰여 '바로 위'라는 의미를 갖는다.
5) '공그리'는 '콘크리트'를 뜻하며, 일본식 발음에서 연유한 것이다.
6) '웨'는 표준어 '외'(椳)로서 흙벽을 바르기 위하여 벽 속에 엮은 나뭇가지를 가리킨다. 댓가지, 수수깡, 싸리 잡목 따위를 가로세로로 얽는다.
7) '없:-'처럼 장음으로 발음되는 /ㅓ:/는 진도 방언에서 /ㅗ:/로 변이되는 것이 보통이다.
8) '바작'은 '발채'의 방언형.
9) '보도시'는 '겨우'의 방언형. 옛말 'ㅂ드시' 참조.
10) '단:장'은 '담장'의 방언형.
11) '설 떼'는 '세울 때'의 방언 표현.
12) '다구다'는 '다지다'의 방언형.
13) '안 심니꺄?'는 '세우잖습니까?'의 방언형. 진도 지역어에서 '세우-'는 '세:-'로 실현되고 /ㅔ/가 /ㅣ/로 바뀌어 '시:'로 나타난다. '-습니꺄'는 '-습니까'에 대응하는 진도 지역어인데 중앙어와 달리 '꺄'처럼 이중모음으로 실현되는 것이 특징이다.
14) '지춧돌'은 '주춧돌'의 방언형.
15) '티다'는 '퉁기다'의 방언형.
16) '데:파질'은 '대패질'의 방언형.
17) '잠꽌'은 '잠깐'의 방언형.
18) '자사이'는 '자세히'의 방언형.

19) '세낄'은 '서까래'의 방언형.

20) '울력'은 여러 사람이 힘을 합하여 일하는 것을 뜻한다.

21) '서실'은 '산자'의 방언형. 지붕 서까래 위나 고미 위에 흙을 받쳐 기와를 이기 위하여 가는 나무오리나 싸리나무 따위로 엮은 것, 또는 그런 재료를 가리킨다.

22) '요마썩하니'는 '요만큼씩하게'의 뜻.

23) '떵기다'는 '던지다'의 방언형.

24) '중지'는 흙벽을 바를 때 중간에 대는 나무를 가리킨다.

25) '간장지롬하다'는 '가늘고 곧다'의 뜻.

26) 진도에서는 '뻐게다'로 쓰지만 전남의 다른 지역에서는 주로 '뽀게다'라고 한다.

27) '헤잇발'은 '김발'의 방언형. '헤이'는 海衣로서 '김'의 이 지역형이다. 김발은 양식장에서 김이 붙도록 대나무로 만든 발을 가리킨다.

28) '한삐짝'은 '한쪽'의 방언형. '한피짝'으로 미루어 보면 '쪽'의 옛말은 '쪽'과 같은 형이었을 것으로 추정된다.

29) '얼멩이'는 '어레미'의 방언형. '얼멩이'의 이전형 '얼멍이'가 옛말에 보인다. '아리쇠 사발 뎝시 술져 나모 쥬게 죠리 솔 슉치칼 키 얼멍이 믈총체 상 반 찻반 접잔≪박언 중:11≫/竹篩子 얼멍이≪역해 하:13≫.' 이익섭 외(2008)인 '한국언어지도'를 보면 '얼멩이'는 전남, 전북, 충남의 서해안 일대에만 제한되어 분포하는 특징을 보인다.

30) '수사'는 흙벽을 바를 때 벽에 금이 가지 않도록 마대를 찧거나 썩은새를 썰어서 절구통에다 넣고 찧어 부드럽게 만든 것으로서 벽을 바를 흙에 함께 섞어 사용한다.

31) '-을 것이오?'는 표준어의 '-겠소?'에 대응한다.

32) '방독'은 '구들장'의 방언형.

33) '야룹다'는 '얇다'의 방언형.

34) '닥섬'은 섬의 이름.

35) 돌의 크기를 나타내는 단위. '간치'는 아마도 '치' 정도에 대응하는 것으로 추정된다.

36) '부삭'은 '아궁이'의 방언형.

37) '솥엣것'은 '솥에 있는 것'으로서 처격 명사가 관형어로 기능할 때 사이시옷이 결합한 경우이다.

38) '굇독'은 '굄돌'의 방언형. 동사 어간에 사이시옷이 결합하여 후행명사와 합

성어를 이루는 구조이다.

39) ‘반:침’은 ‘마루’의 방언형.

40) ‘쓰다’는 ‘켜다’의 방언형으로서 나무를 세로로 톱질하여 쪼개는 것을 의미한다.

41) ‘가꾸목’은 각목의 일본식 발음.

42) ‘반자’는 지붕 밑이나 위층 바닥 밑을 편평하게 하여 치장한 각 방의 윗면을 말한다.

43) ‘척척하다’는 ‘축축하다’의 방언형.

44) ‘그라나띰자’는 ‘글안합딘자’의 음성형이며, ‘글안합딘자’는 ‘그렇지 않다’의 방언형인 ‘글안하다’에 ‘-습디갸’의 방언 실현형 ‘-습띤자’가 결합한 것이다. ‘-습띤자’는 ‘-습디갸’에서 구개음화와 /ㄴ/ 첨가가 이루어진 것이다.

45) ‘시:살창’은 ‘세살창’으로서 가는 살을 가로세로로 좁게 대어 짠 창문을 가리킨다.

46) ‘이상’은 ‘제법’의 방언형.

47) ‘돈이 먹히다’는 ‘돈이 들다’의 뜻.

48) ‘널:다’는 ‘열다’의 방언형.

49) ‘현:에’는 ‘현재’의 의미.

50) ‘장석’은 ‘경첩’의 방언형.

51) ‘지도리’는 ‘돌쩌귀’의 방언형.

52) ‘성냥간’은 ‘대장간’의 방언형.

53) ‘초집’은 ‘초가집’의 방언형.

54) ‘무누’는 ‘무늬’의 방언형.

55) ‘녹이 나다’는 ‘녹이 슬다’의 방언적 표현.

56) ‘거작년’은 ‘재작년’의 방언형. 전남 방언에서는 일반적으로 ‘그작년’이라고 하는데, 여기서는 ‘거작년’으로 발음되었다. 따라서 이 ‘거작년’은 ‘그작년’의 음성적 변이형일 수도 있지만, 한자 去에 ‘작년’이 결합된 것으로 볼 수도 있다. 표준어는 ‘재작년’과 같은 뜻으로 ‘거거년’을 사용하기 때문이다.

57) ‘자룹다’는 ‘짧다’의 방언형.

58) ‘골도단’은 지붕에 이는 신소재.

59) ‘꼭두마리’는 ‘꼭지마리’의 방언형. 집의 모양이 꼭지마리처럼 생겨서 ‘꼭두마리집’으로 불린다.

60) ‘베짝’은 ‘벽’의 방언형.

61) ‘세손’은 ‘흙손’의 방언형.

62) ‘흑빠지’는 ‘흙받기’의 방언형.

63) ‘요마나’는 ‘요만큼이나’의 의미.

64) ‘메끼레이’는 ‘메낄하니’의 음성 실현형으로서 ‘매끄럽게’의 뜻.

65) ‘늘짱’은 ‘늘상’의 방언형.

66) ‘시뚤’은 ‘숫돌’의 방언형.

67) ‘한정 없다’는 ‘한없다’의 뜻으로서 전남 방언에서 ‘한없이’와 함께 자주 쓰이
    는 표현이다.

68) ‘날리’는 ‘날’(刃)의 방언형.

69) ‘모루’는 ‘마룻대’의 방언형. 중세어 ‘ᄆᆞᄅᆞ’ 참조.

70) ‘지시락대’는 이엉이 벗어지지 않도록 기스락 주위를 둘러 대는 대를 가리
    킨다.

71) ‘마리’는 곡식 등을 넣어 두는 방을 가리킨다.

72) ‘정제’는 ‘부엌’의 방언형.

73) ‘뜽:없이’는 ‘뜬금없이’의 뜻.

질병과 민간 요법

1. 각종 질병과 민간 요법

2. 약초 캐는 과정과 주변 이야기

조:씀니다, 그 다:메. 그 다으메느요 병:에 과난 이야기요 병: 요거는 그냥 뭐 셍가기 나시게찌요, 병? 엔:나레 좀 마:니 아라떤 에를 드러서 피부 피부 그럼 어떵 거뜨리 이씀니까 그냥 마:니 사:람드리 아라?

⎯ 피부요?

에.

⎯ 무슨 피부요?

피부뼝.

⎯ 피부뼝먼.

엔:나레는 얼 얼구레 에드리 머이 셍기고 아이드리 머리에 뭐.

⎯ 부시럼도 셍기고 그레찌요. 그란디 그거슬 먼: 멩칭이라고 머:시라고. 아니 멩칭 아니고 부시러미 셍기구요.

⎯ 에 부시럼.

부시러믄 멀:보고 부시러미라 그레요, 어떵거?

⎯ 부시러미나 이리 이런 머리 이런데가 이케 막 부시럼 딱찌 딱찌가 이케 널:고 그랑거뽀고 부시러미라 헤요.

에:드란테 마:니 셍기지요?

⎯ 그러치요, 에:기드란테[1] 주로. 그라고 지금가칠로[2] 야기 발딸헤따요? 시방가트먼 그러먼 기양 가서 주:사만 메뻔 마즈먼 나서불고 그라는데. 에:저네는 어디가 그런 머시 이써써? 어짤쑤가 업:쩨. 그라고 에:전 어른드리 사능거시 차말로 세:상 먼 세:상이여뜨라. 참:말로 허:마게 사라쩨.

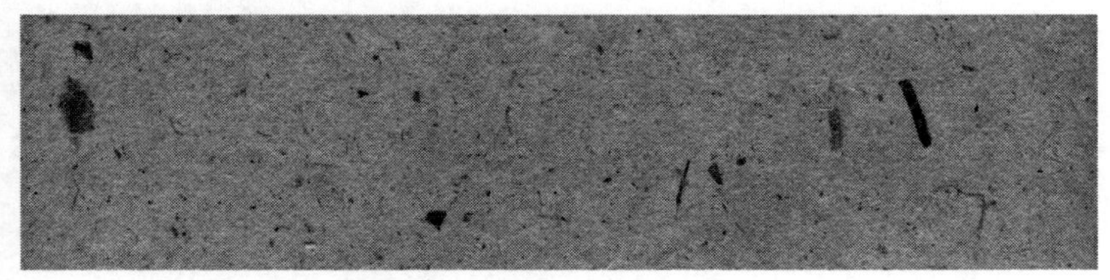

좋습니다. 그 다음에. 그 다음에는요 병에 관한 이야기예요, 병 이것은 그냥 뭐 생각이 나시겠지요, 병? 옛날에 좀 많이 앓았던, 예를 들어서 피부 피부 그럼 어떤 것들이 있습니까, 그냥 많이 사람들이 앓아?

￣ 피부요?

예.

￣ 무슨 피부요?

피부병.

￣ 피부병 무슨.

옛날에는 얼, 얼굴에 아이들이 무엇이 생기고 아이들이 머리에 뭐가.

￣ 부스럼도 생기고 그랬지요. 그런데 그것을 무슨 명칭이라고 뭐라고.

아니, 명칭 아니고 부스럼이 생기고요.

￣ 예, 부스럼.

부스럼은 뭘 보고 부스럼이라 그래요, 어떤 것?

￣ 부스럼이나 이리 이런 머리 이런 데에 이렇게 막 부스럼 딱지, 딱지가 이렇게 열고 그런 것보고 부스럼이라 해요.

애들한테 많이 생기지요?

￣ 그렇지요, 아이들한테 주로. 그리고 지금같이 약이 발달했대요? 지금 같으면 그러면 그냥 가서 주사나 몇 번 맞으면 나아 버리고 그러는데. 예전엔 어디에 그런 무엇이 있었어? 어쩔 수가 없지. 그리고 예전 어른들이 사는 것이 정말로 세상 무슨 세상이었대요? 정말로 험하게 살았지.

  그니까 에 위셍 깨끄다지 아느니까.
  ⌐ 에 허:마게 사라찌라. 에:전 어른드리 머 모요글 하요 머:슬 하요 이빠를 다끄요? 솔찌간말로 지금가칠로 치소리 머 이따요. 머단다요? 참:말로 허:마게 사라찌라. 에:저네는 사는데 보면 이 방이 쩨:까네가꼬 무니 쬐:까나고 그라니까 여르메는 더와서 방아네서 잘쑤가 업:써요. 그라니까 마당에다 밀:떼로 꺼정녀꺼서 마당에서 자는데 여페다 모구뿔 헤:노코 자면 오지가거쏘? 모구는 모구데로 제미보지라. 모구는 모구데로 제미바. 헤:씽께. 이:전 어른드리 그케 사라씀니다, 하여간 마:랄꺼업씨. 세:상이 세:상이 아니지라.
  그러니. 오레 살:기가 어렵쪼.
  ⌐ 에, 그라고 이:른 일:데로 선셍님 셍가게보씨오 아까치메도[3] 점:부 농사 진능거 마:레찌마는 어:쩨하든지. 시감만 이씨면 사네가 나무하제. 잔데기[4] 파서 거름 할라고 하제. 거름닐 하제. 하여간 그놈 점:부 저서 드:레다 놈바테다 네:제. 쉴:쎄가 업써라 쉴:쎄가. 이거 이전가트먼 요세 올:가튼날[5] 어디가 지베가 이써라. 하다모테 가 잔데기를 파든지 나무를 하든지 하제. 그러케 사:라믈 세:상을 사라쓰니 이:전 어른드리 단명하지요. 병:은 지금보다 더:레따합띠다 야기 업:씅께 그렌능가 몰라도.
  그레도 하여튼 병 걸리먼 꼼짜겁씨 죽짜나요? 근데 인제 부시럼 가틍 거또 이꼬 또 에 몸:머거서 그런지 그런떼 머 하:야케 셍긴 얼구리 하:야케 되자나요이~?
  ⌐ 그거뽀고 검:보지미라[6] 하냐 어짜냐 그케 그케도 하고, 또.
  또 이 주로 어려쓸떼 이러케 에들 아이들 보면 이:발소 이:발소에서 옴겨논 병인가 머리가 이러케 그거시 머리 머리가 요 병:이 셍게요 이:발소에서 기게에서 이러케.
  ⌐ 기게똑[7] 그거뽀고 기게또기라 하요.
  그러지요이~.

그러니까 예, 위생 깨끗하지 않으니까.

￣ 예, 험하게 살았지요. 예전 어른들이 뭐 목욕을 하오, 뭘 하오? 이를 닦소? 솔직한 말로 지금같이 칫솔이 뭐 있대요? 뭐 한대요? 정말로 험하게 살았지요. 예전에는 사는 데 보면 이 방이 조그마해 가지고 문이 조그마하고 그러니까, 여름에는 더워서 방안에서 잘 수가 없어요. 그러니까 마당에다 밀대로 거적 엮어서 마당에서 자는데 옆에다 모깃불 해 놓고 자면 오죽하겠소? 모기는 모기대로 재미 보지요. 모기는 모기대로 재미 봐. 했으니까. 예전 어른들이 그렇게 살았습니다. 하여간 말할 것 없이. 세상이 세상이 아니지요.

그러니. 오래 살기가 어렵죠.

￣ 예, 그리고 일은 일대로, 선생님 생각해 보십시오. 아까도 전부 농사 짓는 것 말했지마는 어떻게 하든지 시간만 있으면 산에 가서 나무하지. 마른 잡초 파서 거름 하려고 하지. 거름 일 하지. 하여간 그것 전부 져서 들에다, 논밭에다 내지. 쉴 틈이 없어요, 쉴 틈이. 이건 이전 같으면 요새 오늘 같은 날 어디 집에 있어요? 하다못해 가서 마른 잡초를 파든지, 나무를 하든지 하지. 그렇게 사람을, 세상을 살았으니 예전 어른들이 단명하지요. 병은 지금보다 덜 했다고 합디다. 약이 없으니까, 그랬는지 몰라도.

그래도 하여튼 병 걸리면 꼼짝없이 죽잖아요? 그런데 이제 부스럼 같은 것도 있고 또 못 먹어서 그런지 그런 때 뭐 하얗게 생긴, 얼굴이 하얗게 되잖아요?

￣ 그것보고 마른버짐이라 하냐? 어쩌냐? 그렇게 그렇게도 하고, 또.

또 주로 어렸을 때 이렇게 아이들 보면 이발소 이발소에서 옮겨진 병인가? 머리가 이렇게 그것이 머리가 이 병이 생겨요, 이발소에서, 기계에서 이렇게.

￣ 기계충, 그거보고 기계충이라고 하오.

그렇지요.

¯ 그거뽀고 기게또기라 하고. 아그들 키워보면 주로 베길 지침. 베길 지치미 아::주 고야갑띠다. 베길지침 걸려노먼 지:그믄 나실랑가 몰라도 야기종께 베길지침 걸리는 사람 아그들또 업:떠만. 베길지침 걸려노먼 베 기리 너머야 머:다는데 자식뜨른 죽꼬 그라나먼 에기가 바:싹 몰라저 잔 뜩 모:짬서 지치믈 하이~까.

응 베길지침.

¯ 그라고 인자 또 밤:며네 호녁[8] 호녁또 아주 고야강거시. 호녀글 야:튼 어느 에:기든지 호녀글 하고야망께. 시방은 에:방 주사 놔 분닥합띠다.

예, 미리 미리 인제.

¯ 미리.

예, 하지요.

¯ 그라니까 에:저네는 아그들 조:케 크다도[9] 호녀기 드롸따 그라면 아 그들 마:니 나감니다. 야근 업:쩨. 호녁 헤:가꼬는 마:라자면 그 머:시냐 지침 이냐 머:시냐 페:렴 페:렴 걸려노먼 영:낙업씨 죽씀니다.

그 엔:나레는 문:둥이들또 마:니 이써써요이~.

¯ 문 나:병?

에.

¯ 그레찌요. 그레도 우리 모락 부락 가튼데서는 한: 사라밍가 이:저네 이써딴 그런 마리 이써써.

니까 아니 마으레 보:통 인능게 아니라 도라다니는 사라드리 마:니 이써써 요.

¯ 그러치요.

어더머그로?

¯ 에, 어:더머그로. 이:저네는 모:싸니까 우선 모꾸녁 살릴랑께 어:더머 그로 뎅이고. 동:네서도 앙:꺼또 엄:는사라믄 학씨리 살:랑께 어:더머그로 뎅겨써. 세:상 조아저찌라. 지그믄 엄:는사라믄 정부에서 한다레 엄:마썩

˙ 그것보고 기계충이라 하고. 아이들 키워 보면 주로 백일기침. 백일기
침이 아주 고약합디다. 백일기침 걸려 놓으면 지금은 나을지 몰라도 약이
좋으니까 백일기침 걸리는 사람 아이들도 없더구면. 백일기침 걸려 놓으
면 백일이 넘어야 뭐 하는데 자식들은 죽고 그렇지 않으면 아이가 바싹
말라서 아주 못 자면서 기침을 하니까.

응, 백일기침.

˙ 그리고 이제 또 반면에 홍역, 홍역도 아주 고약한 것이. 홍역을 여하튼
어느 아이든지 홍역을 하고야 마니까. 지금은 예방주사 놓아 버린다고 합디다.

예, 미리 미리 이제.

˙ 미리.

예, 하지요.

˙ 그러니까 예전엔 아이들 좋게 크다가도 홍역이 들어왔다 그러면 아
이들 많이 나갑니다. 약은 없지. 홍역 해 가지고는 말하자면 그 뭐냐 기
침이냐 뭐냐, 폐렴 폐렴 걸려 놓으면 영락없이 죽습니다.

그 옛날에는 문둥이들도 많이 있었어요.

˙ 나병?

예.

˙ 그랬지요. 그래도 우리 부락 같은 데서는 한 사람인가 이전에 있었단
그런 말이 있었어.

그러니까 아니, 마을에 보통 있는 것이 아니라 돌아다니는 사람들이 많이 있
었어요.

˙ 그렇지요.

얻어먹으러.

˙ 예, 얻어먹으러. 예전엔 못사니까 우선 목구멍 살리려니까 얻어먹으
러 다니고. 동네에서도 아무 것도 없는 사람은 확실히 살려니까 얻어먹으러
다녔어. 세상 좋아졌지요. 지금은 없는 사람은 정부에서 한 달에 얼마씩

정:기저그로 안나오요? 그랑께.

　머꼬는 살:지요.

　⌐ 그런 사람드리 테펑업씨 삼:니다. 그란데 에:전 가트먼 어짤쑤 업:써라. 어:더머거야제. 어찌게 하꺼시요, 베는 고프제. 할 쑤 업써.

　그 다으메 인자 호녁또 말씀 하셔꼬. 혹씨 진도 가튼 데는 데:게 이게 마능거 가테요 섬 찌방이라서. 엔:나레는 병:원이 업:꼬 그러니까 아프면 마:니 아프면 그게 무:당에 구슬 불러다 구다고 그런.

　⌐ 그라지요, 구들, 군 마:이~ 하지요.

　지금 이 진도에서 마:니 헤찌요?

　⌐ 마:니 헤찌요. 마:이~ 헨는데 시방은 그케 아나능거십띠다[10]. 마:라자먼 그 집 지스먼 성주 올린다고 무:당 데리다가 무:당이 하루쩌녁 노라요, 마:라자먼.

　그니까 요 진도에 그런 그 무:당드리 노레 자라고 오레된 무:당드리 만:차나요?

　⌐ 근데 요세도 사:람 주그먼 시낀다고 그 진도 시낀굳 마:니 나오지요? 시낀다고 무:당들 데레다가 시끼는데 우더른 마:메 안마집띠다.

　그레요?

　⌐ 그거시 순:저니 무:당들 그거 장나이~제. 먼: 주근 사라미 머 머 시끼고 먼 머:다고 하꺼시요?

　근데 하여튼 시니 안 들려서 마:랍디까?

　⌐ 시니 어디가 이따요? 주그먼 끈나능거요. 나는 그케 셍가감니다. 주그먼 아::무 별 사람도 네:나 그 방:머시[11] 늘창[12] 나오덤마. 그 화:가 미국써 주근 사람.

　벵남준.

　⌐ 응 방남준.

　벡 벡 벡씨에요.

　⌐ 벡씨. 다:: 그런 사람도 주그먼 끈나고 마:라자먼 박쩡이 가튼사람도

정기적으로 나오잖아요? 그러니까.

먹고는 살지요.

ˉ 그런 사람들이 태평하게 삽니다. 그런데 예전 같으면 어쩔 수 없어요. 얻어먹어야지. 어떻게 할것이오? 배는 고프지. 할 수 없어.

그 다음에 이제 홍역도 말씀 하셨고. 혹시 진도 같은 데는 대개 이게 많은 것 같아요. 섬 지방이라서. 옛날에는 병원이 없고 그러니까 아프면 많이 아프면 그게 무당에 굿을 불러다가 굿하고 그런?

ˉ 그러지요, 굿 많이 하지요.

지금 이 진도에서 많이 했지요?

ˉ 많이 했지요. 많이 했는데 지금은 그렇게 안 하는 것입디다. 말하자면 그 집 지으면 성주 올린다고 무당 데려다가 무당이 하루 저녁 놀아요, 말하자면.

그러니까 이 진도에 그런 무당들이 노래 잘하고 오래된 무당들이 많잖아요?

ˉ 그런데 요새도 사람 죽으면 씻긴다고 그 진도 씻김굿 많이 나오지요? 씻긴다고 무당들을 데려다가 씻기는데 우리들은 마음에 안 맞습디다.

그래요?

ˉ 그것이 순전히 무당들 장난이지. 무슨 죽은 사람이 뭐 씻기고 무슨 뭐하고 할 것이오?

그런데 하여튼 신이 들려서 말하잖습디까?

ˉ 신이 어디에 있대요? 죽으면 끝나는 것이에요. 저는 그렇게 생각합니다. 죽으면 아무 별 사람도 내나 박 아무개 늘 나오더구먼. 그 화가, 미국서 죽은 사람.

백남준.

ˉ 응, 박남준.

백씨예요.

ˉ 백씨. 다 그런 사람도 죽으면 끝나고 말하자면 박정희 같은 사람도

주그먼 끈남니다. 다릉거덥써, 하여간. 머: 그럼 말 하싱께 그라제.

그럼 아 굳 여기 헤:본 경허믄 업쓰세요? 불러다가 무:당.

⁻ 불러다가?

에.

⁻ 나는 불러다가 헤:봉거슨 벨로 업:씀니다. 아그들 킬:떼 더러 당골레가[13] 와서 소는 비벼떵가 어쩨떵가 몰:라도 잔:뜩 오레데야서 기여게도 안 남꼬 그라는데 요세는 당골레 그리 안 불릅띠다, 이런데서도. 발따리 데야가꼬 쪼깐 머:다믄 병:워니로 다니제 당골레 안불러라.

에 인제 아퍼서 그렁 거슨 으:사 소:과니고. 아까 마란 인제 (3초) 좀 어구라게 주거따등가 인제 고렁 경우는 인제 아까 마란데로 무:당 불러다 구데가지고 시 시키.

⁻ 씨낌굳.

막 고런 거뜨른 어떠케 어 으:사가 할 쑤 인는 이리 아니니까 그거 인제 그러케라도 헤:보먼 하:니 풀릴랑가 시퍼서 하능 거 거지. 근데 도:니 마:니 들자나요, 그런 큰 큰?

⁻ 마:니 들지요. 돈: 솔차이~ 주고 또 당골레 춤 출 떼마디 또 돈: 노코.

요 요 동:네는 이 근처에는 당골레는 업:씀니까?

⁻ 예, 여그는 업:써요, 당골레. 쩌: 그 요 너메 거:제란 부라게서 당골[14] 한 사라미 사란는데. 우덜 나이나 데야쓰까 그란데 여잔데 도라가셔부러써. 그랑께 업:써.

그 당골드른 데:게보먼 이러케 아버지가 당고리면 이러케 데:데로 당고리자나요?

⁻ 그러치요 그건 마:라자면 한메드로 마레서 상:노므 지바니여.

상놈.

⁻ 상놈들. 마:라자면 즈검메가 구담시로 춤추면 조:타 그라거든 그거이 상놈아이~요? 마:라자면. 그런데 당골레 지바니라하까 네리미라하까 그레

죽으면 끝납니다. 다른 것 없어, 하여간. 뭐 그런 말 하시니까 그렇지.

그럼 아 굿, 여기 해 본 경험은 없으세요? 불러다가 무당.

⎯ 불러다가?

예.

⎯ 나는 불러다가 해 본 것은 별로 없습니다. 아기들 키울 때 더러 무당이 와서 손을 비볐던가 어땠던가 몰라도 아주 오래 되어서 기억에도 안 남고. 그런데 요새는 무당을 그리 안 부릅디다, 이런 데서도. 발달이 되어 가지고 조금 뭐하면 병원으로 다니지 무당 안 불러요.

예, 이제 아파서 그런 것은 의사 소관이고. 아까 말한 이제 좀 억울하게 죽었다든지 이제 그런 경우는 이제 아까 말한 대로 무당 불러다 굿해 가지고 씻기고.

⎯ 씻김굿.

막 그런 것들은 어떻게 의사가 할 수 있는 일이 아니니까 그게 이제 그렇게라도 해 보면 한이 풀릴까 싶어서 하는 거죠. 그런데 돈이 많이 들잖아요, 그런 큰?

⎯ 많이 들지요. 돈 꽤 주고 또 무당 춤출 때마다 또 돈 놓고.

이 동네는 이 근처에는 무당이 없습니까?

⎯ 예, 여기는 없어요, 무당. 저기 이 너머 거제라는 부락에서 무당 한 사람이 살았는데. 우리들 나이나 되었을까, 그런데 여자인데 돌아가셔 버렸어. 그러니까 없어.

그 무당들은 대개 보면 이렇게 아버지가 박수면 이렇게 대대로 무당이잖아요?

⎯ 그렇지요, 그건 말하자면 한마디로 말해서 상놈 집안이야.

상놈.

⎯ 상놈들. 말하자면 저희 어머니가 굿하면서 춤추면 좋다 그러거든 그것이 상놈 아니오? 말하자면. 그런데 무당 집안이라 할까 내림이라 할까

찌라. 야:무[15] 사람도 당고리 데는 거디 아이~요, 마:라자면. 그랑께 항상 테레비에 나오는 박뺑차니라고[16] 그부니.

그 그 당골지바니지요?

˚ 당골지바닌데 여그 면:소제지 인지리서[17] 사라써 인지리 싸라미요.

그러이까 데:그믈 잘 부러따등가?

˚ 에, 그란데 당고리여, 함메디로 마레서. 그 데:락 당고리먼 당골 머:시제 먼 다릉 거 업써라. 그라이~까 항:상 모구세끼마이~로[18] 소락찌나[19] 지르고 머 머:시로 장다:이~나 치고 그랑께 자여:니 그걸 자랄쑤베께 업:찌라.

˚ 근데 그 사람드른 그냥 인제 그 사람들또 먹꼬 사라야 되니까 자기드리 이러케 과날하는 지여기 이따고 그레요, 이 마을에.

˚ 에 에, 이써요.

엔:날 엔:나레.

˚ 그라이~까 마:라자면 우리 서포가튼 부락또 한 한 두:사라미나 데야써. 그라이~까 즈그 즈그 까 갈리하는 지비 이써가꼬 메:겁씨[20] 즈그가 사고 폴고에라. 노믈 가꼬.

자기들끼리요?

˚ 에. 그레가꼬 일런 농사지먼 가으레는 동:냥하로 뎅게요. 그랑께 마:이~주는 사라믄 나락 함 마리나 주고, 메떼썩 주고 이러케 합띠다. 이 중녀네까장 그레써. 하여간 동:냥뎅게.

그먼 그거는 그냥 동:냥이 아니고 피료할 때 그 사람 불러다가 막 손도 비비고 그 갑쓸 하능거 아님니까?

˚ 피료할 떼 불러다 하먼 그데로 그떼는 그데로 자기 품싹 바꼬.

아 바꼬요?

˚ 예. 그 동:냥 주어따고 기양[21] 할 쩡도는 아이~요.

아 그니깐 고 곤마네:서는 머꼬살기가 힘드니까 그렁가요?

˚ 그랑가 저랑가.

그랬지요. 아무나 무당(또는 박수)이 되는 것이 아니오. 말하자면. 그러니까 항상 텔레비전에 나오는 박병천이라고 그 분이.

그 박수 집안이지요?

⎺ 박수 집안인데 여기 면소재지 인지리에서 살았어, 인지리 사람이오.

그러니까 대금을 잘 불었다던가?

⎺ 예, 그런데 박수요, 한마디로 말해서. 그 대략 박수면 박수 무엇이지 뭐 다른 것 없어요. 그러니까 항상 모기 새끼처럼 큰 소리나 지르고 뭐 뭐로 장단이나 치고 그러니까 자연히 그걸 잘할 수밖에 없지요.

그런데 그 사람들도 그냥 이제 그 사람들도 먹고 살아야 되니까 자기들이 이렇게 관할하는 지역이 있다고 그래요, 이 마을에.

⎺ 예, 있어요.

옛날 옛날에.

⎺ 그러니까 말하자면 우리 서포 같은 부락도 한 두사람이나 되었어. 그러니까 저희들이 관리하는 집이 있어 가지고 괜히 저희가 사고팔고 해요. 남을 가지고.

자기들끼리요?

⎺ 예, 그래 가지고 일년 농사 지으면 가을에는 동냥하러 다녀요. 그러니까 많이 주는 사람은 벼 한 말이나 주고, 몇 되씩 주고 이렇게 합디다. 이 근년까지 그랬어. 하여간 동냥 다녀.

그러면 그것은 그냥 동냥이 아니고 필요할 때 그 사람 불러다가 막 손도 비비고 그 값을 하는 것 아닙니까?

⎺ 필요할 때 부르면 그대로 그 때는 그대로 자기 품삯 받고.

아, 받고요?

⎺ 예. 그 동냥 줬다고 거저 할 정도는 아니오.

아, 그러니까 그것만 해서는 먹고 살기가 힘드니까 그런가요?

⎺ 그런지 저런지.

그니까, 예, 이런 데서도 약초를 켐니까? 사니 업써서 약초는.

˗ 사니 업써 약초 앙케요.

그레껜네요이~.

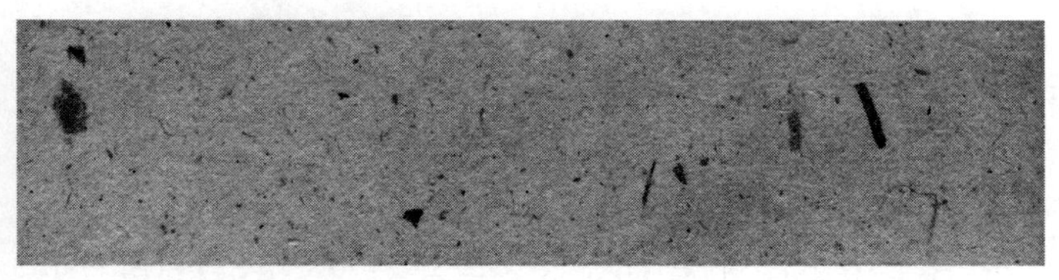

그러니까, 예, 이런 데서도 약초를 캡니까? 산이 없어서 약초는

‑ 산이 없어서 약초 안 캐요.

그랬겠네요.

1) '에기'는 '아이'와 '아기'를 모두 포함한다.

2) '가칠로'는 '같이로'에 /ㄹ/이 첨가된 것으로서 '같이'와 같은 뜻이다. 아마도 유사한 의미의 다른 조사 '마이로' 등에 유추된 것으로 보인다.

3) '아까침'은 '아까참'으로서 '아까'와 같은 뜻이다.

4) '잔데기'는 들에 난 잡초가 마른 것을 가리킨다.

5) '올같은날'의 '올'은 '오늘'의 의미이며, '올같은해'의 '올'은 '올해'의 의미이다. 그런 것으로 미루어 '올같은날'의 '올'과 '올해'에 포함된 '올'은 같은 것으로 보이며, '오늘' 역시 기원적으로 '올날'에서 온 것으로 추정된다.

6) '검:보짐'은 '건버짐'으로서 '마른버짐'을 가리킨다.

7) '기게독'은 '기계충'의 방언형.

8) '호녁'은 '홍역'의 방언형.

9) '크다도'는 '크다가도'이다. 중앙어에서 '-다가'에 다른 조사가 결합할 경우 '가'가 생략되는 법이 없는데 진도 지역어는 이 점에서 중앙어와 다르다.

10) '안 하는 것입디다'는 '안 하는 것 같습디다'와 같은 뜻이다. '-는 것입디다'는 추정을 나타낸다.

11) '박 멋'은 '박 아무개'의 뜻.

12) '늘창'은 '늘상'의 방언형.

13) '당골레'는 '여성 무당'을 가리킨다. 이 말은 '당골'에 여성을 가리키는 '네'가 결합한 것이다.

14) '당골'은 원래 박수를 가리킨 말이나 지금은 박수와 무당을 모두 가리킬 수 있다.

15) '아무 사람도'는 '아무 사람이나'의 뜻.

16) '박병천'은 전라남도 진도에서 신청(神廳 ; 지역별로 조직된 무당들의 자생 단체)의 악사인 박범준과 진도 최고의 무당으로 꼽히던 김소심의 차남으로 태어났다. 대금산조의 창시자인 박종기가 작은 할아버지이다. 22대를 이어 온 세습무 집안에서 자라면서 무속 의례를 익혔고, 1977년 진도 다시래기와 1978년 진도 씻김굿을 공연하며 이름을 알렸다. 1980년 진도씻김굿의 무악 부문 기능보유자로 인정받았고, 진도씻김굿(1980년)과 진도 다시래기(1985

년)가 중요무형문화재로 지정받는 데 큰 역할을 하였다.

17) '인지리'는 지명.

18) '마이~로'는 '처럼'의 뜻.

19) '소락찌'는 '큰 소리'의 뜻.

20) '메겁씨'는 '괜히'의 방언형. '이유'를 뜻하는 '멕'에 '없이'가 결합한 것으로서
    원뜻은 '이유 없이'이다. 전남의 다른 지역에서는 '멕' 외에 '멜' 등이 쓰인다.
    그래서 '메겁씨'와 함께 '멜겁씨' 등이 같은 뜻으로 쓰이기도 하는 것이다.

21) '기양'은 '그냥'의 방언형으로서 여기서는 '거저'의 뜻.

세시풍속과 놀이

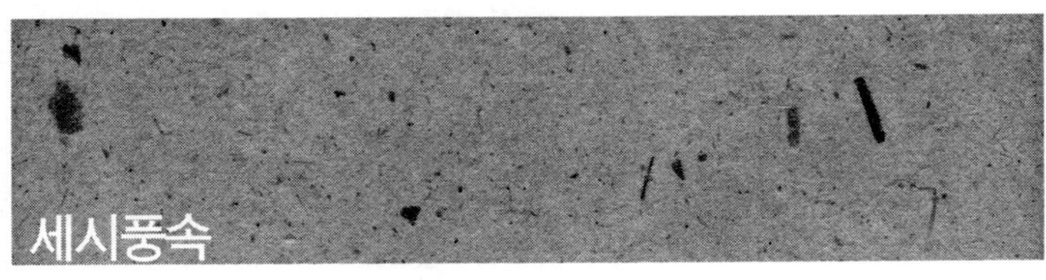

자 그 다으메는 그거 인제 그 각 게저레 따라서 노리가 마:나요.

⁻ 노리?

노:능거.

⁻ 아 노:능거?

정워리면 머 놀:고 그러케 놀:자나씁니까?

⁻ 에.

엔:나레는 요 요자 요세 지금 정워리 정워리잔습니까, 오늘. 정월 가트먼 엔:나레 머:다고 노셔써요?

⁻ 정월 데:보름나른 우덜 알기에는 청년드리 인자 꾕뻬이~[1], 꾕다구[2] 북, 장구가꼬 침시로 지블 거드로 뎅게요. 인자 농 집찜마디 집뻬누리 이꺼든. 그라이~ 지블 거드로뎅게가꼬 지블 거더다가 주를 디레요[3], 주를. 주를 데려, 아 에.

⁻ 그레가꼬 주를 데 데리지라[4]. 우덜 알기에도 소포가 소포 부라글 딱 갈라가꼬 동:쪽 서쪽 갈라가꼬 줄데리고 그레찌요.

아 그레써요? 응, 그 상당히 온: 온: 부락 싸람들 다 차며함니까?

⁻ 아 그러치요. 쩌:아레 똥네 신장노가 인자 뻑:뻐감니다[5], 그런 떼는 사:람도 마:이~ 살고 그랑게. 지그믄 인자 사:라미 업:씅게 그케 별로 아나고.

정월 보르미면 저 제일 큰 저기.

⁻ 에, 그라고 머:단 사라믄 큰 데에다 귀:리 달고 유:두 유:주지리라고 지비로 멩기라서 그 기떼에다가 딱 다라메노코 그레가꼬는 인자 마라자먼

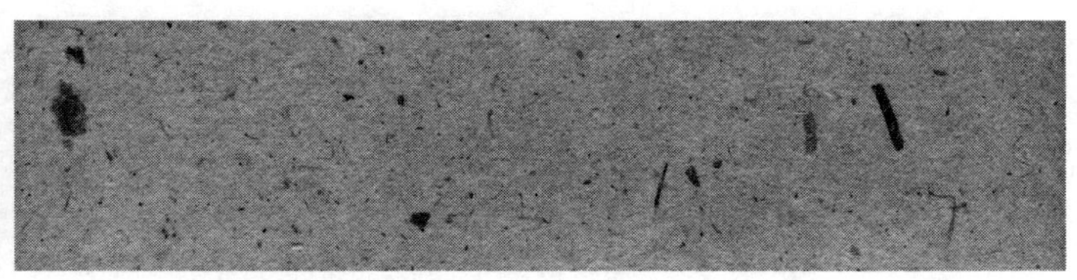

자 그 다음에는 그거 이제 그 각 계절에 따라서 놀이가 많아요.

˗ 놀이?

노는 거.

˗ 아, 노는 거?

정월이면 뭐 놀고 그렇게 놀잖았습니까?

˗ 예.

옛날에는 이 요새 지금 정월이잖습니까, 오늘? 정월 같으면 옛날에 뭐 하고 노셨어요?

˗ 정월 대보름날은 우리들 알기로는 청년들이 이제 꽹과리, 북, 장구 가지고 치면서 짚을 걷으러 다녀요. 이제 집집마다 짚가리가 있거든. 그러니까 짚을 걷으러 다녀 가지고 짚을 걷어다가 줄을 만들어요, 줄을.

줄을 만들어, 아 예.

˗ 그래 가지고 줄다리기를 하지요. 우리들 알기에도 소포가 소포 부락을 딱 갈라 가지고 동쪽 서쪽 갈라 가지고 줄을 당기고 그랬지요.

아, 그랬어요? 응, 상당히 온 마을 사람들 다 참여합니까?

˗ 아, 그렇지요. 저 아래 동네 신작로가 이제 빡빡합니다, 그런 때는 사람도 많이 살고 그러니까. 지금은 이제 사람이 없으니까 그렇게 별로 안 하고.

정월 보름이면 저 제일 큰 저기.

˗ 예, 그리고 어떤 사람은 큰 대에다 기를 달고 유두 유두질이라고 짚으로 만들어서 기에다가 딱 매달아 놓고 이제 말하자면 정월 그믐날 하루

정월 금:날⁶⁾ 하루달락 고노미로 콩콩보까 멍는다고. 마:른 그랍띠다마는
우더른 그레보지도 아네바쏘.

정월 그믐날.

￣ 금:나리면 하룬 아이~요 일이월 초 하루먼 하루달.

하루달?

￣ 에

아 하루달 하루가 한다리라고.

￣ 한:달 가따고. 하루달.

에, 그러면 정월 데:보름 나레는 아까마란 줄데리기 하고 또 머 보통 다른 데
는 막 불: 불: 망노코 그러잔씀니까?

￣ 그러지요, 불도 마이~ 노치요, 불도.

어터케 노씀니까?

￣ 드:레다 기양 들:려게다 불 논뚜럭 바뚜럭 불도노코 그람니다.

구체저그로 머 다른 머 멀 만드러가지고 테운다등가 그러지는 앙쿠요?

￣ 그러는데까장은 안 바써요, 우리덜 부라게서는.

그다으메 윤:노리나 이렁 거또 하셔씀니까 정월에?

￣ 윤:노리도 하지요.

설라레요?

￣ 사방:도 더러합띠다 엔나레.

그러면 인제 정월 다으메 이:워레도 노:능게 이씀니까?

￣ 이:워레는 안놉띠다.

에 그 인제 농사처리 시작되지 안씀니까이~? 그러면 언:제 주로 또 놉:니까
이:월 삼월.

￣ 젤: 큰 명저리 추석아이~요, 추석, 추석, 설:, 보룸. 응 그 추서게가.

추석 떼는 머:다고 또.

￣ 추서게는 이 예:저네 절믄사람들 마:이~이꼬 그랄떼는 주로 강:강:술레.

달 그것으로 콩, 콩 볶아 먹는다고. 말은 그럽디다마는 우리들은 그렇게 해 보지도 않았소.

정월 그믐날.

￢ 그믐날이면 하루 아니오? 일이월 초하루면 하루달.

하루달?

￢ 예.

아, 하루달, 하루가 한 달이라고.

￢ 한 달 갔다고. 하루달.

예, 그러면 정월 대보름날에는 아까 말한 줄다리기 하고 또 뭐 보통 다른 데 는 막 불 막 놓고 그렇잖습니까?

￢ 그러지요, 불도 많이 놓지요, 불도.

어떻게 놓습니까?

￢ 들에다 그냥 들녘에다 불 논두럭 밭두럭 불도 놓고 그럽니다.

구체적으로 뭐 다른 뭘 만들어서 태운다든지 그러지는 않고요?

￢ 그런 것까지는 안 봤어요, 우리들 부락에서는.

그 다음에 윷놀이나 이런 것도 하셨습니까, 정월에?

￢ 윷놀이도 하지요.

설날에요?

￢ 지금도 더러 합디다, 옛날에.

그러면 이제 정월 다음에 2월에도 노는 것이 있습니까?

￢ 2월에는 안 놉디다.

예, 그 이제 농사철이 시작되지 않습니까? 그러면 언제 주로 또 놉니까? 2 월? 3월?

￢ 제일 큰 명절이 추석 아니오? 추석, 설, 보름. 응, 그 추석이.

추석 때는 뭐 하고 또?

￢ 추석에는 이 예전에 젊은 사람들 많이 있고 그럴 때는 주로 강강술래.

아 추석떼 강강수얼레를 함니까?

¯ 에 강:강술레를 밤::세 날세기헤요[7]. 하여간.

어:디서 헤요?

¯ 인자 동:네 너룬 마당을. 에 마당에 가서 점:부 밤:세 하지라. 하여간 밤:세 뛰능거여 여자드리.

여자드리요?

¯ 에, 주로.

남자드른?

¯ 남자드른 강:강술레 아나고 여자드리 주로.

보:통떼 모:다던 노:능걸 그냥 그날 하루 다 노:능 거 아니예요? 아 그게 다른 지방에 엄:는 거자나요, 요 요 헤:남 진도 요쪼게 강:강술레.

¯ 이 그러치요, 에. 든는 말로 헤:서는 우더른 차말로 모:뻬서 모르제마는 에:저네 이:순신 장구니 바메 자만잘라고 저 쉬영[8] 떠서 강:강:술레를 일본놈드리 올라오니까 강:강술레를 항상 헤:뜨라아납띤자?

에, 그런 마리 이찌요이~. 이:순신 장군 ** 광게가 이따고이~. 그레 그거시 추석날 그러구요. 그럼 베도 무지하게 고프건네요, 밤:세 뛰여놀먼.

¯ 글쎄.

머글 꺼시 머글 꺼시라도 싸:가지고. 여자들끼리.

아, 추석 때 강강술래를 합니까?

‑ 예, 강강술래를 밤새 밤샘해요. 하여간.

어디서 해요?

‑ 이제 동네 넓은 마당을. 예, 마당에 가서 전부 밤새 하지요. 하여간 밤새 뛰는 것이오, 여자들이.

여자들이요?

‑ 예, 주로.

남자들은?

‑ 남자들은 강강술래 안 하고 여자들이 주로.

보통 때 못하던 노는 걸 그냥 그날 하루에 다 노는 거 아니에요? 아, 그게 다른 지방에는 없는 것이잖아요, 이 해남, 진도 이쪽에 강강술래.

‑ 예, 그렇지요. 듣는 말로 해서는 우리들은 정말로 못 배워서 모르지마는 예전에 이순신 장군이 밤에 잠 안 자려고 저 우수영에서 강강술래를 일본인들이 올라오니까 강강술래를 항상 했더라고 안 합디까?

예, 그런 말이 있지요. 이순신 장군 ** 관계가 있다고. 그래, 그것이 추석날 그렇고요. 그러면 배도 무지하게 고프겠네요, 밤새 뛰어놀면?

‑ 글쎄.

먹을 것이, 먹을 것이라도 싸 가지고. 여자들끼리.

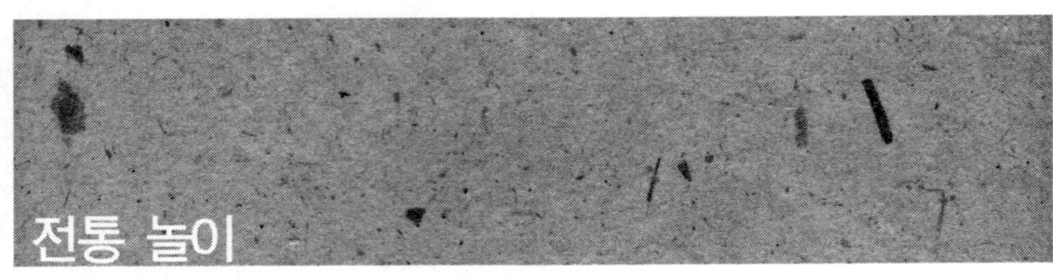

자 그 다:메 어려쓸때 남자들 어떤 어떵 걸 하고 주로 노노 노라씁니까?

⁻ 우덜 어려서는 우더리 꼭: 일제 떼 생게가가꼬 일본놈더리 학꾜도 빙비이~ 업:꼬 일본끄리나 쪼간 머:다고 그레쏘. 그라이~까 순 순:저니 우더른 어려서부터 이:리나 하고 그레찌요. 솔찌간말로 그레도 쪼간 커서 인자 면: 니:를 헤:찌마는 아주 어려서는 소나 띠끼로 뎅이고. 인자 까리나 비고 풀 풀 비여서 소줄라고. 그라고 인자 지비서 노라써도 머 우더른 화투를 치기를 헤쓰까. 먼 특뼈란 머:단 노리는 업:써꼬. 그레씁니다.

아 노:는 노리드리 업:써써요이~? 근데 이렁거뜨리 이써쓸꺼 아님니까, 뭐 자치기를 한다든가.

⁻ 에 자치기도 더러 헤:요. 하기는.

또는 뭐. 펭이를 돌린다등가.

⁻ 에 펭이도 더러 치고.

그러니까 고런 고런 연:도 날리고.

⁻ 연:도 날리고. 그러치요, 시야네.

그다으메 지금가치 뭐 특뼈랑거슨 아니지만 그렁거뜨른 다 헤:께찌요.

⁻ 에.

그 다:메 나이 쪼끔 커가지고는 인제 윤:노리도 하고 또 이렁게 이찌요, 뭐. 땅에 머 그려가지고 이러케 머 두능 거 이찌요.

⁻ 그레가지고 머시요?

아니 그. 땅에다가 그려가지고 이러케 똥:그라미 헤가지고 이러케 헤가지고

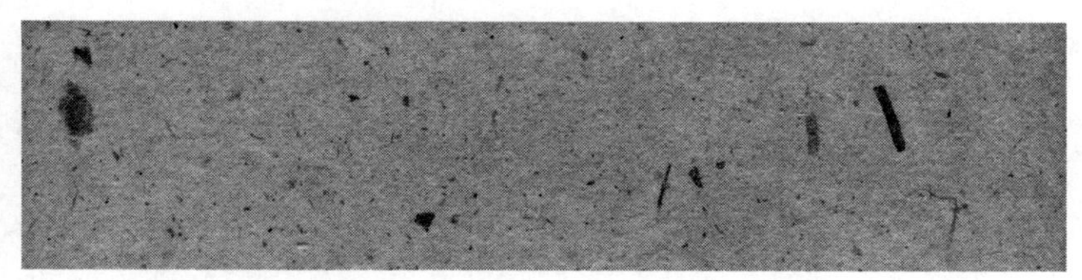

자 그 다음에 어렸을 때 남자들 어떤 걸 하고 주로 놀았습니까?

￣ 우리들 어려서는 꼭 일제 때 생겨 가지고 일본놈들이 학교도 변변히 없고 일본 글이나 조금 무엇 하고 그랬소. 그러니까 순전히 우리들은 어려서부터 일이나 하고 그랬지요. 솔직한 말로 그래도 조금 커서 이제 무슨 일을 했지마는 아주 어려서는 소나 뜯기러 다니고. 이제 꼴이나 베고 풀 베어서 소 주려고. 그리고 이제 집에서 놀았어도 뭐 우리들은 화투를 치기를 했을까. 무슨 특별한 어떤 놀이는 없었고. 그랬습니다.

아, 노는 놀이들이 없었어요? 그런데 이런 것들이 있었을 것 아닙니까? 뭐 자치기를 한다든지.

￣ 예, 자치기도 더러 해요. 하기는.

또는 뭐. 팽이를 돌린다든지.

￣ 예, 팽이도 더러 치고.

그러니까 그런 연도 날리고.

￣ 연도 날리고. 그렇지요, 겨울에.

그 다음에 지금같이 뭐 특별한 것은 아니지만 그런 것들은 다 했겠지요?

￣ 예.

그 다음에 나이 조금 커 가지고는 이제 윷놀이도 하고 또 이런 것이 있지요, 뭐. 땅에 뭘 그려서 이렇게 뭐 두는 것 있지요?

￣ 그려 가지고 무엇이요?

아니 그. 땅에다 그려 가지고 이렇게 동그라미 해 가지고 이렇게 양쪽에 말

이러케 양:쪼게 말:처럼 헤가지고 그렁거 윤:노리는 아니지마는.

⁻ 에, 땅뻬끼?

땅뻬끼가 아니고,

⁻ 이러케 투던 걷?

꼰:, 꼰: 두능거, 꼰: 가틍 거.

⁻ 꼬:루? 꼬:루.

꼭 그걸 꼬:루라 그럼니까?

⁻ 에, 동글동그라이~ 멩기라가꼬 요러케 흐게다 이케 무더가꼬 하능거 뽀고 꼬:루라 하요.

아 그레요? 꼬:루? 아니고 제가 말:씀드링거슨 꼰: 둔다고 하능 거인데, 꼰:.

⁻ 꼰?

네, 꼰 꼰둔다고.

⁻ 꼰:가틍 거슨 잘 모르거쏘. 그케 아네.

응 이긴 이써찌요, 꼬니라는 거슨?

⁻ 이 이저네 우더른 아네찌마는 저: 돈:치기라고 도:글 요마:나 이케 동 굴동구라게 깡까가꼬 멩기라가꼬 돈: 쩌:끄다 띵게가꼬 고노미로 이케 마 추기, 돈:치기는 더러하더마.

돈: 치기. 그니 그건 그아말로 서로 돈 돈 돈 가저가기네요? 거 남자드리 이 런 노리를 아까 제가 말씀드린 헤:쓰꺼 아님니까, 뭐 자치기라등가 펭이치기라 등가 연:날리기 여자드른 그러면 무슨 노리를?

⁻ 글:쎄요. 여자드른 먼 우더리 여자가 아닝께 모르 모르능가 몰라도 특뼈란 머 하능건 업써씨꺼인데.

그레요이~. 조:씀니다.

처럼 해 가지고 그런 거, 윷놀이는 아니지마는.

－ 예, 땅뺏기?

땅뺏기가 아니고,

－ 이렇게 두던 것?

고누, 고누 두는 거, 고누 같은 것.

－ 꼬루? 꼬루.

그것을 꼬루라 그럽니까?

－ 예, 동그랗게 만들어 가지고 이렇게 흙에 이렇게 묻어 가지고 하는 걸 보고 '꼬루'라고 하오.

아, 그래요? 꼬루? 아니 제가 말씀 드린 것은 고누 둔다고 하는 것인데, 고누.

－ 고누?

네, 고누, 고누 둔다고.

－ 고누 같은 것은 잘 모르겠소. 그렇게 안 해.

응, 있긴 있었지요, 고누라는 것은?

－ 예전에 우리들은 안 했지마는 저 돈치기라고 돌을 요만하게 둥글둥글하게 깎아 가지고 만들어 가지고 돈 저기에다 던져 가지고 그것으로 이렇게 맞추기, 돈치기는 더러 하더구면.

돈치기. 그건 그야말로 서로 돈 가져가기네요? 남자들이 이런 놀이를, 아까 제가 말씀 드린 했을 것 아닙니까? 뭐 자치기라든지 팽이치기라든지 연날리기 여자들은 그러면 무슨 놀이를?

－ 글쎄요. 여자들은 무슨 우리들이 여자가 아니니까 모르는지 몰라도 특별한 뭐 하는 것은 없었을 것인데.

그래요. 좋습니다.

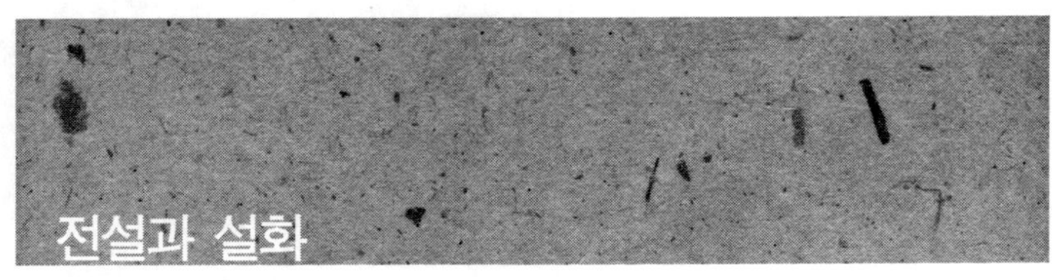

그 다으메 그러면 (11초) 이 지방에서 저:네오는 엔:날 이야기 가틍거 저기 생각 나능 거 이쓰면 항가지만 말쓰메주실레요, 혹씨 이쓰면. 전:설 가틍 거 그렁거.

⌐ 잘 몰.

이 지방에서는 잘 안?

⌐ 잘 모르거쏘.

잘 모르시네. 에 조:씀니다. 그러며는 데:강 데:강 요 그바께 제가 여쭤보는 걷 쩡도는 데:강 한 세:미거드뇨. 데:강 한 세:미고 머가 다른 지방에 인능거 마:니업:꼬 그러니까는 비교적 빨리 끈난네요.

⌐ 에, 다른 지방에 업:찌요. 다른 지방에 먼 멩지베 삼:베 이렁거 여기는 절떼 아낭께. 그레요, 수고헤씀니다.

아니요, 제가 수고항게 아니라 어르신들 수고하셔찌요.

⌐ 아여 어짜다가 차말로 교:수님 이 교:수님 가튼 사라마고 으녀니 데야쓰께 그거도 영광이로 셍각함니다.

별말쓰믈요. 인제.

⌐ 아피로 어찌데야꺼나 머다면 펭야 열라기나 끈치 말고 삽씨다.

아니요, 근데 지금 요건 쪼끔 인제 조사항 거에요. 또 마:니 이써요. 에, 아니 그러시지요, 에 지금?

⌐ 오느르뇨.

오느른 요걸로 하고요. 제가 지금 ** 마:니 인는데 오느른 이 정도만 할람니다. 피곤하시지요이~?

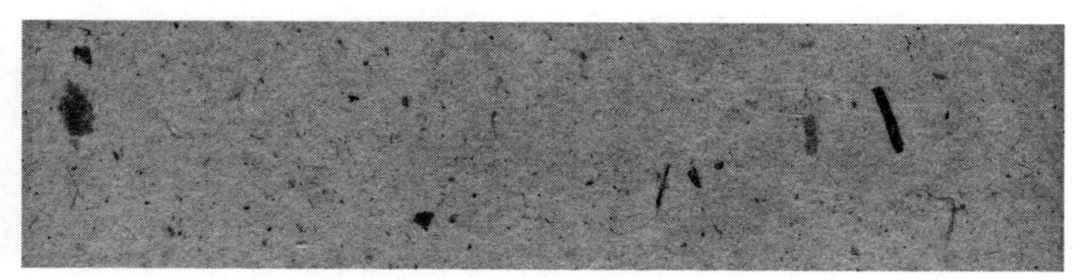

그 다음에 그러면 이 지방에서 전해 오는 옛날 이야기 같은 것 생각나는 것 있으면 한 가지만 말씀해 주실래요, 혹시 있으면? 전설 같은 그런 거.

⁻ 잘 몰.

이 지방에서는 잘 안?

⁻ 잘 모르겠소.

잘 모르시네. 예, 좋습니다. 그러면 대강 대강 그 밖에 제가 여쭤 보는 것 정도는 대강 한 셈이거든요. 대강 한 셈이고, 뭐가 다른 지방에 있는 것 많이 없고 그러니까는 비교적 빨리 끝났네요.

⁻ 예, 다른 지방에 없지요. 다른 지방에 뭐 명주베 삼베 이런 것 여기는 절대 안 하니까. 그래요, 수고했습니다.

아니요, 제가 수고한 것이 아니라 어르신들 수고하셨지요.

⁻ 아, 어쩌다가 정말로 교수님 이교수님 같은 사람하고 인연이 되었으니까 그것도 영광으로 생각합니다.

별 말씀을요. 이제.

⁻ 앞으로 어찌 되었거나 뭐 하면 연락이나 끊지 말고 삽시다.

아니요, 그런데 지금 이건 조금 이제 조사한 것이에요. 또 많이 있어요. 예, 아니 그러시죠, 예, 지금?

⁻ 오늘은요.

오늘은 이것으로 하고요. 제가 지금 ** 많이 있는데 오늘은 이 정도만 하렵니다. 피곤하시죠?

- 글쎄요. 그 꺼불지 그라요?

예. 되써, 되씀니다.

˗ 글쎄요. 그거 꺼 버리지 그래요?
예. 됐어, 됐습니다.

■ 주석

1) ‘꾕뺑이’는 ‘꽹가리’의 방언형.
2) ‘꾕다구’는 ‘꽹가리’의 방언형.
3) ‘디리다’는 ‘줄다리기용 줄을 만들다’의 뜻.
4) ‘데리다’는 ‘다리다’의 방언형으로서 ‘당기다’의 뜻. 여기서는 ‘줄다리기를 하
   다’로 해석된다.
5) ‘뻑뻑하다’는 ‘빡빡하다’로서 사람이 많음을 나타낸다.
6) ‘금·날’은 ‘그믐날’의 방언형.
7) ‘날새기’는 ‘밤샘’의 방언형.
8) ‘쉬영’은 ‘우수영’을 뜻하며 조선 시대 전라 우수영을 두었던 해남 지역을 가
   리킨다.

참고문헌

이기갑(1983), 「전남방언의 매인이름씨 - 그 공시태와 통시태」, 『언어학 6』, 한국언어학회.

이기갑(1986), 「물음말 '어느'의 빈자리 메우기 - 전남방언에서」, 『국어학신연구』(김민수 교수 회갑 기념 논문집), 탑출판사.

이기갑(1986), 『전라남도의 언어지리』, 탑출판사.

이기갑(1987), 「미정의 씨끝 '-으리-'와 '-겠-'의 역사적 교체」, 『말』 12. 연세대 한국어학당.

이기갑(1987), 「전남방언의 토씨 체계」, 『국어국문학연구』(장태진 박사 회갑 기념 논문집), 삼영사.

이기갑(1990), 「방언어휘론」, 『방언학의 자료와 이론』(국어학 토론 2집), 지식산업사.

이기갑(1995), 「한국어의 담화 표지 '이제'」, 『담화와 인지』 제 1권, 담화·인지 언어학회

이기갑(1997), 「서남방언의 의존명사」, 『국어학 연구의 새 지평(성재 이돈주 교수 회갑기념논문집), 태학사

이기갑(1997), 「한국어 방언들 사이의 상대높임법 비교 연구」, 『언어학』 21호, 한국언어학회.

이기갑(1998), 『전남방언사전(공편)』. 태학사.

이기갑(1998), 「전남방언의 상대높임법」, 『한글』 240-241호, 한글학회.

이기갑(1998), 『호남의 언어와 문화(공저)』, 백산서당.

이기갑(1999), 「국어 방언의 시상 체계-그 분화의 역사」, 『언어학』 25.

이기갑(2000), 「국어 방언의 조사 체계」, 『언어학』 27

이기갑(2001), 「사태의 연속성을 강조하는 '는'과 '을랑'」, 『국어학』 37.

이기갑(2002), 「국어 입말 담화의 의문제기 형식」, 『담화와 인지』 9권 2호.

이기갑(2003), 『국어방언문법』, 태학사.

이기갑(2005), 「전남 방언의 파생접미사(1)-명사와 동사를 중심으로」, 『언어학』

41집.

이기갑(2005), 「전남 방언의 파생접미사(2)」, 『인문논총』 54집, 서울대학교 인문학연구원.

이기갑(2005), 「전남 곡성 지역어 조사 보고서」, 국립국어원.

이기갑(2006), 「전남 진도 지역어 조사 보고서」, 국립국어원.

이기갑(2006), 「국어 담화의 연결 표지 - 완형 표현의 반복」, 『담화와 인지』 13권 2호, 담화인지언어학회.

이기갑(2007), 「전라도말의 아름다움」, 『말과 글』 111호.

이기갑(2007), 『전남 곡성 지역의 언어와 생활』, 태학사.

이기갑(2007), 「전남 영광 지역어 조사보고서」, 국립국어원.

이기갑(2007), 「한국어 친족어의 변화─동기관계어를 중심으로」, 『사회언어학』 15권 1호. 사회언어학회.

이기갑(2008), 「전남 보성 지역어 조사보고서」, 국립국어원.

이익섭·전광현·이광호·이병근·최명옥(2008), 『한국언어지도』, 태학사.

찾아보기